dtv
premium

Peter Braun

DICHTERLEBEN DICHTERHÄUSER

Mit 61 Schwarzweißabbildungen

Deutscher Taschenbuch Verlag

Von Peter Braun ist im Deutschen Taschenbuch Verlag erschienen: Dichterhäuser (24362)

Für Ulrike

Originalausgabe
Juni 2005

www.dtv.de

Umschlagkonzept: Balk & Brumshagen
Umschlagfoto: © Thomas Bernhard Nachlaßverwaltung
Satz: Greiner & Reichel, Köln
Gesetzt aus der Janson Text 10/13·
Druck und Bindung: Kösel, Krugzell
Gedruckt auf säurefreiem, chlorfrei gebleichtem Papier
Printed in Germany · ISBN 3-423-24481-X

Inhalt

Die Schreibweise der Zitate wurde behutsam heutiger Rechtschreibung angepaßt.

Wer das Dichten will verstehen,
Muß ins Land der Dichtung gehen.

Johann Wolfgang von Goethe

Mein Haus ist eigentlich ein riesiger Kerker

Thomas Bernhard in Ohlsdorf

Selbst Hand anlegen! Schreinern, Fliesen legen, er mauerte mit, er verputzte, beschnitt die Obstbäume im weitläufigen Garten. Er hatte eine der ersten Motorsägen, um im Wald Bäume selbst zu fällen. Als er sie ungeschickt benutzte, fuhr ihm die Kette ins Bein. Im Vierkanthof parkt noch sein Mercedes, der alle zwei Wochen angelassen wird, um ihn fahrbereit zu halten, in der Scheune steht der Traktorhänger, mit dem er über die Feldwege fuhr, um sich im ersten Überschwang als »Bauer zu Nathal« von den Ohlsdorfern grüßen zu lassen, als sie ihn noch nicht so recht kannten. Selbst die Lampen im Kuhstall entwarf er nach der Vorlage einer alten Laterne, die er auf dem Hof fand. Die schweren Tische im Haus stammen aus einem Wirtshaus, die Stühle ebenso. Sie sind aus Hartholz, damit sie bei den Dorfprügeleien mehr aushielten. Der Vierkanthof sollte so werden, wie er sich ein Landhaus vorstellte. Vor dem Maurer versteckte er die Wasserwaage, damit die neuen Wände nicht zu gerade wurden, die Böden wurden aus Lärchenbrettern gemacht, die unbehandelt bleiben können. Kehren genügt.

»Ich hab' gedacht, ich werd' mir zwei Kühe halten und in den Stall gehen und melken und werd' mir Gummistiefel anziehn und eine Schlosserhose, möglichst verdreckt, stinkert und speckig, und werd' mich acht Wochen nicht waschen, damit ich möglichst so ausschau' wie die Leut' hier.« Beliebt war Thomas Bernhard in Ohlsdorf nicht. Bei Regen ging er mit Lodenmantel und Schirm spazieren, im entkernten alten Stall fuhr er aus Lust am gelungenen Umbau mit seinem Fahrrad im Kreis. »Ich renn' halt im Haus herum oder mach' irgendwas, ich weiß nicht, irgendeine blöde Beschäftigung.« Mit den Dörflern gemein machte er sich nicht. Viele, nicht alle im Dorf, hielten ihn für ei-

Thomas Bernhards Vierkanthof in Obernathal

nen Spinner, einen Verrückten. Thomas Bernhard, ›Ja‹: »Davon abgesehen, daß einem die Landschaft und die Menschen und also die ganze Natur fremd sind, sind sie einem Neuen hier

Teezimmer

absolut abweisend, ja im Grunde sogar feindlich gesinnt und diese Abweisung und diese feindliche Gesinnung drohen jeden, der sich hier niederlassen will, zu ersticken.« Der Nachbar, der den Vierkanter wollte, um einen Schweinestall zu bauen, und ihn nicht bekam, machte ihm das Leben schwer, so gut das ging. »Wenn hier einer krepiert, dann du!« Nach Thomas Bernhards Tod am 12. Februar 1989 bietet er Thomas-Bernhard-Schnaps an, um am Namen zu verdienen. Thomas Bernhard hellsichtig: »Ihr werdet noch erleben, daß hier die Busse halten.« Er behielt recht. Im ›Asamer‹, dem Dorfwirtshaus, in dem er ab und zu saß, wird ein »Thomas-Bernhard-Pfandl« verkauft. Thomas Bernhard, ›Korrektur‹: »Das Bauwerk als Kunstwerk ist erst vollendet, indem der Tod eingetreten ist dessen, für den es gebaut und vollendet worden ist.«

Uneheliches, ungewolltes Kind, arme Verhältnisse, ein Vater, den er nie kennenlernte, der sich davongemacht hatte, ihn nie anerkannte: Thomas Bernhard wurde am 9. Februar 1931 in Heerlen geboren. Herta Bernhard brachte ihn in Holland zur Welt, um im salzburgischen Henndorf nicht zur Dorfschande zu werden. Monatelang lebten sie in einer von Ordensschwestern geführten Hebammenschule, an die eine Entbindungsanstalt für gefallene Mädchen angeschlossen war. Danach arbeitete sie als Haushaltshilfe von morgens acht bis abends zehn, vor lauter Schuften hatte sie kaum Zeit für das Kind. Thomas Bernhard fühlte sich allein gelassen. Schmerz, Verlassenheit, Einsamkeit, Trauer brannten sich ihm ein, wie die Vorwürfe der Mutter, die sie ihm überfordert von Arbeit und Sorgen machte: »Du bist mein ganzes Unglück, Dich soll der Teufel holen! Du hast mein Leben zerstört! Du bist an allem schuld! Du bist mein Tod! Du bist ein Nichts, ich schäme mich Deiner! Du bist so ein Nichtsnutz wie Dein Vater! Du bist nichts wert!« Im Herbst 1931 gab sie ihn zu ihren Eltern, Anna Bernhard und Johannes Freumbichler, nach Wien. Sie waren arm. Die Großmutter ernährte die Familie als Köchin, Haushälterin, Hebamme, Kinderpflegerin. Der Großvater schrieb. Zum Leben reichte das nicht. Er arbeitete als Aushilfe, Schreiber, Schneeschaufler. Als Schriftsteller war er zu unausgegoren für einen breiten Erfolg, doch der befreundete Carl Zuckmayer setzte sich für ihn ein. Als Freumbichler 1937 den Österreichischen Staatspreis bekam, half das eine Weile. 1935 aber war die Lage unhaltbar. Sie zogen aufs Land nach Seekirchen.

Seekirchen: Thomas Bernhards einzige unbeschwerte Kinderzeit. Er hatte ein Paar Schuhe für den Winter. Im Sommer trug er keine, doch das machte nichts. Er arbeitete ausgelassen im Heu, auf dem Feld, im Stall bei den Schweinen, Pferden, Kühen. In seinem ersten Schuljahr 1936 lernte er übereifrig, las und schrieb, bis ihm die Augen zufielen. Der Großvater nahm ihn auf weite Spaziergänge mit, erzählte Geschichten, sprach über Philosophie, Mathematik, Naturgeschichte. Johannes Freumbichler wurde sein Ersatzvater. Dann der Einschnitt. Seine Mutter hatte den Friseurgehilfen Emil Fabjan geheiratet. Er wurde sein Vormund und Thomas Bernhard mußte zu ihnen nach Traunstein ziehen. »Die Katastrophe bedeutete, Abschied zu nehmen von allem, das zusammen tatsächlich mein Paradies gewesen war.« Als zwei Geschwister geboren wurden, fühlte er sich als fünftes Rad am Wagen.

Traunstein, die deutsche, erzkatholische, nationalsozialistische Grenzkleinstadt, und Thomas Bernhard, der zugereiste, dahergelaufene Österreicher, der keine anständigen Kleider hatte. Die gutbetuchten Bürgersöhne verspotteten ihn, die Lehrer halfen ihm nicht. Im Gegenteil. Er wurde vor der Klasse bloßgestellt, gedemütigt, geschlagen. Thomas Bernhard ging zitternd in die Schule, kam weinend zurück. Er wurde schlecht und schlechter. In der engen Wohnung in der Schaumburgerstraße 4 wurde er zum Lernen eingesperrt. Die entnervte Mutter schimpfte, sie wußte nicht, wie mit ihm fertig werden. Er schwänzte die Schule, belog darüber die Eltern. Wieder Vorwürfe. Ein Teufelskreis. Thomas Bernhard, sieben Jahre alt, dachte an Selbstmord. Als er sich später wirklich erhängen wollte, riß der Strick.

Seine Großeltern waren seine Rettung. Sie zogen in das nahe Ettendorf, und fast täglich floh er zu ihnen. Der Großvater verteidigte ihn gegen die Mutter und gegen die Nazilehrer, die 1938 den Anschluß Österreichs an das Reich feierten. Johannes Freumbichler verachtete Nazideutschland und die willfährig auf dem Wiener Heldenplatz jubelnden Österreicher, die sich nach dem Krieg ganz unschuldig gaben. Das braune Nachkriegsösterreich wurde eines der großen Schreibfelder Thomas Bernhards. »In Österreich reden doch fast alle Leut', ohne sich viel zu denken, immer vom Vergasen. ›Der ist dem Hitler durch'n Rost g'fallen‹, und ›die g'hörn vergast‹. Und wenn wer ein' falschen Stöckelschuh anhat oder nicht ganz so geht, wie sie sich's einbilden, g'hört er schon vergast.« Dafür wurde er gehaßt. Oft genug wurde er von den Angegriffenen auf die Anklagebank gesetzt. Sein Stück ›Heldenplatz‹ wurde noch 1988 ein Skandal. Thomas Bernhard, der Nestbeschmutzer.

1941, Thomas Bernhards Vorhölle. Die Gereiztheit zu Hause zeigte Wirkung. Thomas Bernhard, der Bettnässer, wurde zur Erholung geschickt. Er kam in das Nazischülerheim Saalfeld in Thüringen. Zwei Tage dauerte die Fahrt, zu essen hatte er nichts dabei. Das Heim war kein Erholungsheim, wie seine Mutter glaubte, sondern eines für schwer Erziehbare. Wer nicht gehorchte, wurde bestraft. Sein gelbbeflecktes Leintuch wurde beim Frühstück an die Wand gespannt. Er kannte das. Seine Mutter hing sein nasses Bettuch für alle sichtbar unbedacht aus dem Fenster.

»Tortur«, »Quälmaschine«, »Erziehungskerker«, »Geistvernichtungsanstalt«, »Verstümmelungsmaschinerie« nannte er auch seine nächste Schule, die Andräschule in Salzburg. Er wohnte im Naziinternat Johanneum in der Schrannengasse. Auch über den »erzbischöflich-stumpfsinnig-nationalsozialistisch-katholischen Todesboden« Salzburg schrieb er. 1975, ›Die Ursache‹, eines von fünf Büchern, in denen er sein Leben nachzeichnete. Thomas Bernhard war unerbittlich. Dem Buch wurde der Landesrekord an österreichischer Selbstzerfleischung zuerkannt. In Salzburg holte ihn der Krieg ein. Das Entsetzen der Luftangriffe, die Leichen, die Schreie der Überlebenden vergaß er nie. Er lebte in Angst. Nach der dritten Bombardierung Salzburgs holte ihn die Großmutter nach Hause. Die letzten Kriegsmonate konnte er kaum noch in das zerstörte Salzburg fahren. Statt in die Schule zu gehen, arbeitete er als Aushilfsgärtner. Er erkannte gewöhnliche Arbeit als Gegenwelt zur Lernquälerei der Schule, genauso wie das Mauern, Sägen, Verputzen in Ohlsdorf der Ausgleich zur Selbstquälerei des Schreibens wurde.

1945 unternahm Thomas Bernhard einen Selbstmordversuch, 1946 zog die gesamte Familie nach Salzburg in die Radetzkystraße 10, 1947 brach Thomas Bernhard auf Anraten seines Stiefvaters die Schule ab. Großeltern, Eltern, ein Onkel, die beiden Geschwister wohnten so beengt, daß Thomas Bernhard im

Vorraum schlafen mußte. Seine Kaufmannslehre machte er auf eigenen Wunsch in der heruntergekommenen Schönhauserfeldsiedlung, einem Viertel für Besitzlose, Gescheiterte, und inmitten des Elends entdeckte Thomas Bernhard die Kunst. Wieder eine Gegenwelt. Diesmal umgekehrt. Die Kunst als Ausgleich zur Arbeit. Auf Drängen des Großvaters nahm er Musikunterricht und Gesangsstunden. Er träumte von einer Sängerlaufbahn, doch beim Abladen einer Fuhre Kartoffeln erkältete er sich im Schneetreiben. Er verschleppte die Erkältung, die sich zur Rippenfellentzündung auswuchs. Am 17. Januar 1949 wurde Thomas Bernhard bewußtlos ins Krankenhaus gebracht. Die Lage war ernst. Er war aus dem Zimmer der Todkranken in ein Badezimmer geschoben worden, um dort abgesondert zu sterben, bekam die Letzte Ölung, wurde allein gelassen. Thomas Bernhard, ›Der Atem‹: »Plötzlich fällt die nasse und schwere Wäsche, die die ganze Zeit an einem quer durch das Badezimmer und gerade über mir gespannten Strick aufgehängt gewesen war, auf mich. Zehn Zentimeter, und die Wäsche wäre auf mein Gesicht gefallen, und ich wäre erstickt.« Ab und an schaute eine Schwester herein, ob er schon tot war, doch Thomas Bernhard starb nicht. »Ich wollte *leben*, alles andere bedeutete nichts. Leben, und zwar *mein* Leben, *wie und solange ich es will.*« Er wurde ins Zimmer der Todgeweihten zurückgebracht, lag dort wochenlang. Im selben Krankenhaus war zugleich sein Großvater. Johannes Freumbichler starb am 11. Februar 1949. Noch eine Erschütterung. Thomas Bernhards Zustand aber besserte sich. Er wurde in das Erholungsheim nach Großgmain verlegt, in das ehemalige Hotel Vötterl. Sein Zimmer ging auf den Friedhof. Im »Todeshotel« verschlimmerte sich alles. Tuberkulose. Eine neue Leidensgeschichte begann.

Thomas Bernhard wurde zunächst nach Hause geschickt. Noch ein Schlag: Die von den Jahren der Sorge abgearbeitete Mutter litt an Gebärmutterkrebs. Hoffnung bestand keine. Thomas Bernhard wachte an ihrem Bett. Sie redeten stundenlang, schlossen ihren Frieden, dann mußte Thomas Bernhard sie verlassen. Er war in eine weitere »Todesproduktionsstätte« überwiesen worden. Lungenheilanstalt Grafenhof, St. Veit im Pongau: Zwei Jahre tiefster Schwermut. Zimmer mit zwölf Betten, zwei Aborte und ein Waschraum für achtzig Männer. Kein Zauberberg. Eher Strafanstalt als Heilanstalt für Arme. Mit Spuckflasche und Fiebertafel wurde Thomas Bernhard in die »Todesgemeinschaft« aufgenommen. Die Musik hielt ihn über Wasser und das Lesen. Thomas Bernhard, ›Die Kälte‹: »Ich hatte mich schon zu dieser Zeit in das Schreiben geflüchtet, ich schrieb und schrieb, ich weiß nicht mehr, Hunderte, Aberhunderte Gedichte, ich existierte nur, wenn ich schrieb, mein Großvater, der Dichter, war tot, jetzt durfte *ich* schreiben.« Eine Lesung im kleinen Kreis wurde beklatscht. Das gab ihm Auftrieb. Dazwischen immer wieder schmerzhafte Eingriffe in die Lunge. Schnitt auf Schnitt. Thomas Bernhard wurde als geheilt entlassen, dann erneut eingeliefert. Er schrieb weiter, er sang weiter, um die Lunge zu kräftigen, und bei einer Singstunde in der Pfarrkirche von Großgmain traf er Hedwig Stavianicek, seine »Lebensfreundin«. Am 11. Januar 1951 kam Thomas Bernhard als vermeintlich Gesunder frei. Ein Fehler. Er quälte sich lebenslang mit seiner Atemnot herum. Die steilen Stiegen im Ohlsdorfer Hof konnte er oft kaum gehen, manchmal wurde der Weg von der Haustür zum Hoftor lang. In Wien oder Salzburg tat er so, als ob er Schaufenster betrachten würde, nur um unauffällig zu Atem zu kommen.

Aus St. Veit heraus, schwankte er zwischen einem Leben als Sänger oder als Schriftsteller, und die Entscheidung ließ auf sich warten. 1954, bei einem Vorsingen im Salzburger Landestheater, wurde ihm empfohlen, lieber Fleischer zu werden. Seine Stimme war zu unausgebildet. Im Jahr darauf sang er als Bass im Mozarteum. Höhepunkt und Ende der Sängerkarriere. Statt dessen wurde er Schauspielschüler im Mozarteum. Er war begabt. Rollen lernen, Dramaturgie, Regie: Thomas Bernhard, der achtzehn Theaterstücke insgesamt schrieb, lernte sein Rüstzeug. Nach zwei Jahren bestand er die Bühnenreifeprüfung, doch wichtiger war die Vermittlung Carl Zuckmayers, dank derer er bei der Zeitung unterkam. Er schrieb sich vom Gerichtsbeobachter über das Lokale zum Feuilleton hoch. Als er Ende 1955 über das Salzburger Landestheater als Rummelplatz der Stümperei herzog, fing er sich seine erste Beleidigungsklage ein.

Thomas Bernhards Sekretär

Seine Beschimpfungen des »alpenländischen Exklusivschwachsinns« deuteten sich an.

Alles entscheidend aber war Hedwig Stavianicek, siebenunddreißig Jahre älter als er, mütterlich, Witwe. Ihre kleine Wohnung in der Obkirchergasse 3, in der er im »Besenkammerl« schlief, war zeitweise sein einziger Unterschlupf. In Ohlsdorf durfte allein sie jederzeit bei ihm wohnen, und zeitlebens stellte Thomas Bernhard sie als seine »Tante« vor. »Ich hab' fünfzehn Jahre praktisch von meiner Tante gelebt. Die hat mir jeden Tag als Taschengeld eine bestimmte Summe gegeben.« Als sie 1984 starb, war das für Thomas Bernhard ein bitterer Verlust. Sie unterstützte ihn mit guten Verbindungen, machte ihn mit Künstlern bekannt. Seine Gedichte wurden veröffentlicht, er begann an sich zu glauben. Mit den Gedichten, Kurzopern, Erzählungen, Einaktern erschrieb sich Thomas Bernhard seinen Stil. Karg, knapp, auf den Punkt, ständige Satzwiederholungen, Selbstgespräche. Kunstwelten aus tiefem Ekel, eigenem Schmerz, Weltzorn, Weltleid, Wahnsinn, Verachtung, Gleichgültigkeit, Tod, Krankheit. Aber nicht nur Hedwig Stavianicek förderte ihn, sondern ebenso der angesehene Komponist Gerhard Lampersberg, der ihn in seinem »Tonhof« in Maria Saal willkommen hieß. Bei ihm verkehrte, was in Kunst, Adel, Wiener Gesellschaft Rang und Namen hatte. Dauernd pendelte Thomas Bernhard zwischen Wien und dem Lampersbergerhof hin und her. Er war begeistert, beschwingt, beflügelt, und doch: In der Rückschau seines Romans ›Holzfällen‹ von 1984 ließ Thomas Bernhard kein gutes Haar an Lampersberg, den er Auersberg nannte. Zwar bekannte Thomas Bernhard als Erzähler, daß er ihm die Kehrtwendung zur künstlerischen Welt verdanke, doch wie Auersberg als gutbürgerlicher Künstler in der gutbürgerlichen Welt zu leben, verachtete er als Verrat an der Kunst. Auerbergs Musik verspottete er als verabscheuungswürdige Staatsanbiederungskunst, ihn selbst als versoffenen, lächerlichen Musiker. Lampersberg zeigte ihn an. Am 29. August 1984 wurde ›Holzfällen‹ in den österreichischen Buchhandlungen beschlagnahmt. Im Gegenzug verbot Thomas Bernhard den Verkauf aller seiner Bücher in Österreich. Für Thomas Bernhard ein gutes Geschäft. ›Holzfällen‹ ging unter der Ladentheke weg wie nichts. Im Jahr darauf zog Gerhard Lampersberg seine Klage zurück, Thomas Bernhard hob das Auslieferungsverbot auf. Den Aufenthalten im Tonhof verdankte Thomas Bernhard dennoch viel, denn das Leben im Tonhof spornte ihn an.

Im Sommer 1962 hatte Thomas Bernhard angedeutet, binnen vier Wochen einen Roman zu schreiben. Sieben Wochen später hatte er ihn fertig. Er schrieb ihn zuletzt in der Wohnung Hedwig Stavianiceks, zwischendurch ging er ins »Krapfenwadelbad«

in den nahen Weinbergen. In der Hitze des Hochsommers schrieb er in der Badehose, alle zwei Stunden duschte er. Titel des Romans: ›Frost‹. Keine feschen Bauernbuben, keine heiratsversessenen Mädel, keine Kitschalpen. ›Frost‹ ist finster, voll gnadenloser Kälte, dumpf, gewalttätig, hundselende Gauner, fette, aufgequollene, durchtriebene Dörfler, die ein Medizinstudent kennenlernt, nachdem er vom Assistenzarzt den Auftrag erhält, dessen Bruder, den wahnsinnigen Maler Strauch, im Dorf Weng aufzusuchen und seinen Zustand festzuhalten. Die Tage in Weng werden zum Abgrund. ›Frost‹: Antiheimatliteratur. Der Bürgermeister von Weng beschwerte sich über die fremdenverkehrsschädigende Geschichte, doch er verkannte, daß Thomas Bernhards Bücher nicht in einem bestimmten Dorf spielen. Weng ist überall. Das Buch erschien im Frühjahr 1963, und am 21. Juni 1963 lobte Carl Zuckmayer ›Frost‹ in den höchsten Tönen. Thomas Bernhards Durchbruch. Er galt als vielversprechender Schriftsteller, und er legte nach. Im Jahr darauf erschien ›Amras‹. Für ›Frost‹ erhielt er den Julius-Campe-Literaturpreis, ein Jahr später den Bremer Literaturpreis. Endlich Geld, doch noch immer machte ihm die Lunge schwer zu schaffen. Er war erschöpft, versprach sich Erholung von Einsamkeit und guter Luft, und weil ihm geraten wurde, aufs Land zu ziehen, suchte Thomas Bernhard ein Haus für sich. Den Traum, ein eigenes Haus auf dem Land zu besitzen, hegte er schon lange. Tonhof und Kindheitsparadies wirkten nach. Nachdem er eine Anzeige gelesen hatte, in der ein Bauernhof angeboten wurde, fuhr er hin.

Am 6. Januar 1965, 11 Uhr, kam Thomas Bernhard mit Hedwig Stavianicek, seinem »Lebensmenschen«, nach Ohlsdorf, um den Hof zu besichtigen. Um 13 Uhr war der Kaufvertrag unterschrieben. Kaufpreis 200 000 Schilling. Allerdings mußte der Hof hergerichtet werden. Er war eine Ruine. Heizung, Wasser, Abwasser, alles mußte gemacht werden. Das meiste war gestohlen, Steckdosen und Türstöcke herausgerissen, der Hof stand zum Abriß bereit. Der Vierkanthof war groß und teuer. Zu groß und zu teuer. Hedwig Stavianicek lieh 70 000 Schilling, obwohl sie gegen den Kauf war, 30 000 gab der Staat zinsfrei, 10 000 Mark hatte er für den Julius-Campe-Preis in Hamburg bekommen, aus Bremen kam das Preisgeld von noch mal 10 000 Mark. Fehlte immer noch mehr als genug. Zur Rettung seines »Ohlsdorfer Narrenhauses« ging Thomas Bernhard daher seinen Verleger Siegfried Unseld um einen Vorschuß auf Bücher an, die er noch nicht geschrieben hatte. Mehr Erpressung als Forderung, verlangte er zwei Jahre nach dem Erscheinen von ›Frost‹ und zwei Jahre vor dem Erscheinen von ›Verstörung‹ ungeheure 40 000 Mark. Zwanzig Minuten gab er ihm, um sich zu entscheiden. Angeblich hatte Unseld, wie seine Frau neunzehn Jahre später Thomas Bernhard versicherte, vierzig Grad Fieber. Er sagte zu. Doch auch das reichte nicht. Die Umbauten verschlangen so viel Geld und so viel Zeit, daß Thomas Bernhard den Hof wieder loswerden wollte. Ein halbes Jahr lang kam er nur noch zum Umbauen, aber nicht mehr zum Schreiben, doch er behielt den Hof. Kühl im Sommer, im Winter in der Nähe der Ziegel- und Kachelöfen mollig warm, die Wände weiß, die Türen grün, die Böden aus Lärchenbrettern – er brauchte das Haus. »Allein mit den weißen Wänden, den grünen Türen, den Lärchenbrettern, gelingt es mir jetzt, mich auf die beste Weise zu konzentrieren. Ich mache mir, nach und nach einer Spekulation nach der andern folgend, die fürchterliche Landeinsamkeit gefügig.« Mehr aber noch brauchte er die Schulden. Sie trieben ihn an, seine Schreibhemmung zu überwinden. Immer noch ein Honorar und immer noch ein Vorschuß. Nichts zwang ihn mehr zum Schreiben als Schulden. Hatte er sie im Griff, machte er neue. Er kaufte die angrenzende Wiese mit dem alten Feuerwehrhaus, dann einen Wald, dann ein altes Gehöft, die »Krucka« auf dem Grasberg bei Gmunden, das Haus in Niederpuchheim bei Ottnang mit Blick auf Burg Wolfsegg, in dem sein letztes Stück, ›Heldenplatz‹, entstand, die Eigentumswohnung in Gmunden, in der er starb. Schulden, Schreiben, Abbezahlen, Schulden, so drehte sich das Rad. Eigentlich sei das Haus ein Gefängnis, so Thomas Bernhard, und doch die einzig mögliche Zuflucht. »Ich bin am liebsten allein. Im Grunde ist das ein Idealzustand. Mein

Haus ist eigentlich ein riesiger Kerker. Ich habe das sehr gern; möglichst kahle Wände. Es ist kahl und kalt. Das wirkt sich auf meine Arbeit sehr gut aus. Die Bücher, oder was ich schreib', sind wie das, worin ich hause.« Wie sein Leben, so sein Schreiben. Der Roman ›Korrektur‹ dreht sich ganz und gar um das Bauen. Rudolf im Landhaus in ›Beton‹, Wertheimer im Jagdhaus in ›Der Untergeher‹, der Fürst in Hochgobernitz in ›Verstörung‹, Roithamer in ›Korrektur‹ – die Figuren seiner Bücher werden von Häusern, von Schloß, Baracke, Kalkwerk, Strafanstalt, Turm beherrscht. Sie leben in und mit ihnen und werden durch sie zerstört. »Denkkerker«, »Selbstgesprächskerker«, »Falle«, »Gruft«. In der Abgeschiedenheit lauert der Wahnsinn. Was als Fluchtburg gedacht war, wird zur Zelle.

Thomas Bernhard und Ohlsdorf. Widersprüche. Die gute Seite des Hofs: Der Stolz, »Bauer zu Nathal« zu sein. Thomas Bernhard sah sich nicht als Schriftsteller, schon gar nicht als Dichter. Er war einer, der schrieb. Punkt. Nachdem er den Hof gekauft hatte, ließ er Schilder mit dem Hofnamen »Bauer zu Nathal« für Hänger und Traktor machen. Als Beruf gab er oft »Landwirt« an. Aus dem unehelichen Kind war was Handfestes geworden. Der Hof milderte die Abstürze nach fertigen Büchern. Zwei Zimmer auf dem Scheunendachboden einzubauen, der Umbau des alten Stalls, der Ausbau eines gebrauchsfertigen Stalls für drei Kühe, die Mostkammer und Selchkammer zu nutzen, war sein Heilmittel. »Acht, neun gänzlich trockene Zimmer, Küche und Bad angeschlossen an die Ortswasserleitung, sämtliche im Laufe der Zeit von mir mit der nötigen Mobiliar- und Gerätschaft auszustatten, ein gutes Mittel gegen die geistige Schwindsucht.« Die Vorstellung, sich bei Schreibflaute selbst mit Obst, Gemüse, Milch, Kartoffeln, Getreide versorgen zu können, beruhigte ihn. Schrieb er, half die Abgeschiedenheit. Der Hof als Festung. Thomas Bernhard, der Verrammelungsfanatiker. »Mein Hof verbirgt, was ich tue. Ich habe ihn zugemauert, ich habe mich eingemauert. Mit Recht. Mein Hof schützt mich. Ist er mir unerträglich, laufe ich, fahre ich weg, denn die Welt steht mir offen.« In Sichtweite des Hofs: die Autobahn.

Die andere Seite: Thomas Bernhard baute sich mit dem Hof eine Traumwelt. An den Wänden hängen Portraits Unbekannter, als ob er sich die weit zurückreichende Vergangenheit einer Familie schaffen wollte, die er nicht hatte. Jahr für Jahr ließ er Most einlagern, der nur selten getrunken wurde. Im neuen Stall standen nie Kühe. In der Küche ein erstklassiger Herd, der nicht eingeschaltet wurde. Die Küche benutzte er fast nur zum Kaffeekochen, Töpfe, Tassen, Krüge, Pfannen dienten als Schmuck. Sonst zog er Kargheit vor. Weniger ist mehr. Er hatte ausreichend Silberbesteck für große Gesellschaften, die er nicht gab, ein üppiges Tafelservice, das im Schrank blieb. Besucher durften meist nur bis zur Küche gleich neben dem Eingang. Falls überhaupt, bekamen sie ein Glas Most, dann mußten sie wieder gehen. Meistens behauptete Bernhard, er habe nichts im Haus. Nur nicht zu gastfreundlich sein. Die Besucher könnten ja bleiben. Zigaretten und Schnaps hielt er auf Vorrat. Geraucht und getrunken wurde nicht. Im ersten Stock richtete er ein Schlafzimmer für Gäste ein. Geschlafen wurde darin fast nie. Auf dem Tisch neben seinem Bett stand eine Glocke, um Bedienstete zu rufen, die er nicht hatte. Sein Bett, ein Doppelbett. Sein Badezimmer hat zwei Waschbecken, obwohl er Junggeselle war. Thomas Bernhard sah sich als Gutsherr. Der Junge aus armen Verhältnissen kaufte und ersteigerte Antiquitäten. Einige Zimmer gleichen der einstigen Wohnung Hedwig Stavianiceks aufs Haar. In den Kleiderschränken hängen Aberdutzende von Anzügen, ständig kaufte er neue Schuhe, Hüte, Stadtmäntel, Landmäntel, Sommermäntel, Wintermäntel, Hosen, Hemden, Krawatten. Ging er bei rauhem Wetter hinaus, zog er sich passend zünftig an, obwohl dem Lungenkranken Loden und Hirschlederne zu schwer waren. Bei Regen sog sich alles voll.

Und noch eine Seite: Je länger er mit Österreich im Streit lag, desto ärger fühlte sich Thomas Bernhard bedroht. Die einstige Burg wurde sein Verlies. Aus Besuchern wurden Feinde, aus Neugierigen Belagerer. »Die Überfälle sind unerträglich. Es ist so, daß die Leute, wenn ich nicht gleich öffne, bösartig werden und die Fenster einschlagen. Zuerst klopfen sie, dann rufen sie, dann schreien sie und dann hauen sie die Fenster ein.« Hinter der Küchentür hängt ein Totschläger, an den Gardinenstangen Gewehre. Munition ist nicht da. Auf Tischen liegen Hirschfänger im Haus verteilt. »Schon früh, wenn ich aus dem Tor hinaus will, sitzen Leute auf der Mauer. Oder die Leute gehen am Wochenende, wie sie früher Affen schauen gegangen sind, jetzt Dichter schauen. Sie fahren nach Ohlsdorf und umstellen mein Haus.« Thomas Bernhard beobachtete sie dann hinter dem Vorhang, versteckt wie ein Sträfling oder ein Verrückter hinter Gittern. »Unerträglich.« Er floh immer öfter aus Ohlsdorf, nicht nur, weil der Vierkanter im Winter viel zu anstrengend zu heizen war. Ganz am Ende begeisterte sich Thomas Bernhard an der Vorstellung, daß der Hof nach seinem Tod niedergebrannt würde. Sein gesamter Nachlaß sollte vernichtet werden. Thomas Bernhard wollte völlig aus dem Leben verschwinden. Sein literarisches Testament, sein letzter großer Roman heißt ›Auslöschung. Ein Zerfall‹. Dann wieder dachte er darüber nach, wie der Hof weiter zu nutzen sei. Doch die zwei Gästezimmer, die ganz aus Holz in die Scheune eingebaut worden waren, wurden nie benutzt. Zu groß die Furcht vor Feuer. Das Haus, in dem er anfangs stolz Gäste empfing, wurde abweisend, kalt. Es gab Sessel, in die sich keiner setzen, Geschirr, das niemand berühren durfte, als ob Thomas Bernhard sein eigenes Museum eingerichtet hätte.

Die ersten Ohlsdorfer Jahre brachten Thomas Bernhard zu beeindruckender Schreibfülle, trotz Tumoroperation und Immunerkrankung. Bei seinen Schreibanfällen drosch er oft so auf die Tasten seiner Schreibmaschinen, daß sie danach nicht mehr zu gebrauchen waren. ›Verstörung‹ erschien, ›Ungenach‹, ›Kalkwerk‹, ›Watten‹, weitere Ehrungen kamen dazu, doch 1968 geriet Thomas Bernhards Dankesrede für den Kleinen Österreichischen Staatspreis zum Skandal. In seiner am Tag der Preisverleihung flüchtig aufgesetzten Rede würdigte Thomas Bernhard Österreich auf seine Art. Der Unterrichtsminister, sämtliche Schriftsteller und Kulturfunktionäre verließen den Saal. Den bereits verliehenen Anton-Wildgans-Preis bekam er darauf in einer Papprolle zugesandt. 1970 nahm er noch den Georg-Büchner-Preis entgegen, 1972 den Grillparzer-Preis, danach lehnte er fast alle Ehrungen ab. Als Thomas Bernhard für

Schlafraum

den Nobelpreis vorgeschlagen wurde, äußerte er schon im Vorfeld, er werde ihn nicht annehmen.

Thomas Bernhard erregte nicht nur mit seinen Romanen Aufmerksamkeit. In Ohlsdorf erschloß er sich endgültig das Theater. Thomas Bernhard wurde mit ›Der Theatermacher‹, ›Der Präsident‹, ›Ritter, Dene, Voss‹, ›Minetti‹, ›Die Jagdgesellschaft‹ oder ›Der Ignorant und der Wahnsinnige‹ einer der meistgespielten Theaterautoren. Am 29. Juni 1970 hatte ›Ein Fest für Boris‹ Premiere, danach kam bis ›Heldenplatz‹ jedes Jahr ein weiteres Stück, manche wurden hunderte Male vor ausverkauftem Haus gegeben. Alle an den großen Bühnen, alle hervorragend besetzt, alle außerordentlich inszeniert, besonders von Claus Peymann, der Thomas Bernhard in Stuttgart, Bochum und am Wiener Burgtheater brachte. Viele der Stücke waren gezielte Provokationen. Ging eines seiner Bücher nicht gut, sorgte Thomas Bernhard schlitzohrig für einen neuen Skandal. Schon ›Ein Fest für Boris‹, in dem sich Beinlose, im Rollstuhl gefesselt, bewegungslos quälen, sollte in München wegen Verunglimpfung Behinderter abgesetzt werden. Die Stuttgarter deutsche Erstaufführung des Stückes ›Der Präsident‹, einer Komödie über Anarchie, wurde auf den 21. Mai 1975 gelegt, den Tag des Beginns des Baader-Meinhof-Prozesses in Stuttgart-Stammheim. Das Stück ›Vor dem Ruhestand‹, in dem ein Gerichtspräsident in SS-Uniform jedes Jahr Himmlers Geburtstag feiert, dessen an den Rollstuhl gefesselte Schwester eine KZ-Häftlingsjacke dazu tragen muß, der sich an Kriegsfotos mit Hingerichteten und Gefangenen ergötzt, griff den baden-württembergischen Ministerpräsidenten Hans Filbinger an, der noch in den letzten Kriegstagen als Marine-Richter Todesurteile vollstrekken ließ. Der größte Aufschrei in Österreich: ›Heldenplatz‹ von 1988. Vor der Aufführung war das Stück Verschlußsache, danach erhielt Thomas Bernhard Morddrohungen. »Es gibt jetzt mehr Nazis in Wien als achtunddreißig.« So heftig Thomas Bernhards Ausfälle in dem Stück gegen Österreich sind, die Beschimpfungen gegen ihn waren bei weitem übler. Nach den Angriffen verbot Thomas Bernhard während der urheberrechtlichen Schutzsperre von siebzig Jahren jede Aufführung seiner Stücke in Österreich. Die Verfügung stand in seinem Testament. Nach der Premiere von ›Heldenplatz‹ lebte Thomas Bernhard nur noch drei Monate.

Die jahrelange Schreibquälerei hatte ihn mitgenommen, die Auseinandersetzungen um seine Stücke und Romane mürbe gemacht, denn so kampfeslustig Thomas Bernhard war, so sehr litt er unter den wüsten Beleidigungen, die ihn verletzten. Um überhaupt noch in Ruhe schreiben zu können, hatte sich Thomas Bernhard aus Ohlsdorf zurückgezogen. Zumeist flüchtete er nach Niederpuchheim. Seine letzte Station: die Eigentumswohnung in Gmunden. Nur noch sein Wille hielt ihn aufrecht. Das Gehen fiel ihm immer schwerer, das Herz machte nicht mehr mit. Um sich nach ›Heldenplatz‹ zu schonen, war er wie so oft in seinem Leben in den Süden gereist, um sich in der trokkenen warmen Luft vom naßkalten Österreich zu erholen. Nur mühsam schaffte er den kurzen Weg zum Strand. In Spanien wurde er von seiner Schwester gepflegt, kurz vor Weihnachten löste sie sein Bruder Peter Fabjan ab, der ihn als Arzt seit langem betreute. Im Januar dann mußte Thomas Bernhard nach Österreich zurückgebracht werden. Bruder und Schwester versorgten ihn in der Gmundener Eigentumswohnung weiter. Telefonisch verabschiedete er sich von Freunden, am 5. Februar ein letztes Mittagessen im Wolfsegger Brandlhof. Er wurde noch einmal zu seinen Häusern gefahren, das Auto aber konnte er kaum noch verlassen. 9. Februar: sein letzter Geburtstag. Als ihm seine Schwester die ersten Schneerosen vom Berg gegenüber brachte, war er zutiefst bewegt. Thomas Bernhard war achtundfünfzig Jahre alt. Am Tag danach unterschrieb er sein Testament. Am Morgen des 11. Februar, auf den Tag 40 Jahre, nachdem sein Großvater Johannes Freumbichler gestorben war, er selbst im Salzburger Krankenhaus mit dem Tod gerungen hatte, ließ er sich ins Gmundener Rathauscafé bringen, um einen letzten Blick über den Traunsee auf die Berge zu werfen. Die Zeitung zitterte in seinen Händen. In der Nacht ein letztes langes Gespräch mit Peter Fabjan. Am 12. Februar 1989, einem Sonntag, starb Thomas Bernhard um sieben Uhr morgens in seiner Wohnung in der Lerchenfeldgasse 11 an Herzversagen. Er hatte angeordnet, seinen Leichnam in ein weißes Leintuch einzuschlagen, ihn in einen unbehandelten Sarg zu legen. Am frühen Morgen des 16. Februar wurde er auf dem Grinzinger Friedhof in Wien in das Grab Hedwig Stavianiceks gebettet.

Sein oder Nichtsein, das ist mir jetzt so ziemlich egal

Christoph Martin Wieland in Oßmannstedt

Johann Wolfgang Goethe: »Eine unwiderstehliche Lust nach dem Land- und Gartenleben hatte damals die Menschen ergriffen. Schiller kaufte einen Garten bei Jena und zog hinaus; Wieland hatte sich in Oßmannstedt angesiedelt. Eine Stunde davon, am rechten Ufer der Ilm, ward in Oberroßla ein kleines Gut verkäuflich, ich hatte Absichten darauf.« Goethe kaufte 1798 und verkaufte fünf Jahre später, Schiller kaufte 1797 und verkaufte 1802, Christoph Martin Wieland kaufte ebenfalls 1797 und verkaufte 1803. Mit 22 000 Reichstalern für den »poetischen Kauf« war er über den Tisch gezogen worden. Er hatte sich für das Gut Oßmannstedt übernommen, um sich die Sehnsucht nach dem Landleben erfüllen zu können. Jean-Jacques Rousseau: Zurück zur Natur. Doch der Traum war ein Hirngespinst. »Ich hätte dies Gut wohl eigentlich nie kaufen sollen. Die Reise in die Schweiz, der ländliche Aufenthalt am reizenden Zürcher-See hatten den längst im Stillen genährten Wunsch, ein Landmann zu werden, zu lebhaft in mir aufgeregt. Die Fee Fantasie oder Mab spielte mir einen ihrer bösen Koboldstreiche. Ich hatte vor 40 Jahren den poetischen Landjunker belacht. Nun ward ich's selbst.« Das Scherzen war ihm rasch vergangen.

Christoph Martin Wieland: Erster Übersetzer Shakespeares ins Deutsche, erstes deutsches Trauerspiel in Blankversen, erster deutscher Entwicklungsroman, erstes deutschsprachiges Opernlibretto, Herausgeber der ersten erfolgreichen Literaturzeitung in Deutschland, erster deutscher Dichter, zu dessen Lebzeiten die Gesamtausgabe seiner Werke mit 36 Bänden und 6 Ergänzungsbänden erstellt wurde, Freund Goethes, Kleists, Jean Pauls – Grabschaufel oder Hacke lagen ihm weniger. Er war gekommen, um zu schreiben, Frau und Kinder arbeiteten auf dem

Gut. Sechsunddreißig Jahre war er schon mit Anna Dorothea verheiratet, als er mit ihr, zwei Söhnen, vier Töchtern, vier Enkeln in den Oßmannstedter Wirtschaftshof einzog. »Ich habe dermalen, mich selbst eingeschlossen, 17 Personen (12 zur Familie gehörig), 3 Mägde und zwei Knechte, 14 Stück Rindvieh, alt und jung, etlich und achtzig Stück Schafvieh, vier Pferde und 5 Schweine zu ernähren. Das sind viele menschliche und tierische Mäuler.«

Die Gerichtsbarkeit über die Bauern und die Kirchenaufsicht waren dem Gut entzogen worden, die Terrassen des einst barocken Lustgartens waren Gemüsebeete, das Heckentheater war verfallen, die Karussells, die Wasserspiele, die Orangenbäume waren an den herzoglichen Hof geschafft worden, nur das Brunnenhaus mit Becken und Wasserspeier am Wirtschaftshof war noch geblieben. Der weitläufige Park war verwildert. 300 Obstbäume pflanzte Wieland und schuf nach und nach einen englischen Landschaftspark, er las regalweise Bücher über Landwirtschaft, erkundigte sich über das Setzen von Reben. Das sogenannte Schloß sei unstreitig die schönste, bequemste und solideste Wohnung, die er sich auf dem Lande nur wünschen könne, und allein die Hälfte dessen wert, was er für das ganze Gut bezahle, schrieb Wieland und machte sich was vor. Umbauen, Ausbauen, die Landwirtschaft nach oben bringen, die Kosten dafür fraßen die Gewinne auf. Der Kaufpreis zu hoch, zu viele Schulden, zu viele Rückschläge, zu wenig Ertrag und – zu viele Maulwürfe. Karl August Böttiger: »Er zerschlug im Weitergehen mit seinem Gartenstock einen Maulwurfs-Hügel. Stundenlang, sagte er, hab' ich diese Maulwurfs-Hügel geebnet und Steine weggelesen, so, daß ich oft ganz durchnäßt von Schweiß Wäsche wechseln mußte, und von meiner Frau tüchtig ausgescholten wurde.« Neunzig Seelen hatte das Dorf, 150 Hektar hatte das Gut. 56 Hektar waren Ackerland, 10 Hektar Wald, gut 5 Hektar Wiesen. Das Jagdrecht gehörte nicht dazu. Der Herzog gönnte ihm nur 12 Hasen und 24 Feldhühner das Jahr.

Der Gutshof war umgeben von Hügeln und Wald. Einen niedriger gelegenen, so Wieland, wollte er nicht geschenkt. Goethe dagegen meinte, das Gut liege in der traurigsten Weltgegend, vor allem wenn Regen oder Schnee die Wege so aufweichten, daß der Hof abgeschnitten war. Wieland aber wollte keinen anderen. »1. Weil ich hier in Oßmannstedt von aller Abhänglichkeit frei u. ganz mein eigner Herr bin, 2. weil das Leben auf dem Land mein wahres Element ist, worin ich mich in jeder Jahrszeit wohl befinde, 3. weil ich sehr viel, aber größtenteils mit lauter selbst gewählten Arbeiten beschäftiget gewesen bin; überdies an keine Zeit, keine Stunde gebunden, was ein sehr wichtiger Punkt ist.« Im Frühjahr 1797 war Wieland dreiundsechzig Jahre alt. Geboren wurde er am 5. September 1733 in Oberholzheim bei Biberach. Ein schwäbischer Pfarrerssohn, ein Wunderkind. Der Vater tränkte ihn mit Latein, Griechisch und Gottesfürchtigkeit, und Wieland saugte alles willig auf. Mit dreizehn wurde er nach Kloster Berge bei Magdeburg geschickt. Bibel, Bibel, nochmal Bibel, tagaus, tagein. Ein Gutteil seiner ersten Schriften trieft vor Frömmigkeit. Wer anders dachte, den bekämpfte er, obwohl er trotz strengstem Verbot an der Schule die Werke der Aufklärung las. Über seinen Philosophielehrer an der Universität Erfurt, der ihm nebenbei Cervantes nahebrachte, weil er in Wieland den gewitzten Kopf erkannte, entrüstete er sich. Erst Jahre später wandelte sich Wieland vom Frömmler zum Mann von Welt und Dichtung, der von da an stets für die Freiheit der Meinung, der Presse, der Bürger eintrat, doch als seine erste Liebe zerbrach, sah er das noch als Strafe des Herrn für seine Freigeisterei an.

1750 hatte er seine drei Jahre ältere Cousine Sophie Gutermann im Elternhaus getroffen. Geistreich war sie und gerade frisch entlobt. Wieland kam ihr recht. Einen Sommer lang dauerte beider Glück. Danach schrieb ihr Wieland schwärmerische Briefe, Verse, Gedichte. Er ging nach Tübingen, die Rechtswissenschaft zu studieren, um möglichst bald seine Sophie heiraten zu können, doch weil er die Rechte verabscheute, sich vor der Medizin ekelte, für das Predigen eine zu schwache Brust hatte, schleppte sich sein Fortkommen hin. Sie löste die Verlobung 1753. Sophie Gutermann heiratete eine bessere Partie: den Kurmainzer Rat Georg Michael Frank von La Roche. Eine Vernunftehe, doch La Roche war klug, angenehm, beliebt. Er führte sie bei Hof ein, gab ihr ungewöhnliche Freiheiten. Auch die zu schreiben. Ihr Roman ›Geschichte des Fräuleins von Sternheim‹, für den Wieland das Vorwort schrieb und den er 1771 herausgab, machte sie berühmt. Ihre Tochter Maximiliane von La Roche heiratete Peter Anton Brentano. Sophie von La Roche wurde die Großmutter von Clemens und Bettine Brentano, und obwohl sie ihn sitzengelassen hatte, blieb Wieland ihr sein Leben lang zugetan. 1753 war die Trennung für ihn ein Schock und doch verdankte er Sophie von La Roche viel. »Nichts ist wohl gewisser, als daß ich, wofern uns das Schicksal nicht im Jahre 1750 zusammengebracht hätte, kein Dichter geworden wäre.«

1753 war Christoph Martin Wieland in der Schweiz bei Johann Jakob Bodmer. Er hatte zu lange gezögert, sein Studium zu sehr schleifen lassen, Sophie von La Roche war verloren. »Ich folgte in meinen Studien bloß meinem Geschmacke.« Und der galt den Büchern, dem Schreiben, der Literatur. Gegen den ausdrücklichen Wunsch des Vaters strebte er danach, Schriftsteller zu werden. Die deutsche Literatur aber war gespalten. Zwei Lager bekämpften sich unerbittlich: Um die deutsche Sprache von allem barocken Schwulst zu befreien, eine eigenständige Dichtung auszubilden, stand Johann Christoph Gottsched für feste Regeln und Nachahmung französischer Vorbilder. Johann Jakob Bodmer dagegen trat für das Wunderbare in der Dichtung ein, für die schöpferische Freiheit des Künstlers. Sein Vorbild war England. Für ihn hatte sich Wieland entschieden. Geschrieben hatte er schon lange, und weil das Lehrgedicht ›Die Natur der Dinge‹ gedruckt und gelobt worden war, hatte er eilfertig ein weitschweifiges Heldengedicht gedrechselt, dessen vier Gesänge er Bodmer schickte. Auch der lobte ihn, und so schrieb Wieland sprudelnd weiter und drängte Bodmer, ihn zu sich zu bitten. Ohne Unterstützung der Familie für sein Schreiben, ohne Beruf, ohne Geld, die Aussichten ungewiß, suchte Wieland dringend einen Förderer. Die Einladung kam 1752.

Wieland in der Schweiz: Bodmer und er schrieben im selben Zimmer, saßen an einem Tisch, aßen aus einer Schüssel. Wieland war in Haus und Familie aufgenommen worden. Der Preis dafür war bedingungslose Gefolgschaft. Bodmer war der Stern am literarischen Himmel, und der unbekannte, mittellose, ehrgeizige Wieland gehorchte eingeschüchtert. »Ich werde bemüht sein, die Gegenwart meines Körpers so wenig als möglich ist, merklich zu machen.« Der Spott ließ nicht auf sich warten. Salomon Geßner: »Wieland sitzt bei Bodmern bei einem Schreibe Pult, sitzt da mit stolzer Zufriedenheit und überdenkt seine Hoheit und Tugend, sitzt da und wartet auf Anbeter und Bewunderer, sie mit gnädig segnendem Blick anzulächeln, aber es kommt kein Anbeter.« Viele andere sahen ihn genauso: Er sei ein junger Löffel, dünn wie ein Rebstecken, pockennarbig, sitze beständig im Haus, trinke keinen Wein, gehe brav um acht mit einem Milchsüppchen zu Bett, sei ein Erzschmeichler, wisse alles besser. Wieland verdiente sich sein Essen. Er huldigte Bodmer, schrieb an dessen Büchern mit und eiferte gegen die Parteigänger Gottscheds. Doch auf die Länge war Wieland zu klug, um nicht zu sehen, daß Johann Jakob Bodmers Schriften nicht erstrangig waren. Mühsam, aber bestimmt löste er sich von ihm.

Christoph Martin Wieland wurde Hauslehrer in Zürich, und als Hofmeister atmete er freier. Er entdeckte die Damen für sich, besuchte ihre gelehrsamen Kränzchen. Alle über vierzig, schrieb er geringschätzig, keine je eine Schönheit gewesen, alle überaus tugendhaft. »Ich bin in der Tat gewissermaßen der Großtürk unter ihnen.« In Zürich brachte er sich selbst Englisch bei, und sein eigenes Schreiben ging voran, vor allem mit ›Lady Johanna Gray‹, dem ersten deutschen Trauerspiel in Blankversen. Das Versmaß Shakespeares wurde durch Wieland Jahre darauf das Versmaß der Weimarer Klassik. Sein Ruf begann sich zu verbreiten. Er schwamm sich frei.

1759 zog er weiter nach Bern. Wieder Hauslehrer, wieder gelehrte Damen, die er als Leserinnen schätzte. Schöngeistige Bücher wurden fast nur von Damen gekauft. Eine regte ihn besonders auf. »Das ist ein schreckliches Mädchen, diese Mademoiselle Bondeli. Sie redete mir in Einem Zuge von Platon und Plinius, Cicero und Leibniz, Pfaff, Aristoteles und Locke, von rechtwinklichten, gleichschenklichten Dreiecken und was weiß ich sonst; sie redete von Allem.« Es gebe kein Mädchen, meinte Wieland, das er dieser gelehrten Julie von Bondeli nicht vorziehen würde. 1759 verlobte er sich mit ihr. Zwei Jahre hielt das Heiratsversprechen. 1760 kehrte er nach Biberach zurück. Sein Versuch, als freier Schriftsteller zu leben, war gescheitert. Ein durchschlagender Erfolg war ausgeblieben. Als die Gemeinde ihn zum Senator und Kanzleiverwalter wählte, nahm er an. Ein sicheres Einkommen, eine feste Stelle, doch eine, die mit Schwierigkeiten verbunden war. Gut acht Jahre Schweiz waren vorbei, gut acht Jahre Biberacher Unglück warteten.

Die Freie Reichsstadt Biberach war religiös gespalten. Seit dem Ende des dreißigjährigen Glaubenskrieges mit dem Westfälischen Frieden von 1648 mußten alle wichtigen Ämter doppelt besetzt werden. Am 24. Juli 1760 trat Wieland seinen Dienst an. Da die Mehrheit der evangelischen Ratsmitglieder seinem katholischen Gegenspieler jedoch nicht das gleiche Gehalt zuerkannte, forderten die Katholiken, der neue Kanzleiverwalter müsse dann wenigstens wie ihr Vertreter, der Ratsadvokat, einen Doktor haben, um die Gleichheit herzustellen. Der Streit führte zum Prozeß, der vier Jahre dauerte, in denen Wieland kein Gehalt bekam. Er lebte auf Pump, war dennoch fleißig und verzweifelte zugleich niedergeschlagen ob der Armut Biberachs. Die Stadt verfiel, die Verwaltung war zerrüttet, von 3200 Einwohnern waren neun Zehntel besitzlos. Die wenigsten Bürger zahlten Steuern. Biberach nannte Wieland ein Totenaas eines an der Sonne modernden, stinkenden Reichsstädtchens. Um nicht vollends nur von Akten begraben zu werden, brauchte Wieland ein Gegenmittel. Er begann, Shakespeares Stücke zu übersetzen, und wurde Leiter der evangelischen Komödiantengesellschaft. ›The Tempest‹ kam Ende 1761 als ›Der erstaunliche Schiffbruch‹ im Theatersaal der städtischen Schlachtmetzgerei auf die Bühne. Die »Bürgerliche Komödiantengesellschaft«, der älteste Theaterverein Deutschlands, war 1686 gegründet worden. Schon Wielands Urgroßvater hatte ihn geleitet.

Weiteres Unglück kam auf ihn zu. Christine Hogel, die einzige leidenschaftliche Liebe seines Lebens. Jung, von ihm schwanger, aber katholisch, und dazu nicht standesgemäß. Ihre Heirat wurde hintertrieben. Sowohl die Katholischen als auch die Evangelischen duldeten sie nicht. Der evangelische Amtsvorsteher durfte nicht katholisch heiraten, Christine Hogels Eltern verboten eine evangelische Trauung. Wieland kämpfte, doch er verlor. Keine Heirat. Beider Kind starb kurz nach der Geburt. Um das Aufsehen zu mildern, suchten Wielands Eltern eine Braut für ihn aus und Wieland fügte sich. Am 21. Oktober 1765 heiratete Christoph Martin Wieland Anna Dorothea von Hillenbrand. Eine liebenswerte Gattin, die in den langen Jahren ihrer Ehe fest zu ihm stand und ihm ein beständiges, ruhiges Glück schenkte. Nicht einmal die Halsbinde, so Wieland, könne er sich ohne sie umlegen. Von allen seinen Werken las sie nur ein einziges: ›Oberon‹. Nicht nur die Schulden, auch ihr Tod in Oßmannstedt verleidete ihm das Gut.

Die Schweiz, die Biberacher Erschütterungen hatten Wieland verwandelt. Aus ihm war der Wegbereiter der Klassik geworden. Seine Übersetzungen Shakespeares brachen den Dichtern des Sturm und Drang die Bahn, die es ihm nicht dankten. Seine in Biberach geschriebene ›Geschichte des Agathon‹, die Wieland endlich bekannt machte, wurde der erste deutsche Erziehungsroman, nach dessen Vorbild die Weimarer Klassik das Ideal der aus Kunst und Bildung erwachsenden Menschlichkeit in der Vergangenheit des antiken Griechenland suchte. Daß Wielands Schreiben vor Geist, Witz und gepfefferter Sinnlichkeit strotzte, half ihm, berühmt zu werden. Später verbot er seinen Töchtern, seine Werke zu lesen, solange sie nicht verheiratet waren. Die Liebschaft mit Christine Hogel und ein Verhältnis mit der Frau des Bürgermeisters hatten ihn endgültig von seiner Verklemmtheit befreit. Die Amtsknechtschaft aber blieb. Wieland suchte eine Zuflucht. Er fand sie in der Stille seines Biberacher Gartenhauses und im nahen Schloß Warthausen.

Der Schloßherr Graf Stadion, Großhofmeister des Kurfürstentums Mainz, hatte einen Sekretär: Georg Michael Frank von La Roche. Und so traf Wieland Sophie von La Roche wieder. Ihre Freundschaft gab ihm Halt, und Graf Stadion wurde sein Gönner. Wieland genoß das adelige Salonleben, das von der aufgeklärten französischen Kultur geprägt war, und nutzte die Bibliothek des Grafen. ›Comische Erzählungen‹ entstanden und ›Musarion oder die Philosophie der Grazien‹, doch je häufiger er an den galanten Vergnügungen teilnahm, desto sinnloser kamen sie ihm vor. Wieland war durch und durch bürgerlich. 1766 entschied er in einem Rechtsstreit des Grafen mit Biberach zugunsten der Stadt. Der Bruch war da, doch Wieland hatte erkannt, daß nur ein aufgeklärter Fürst ihm einen Weg heraus aus dem elenden Alltag hin zur ersehnten freien Schriftstellerei bieten konnte. 1768 versöhnten sich beide, und als kurz darauf Graf Stadion starb, berief sein Nachfolger Christoph Martin Wieland an die Universität von Erfurt, die zum Kurfürstentum Mainz gehörte. 550 Reichstaler im Jahr, auf die nochmals 100 Taler draufgelegt wurden, dazu 2 Malter Korn und Gerste, 4 Klafter Holz. Wieland sagte zu. Er räumte sein Gartenhaus und kam im späten Frühjahr 1769 mit seiner Frau, seinem ersten Kind sowie mit Fritz von La Roche, dem Sohn Sophies, einem Gehilfen und einer schwäbischen Köchin in Erfurt an. Er hatte sich mit seinen Büchern einen Namen gemacht. Schritt für Schritt wurde er zum meistgelesenen deutschen Dichter. Wieland war stolz, von sich eingenommen, lobte sich selbst über den grünen Klee. »Kurz ein Mensch, der sich bei jeder Haustür zusammenbückt, weil er sich für alle zu groß erscheint.« Einfach war Wieland nicht, doch er hatte immer so viel Witz, sich nicht gar zu ernst zu nehmen.

Erfurt, 1769 bis 1772. Wieder Schwierigkeiten. Wieland, der Professor für Philosophie, hatte keinen Universitätsabschluß. Neid, die Empörung über sein freizügiges Schreiben und sein bedingungsloses Eintreten für die Gedanken der Aufklärung machten ihm das Leben schwer. Er war nach Erfurt berufen worden, um der erstarrten, glanzlosen Lehranstalt Schwung zu geben. Er sprach über Philosophie, griechische, lateinische, französische, englische, italienische Literatur, Kunsttheorie, Geschichte. Sein Hörsaal war überfüllt. Seine Hörer versprachen sich saftige Vorlesungen, denn Wielands Bücher waren gut gewürzt, um seinen Forderungen nach Schönheit, Menschlichkeit, Bildung ein verlockendes Kleid zu geben. In ›Der Neue Amadis‹ spielen fünf Ritter mit fünf Prinzessinnen Bäumchenwechseldich, in ›Sokrates Mainómenos oder Die Dialogen des Diogenes von Sinope‹ poltert er mit der Satire vom Mann im Mond gegen Gelehrte, die nichts wissen, aber bei allem mitreden, er nahm die Gedankenlosigkeit aufs Korn und trieb den Leserinnen eine angenehme Röte ins Gesicht, weil er eine freie Inselrepublik entwarf, die durch hunderttausend junge Mädchen und hunderttausend junge Burschen gegründet wird. Sein Vorschlag bei späterem Frauenüberschuß: ein Mann, zwei Frauen. Dieser ›Diogenes‹, schrieb Wieland, sei eines seiner besten Werke. Er zweifelte, ob er je ein besseres geliefert habe. Das Buch fand reißenden Absatz. Die Tugendwächter waren empört, auch die Erfurter, und ihm dämmerte, daß er hier nicht weiterkam. »Niemals, niemals«, schrieb er, »haben die Grazien dieses freudleere Chaos von alten Steinhaufen, winkligen Gassen, verfallenen Kirchen, großen Gemüsgärten und kleinen Leimhäusern, welches die Hauptstadt des edlen Thüringen vorstellt, angeblickt.« Nichts wie weg. Eine seiner Leserinnen: die Herzogin Anna Amalia. Nachdem sie Wielands ›Der goldne Spiegel‹ gelesen hatte, machte sie ihm das Angebot, als Prinzenerzieher ins nahe Weimar zu kommen. Wieland verhandelte zäh. Beim Gebot von 1000 Talern im Jahr, Zahlung der Umzugskosten, Ernennung zum Hofrat auf Lebenszeit, Zusicherung einer lebenslangen jährlichen Pension von 600 Talern nach Vertragsende in drei Jahren ohne Bindung an den Hof, schlug Wieland ein. 31. August 1772: Wieland, Sack und Pack, Frau und drei Kinder auf dem Weg nach Weimar. »Ich bin ein sehr glücklicher Mensch; wie viele vortreffliche Männer, Weiber, Knaben und Mädchen lieben mich!«

Wie vereinbart, lebte er am Hof, und wie zu erwarten war, stieß ihn das Hofleben wie schon in Warthausen ab. Er nahm sich das Recht heraus, den Eid auf das Herzogtum zu verweigern. Wieland lehnte sein Leben lang ab, geadelt zu werden. Seine Erziehung des künftigen Herzogs Carl August aber sah er als die

Blick vom Park auf das Gutshaus

Gelegenheit, ihn zu einem gerechten Fürsten zu bilden, der nicht nur für die Macht des Adels, sondern auch für die Freiheit der Bürger eintreten sollte, und um die Gedanken der Aufklärung voranzubringen, gründete er die Zeitschrift ›Der Teutsche Merkur‹. Ein gewagtes, geldverschlingendes Unternehmen, das Erfolg hatte. Allein schon Wielands Name zog. ›Der Teutsche Merkur‹ wurde die bedeutendste Monatsschrift ihrer Zeit. Wieland stand für sie mit allen führenden Geistern im Briefwechsel, die besten Schriftsteller schrieben im Laufe der Jahre für den ›Merkur‹ über schier alles. Bücher wurden besprochen oder vorab gedruckt, Briefe und Gedichte veröffentlicht, über die Amerikanische Unabhängigkeitserklärung und die Französische Revolution gestritten. Christoph Martin Wieland stand auf dem Gipfel, doch die jungen Wilden des Sturm und Drang wetzten schon die Messer, allen voran Goethe mit seiner Posse ›Götter, Helden und Wieland‹. Wieland zeigte Größe: Er lobte die Geschichte und empfahl seinen Lesern Goethes ›Götz von Berlichingen‹. Als Goethe von 1775 an in Weimar lebte, waren sie herzlich miteinander verbunden. Erst Goethes Schreibfreundschaft mit Schiller drängte Wieland ins Abseits. Beider Gehässigkeiten gegen ihn enttäuschten Wieland zutiefst. Gegner hatte er auch sonst genug. Die Dichter des Göttinger Hains, für die Wieland bloß ein »Wollustsänger« war, zerrissen seinen ›Idris‹, um sich mit den Seiten die Pfeifen anzuzünden, die Brüder Schlegel, für deren Schriften sich Wieland einsetzte, warfen ihm vor, er schreibe doch nur ab. Der Neid auf ihn trieb Blüten, besonders nachdem die Gesamtausgabe seiner Werke begonnen worden war, die zeitgleich in vier verschiedenen Aufmachungen herauskam.

Christoph Martin Wieland nahm das hin. Er reichte den Lorbeer ohne Haß, doch nicht kampflos weiter. Er litt unter dem Vorwurf, der Vergangenheit anzugehören. »Die meisten Kritikaster leben von ihrem Handwerk, und die hündische Art, womit sie Schriftsteller anfallen ist das einzige was ihnen noch Leser verschafft, weil die literarischen Hatzen dem gelehrten Pöbel ungefähr ein eben so angenehmes Schauspiel geben als die Bären- und Wildochsenhatzen.« Mit ›Die Abderiten‹ griff er 1774 die Deutschtümelei der Stürmer und Dränger offen an, ihre rüpelhaften Kraftmeiereien geißelte er als barbarisch, doch nachdem Anna Amalia zugunsten des jungen Herzogs zurückgetreten war, erlosch Wielands Erzieheramt. Goethe war zur lautesten Stimme in Weimar geworden, Wielands Bedeutung am Hof schwand. Schon die Werthermode mit gelber Weste und blauem Rock war dem »Alten« vom Herzog gnädig erlassen worden. Wieland war gut 40 Jahre alt. Er kümmerte sich nur noch um sein Schreiben. Fast Jahr auf Jahr kam ein weiteres

Buch heraus. Die ›Geheime Geschichte des Philosophen Peregrinus Proteus‹ entstand, und nachdem Wieland mit ›Alceste‹ das erste deutsche Singspiel geschaffen hatte, kam sein zweites, ›Rosamund‹, 1779 auf die Bühne, dessen Probe sich Mozart anhörte. Was beide noch nicht ahnten: Das Märchen ›Lulu oder die Zauberflöte‹ aus Wielands ›Dschinnistan oder auserlesene Feen- und Geistermärchen‹ nutzte Emanuel Schikaneder als Vorlage für Mozarts ›Zauberflöte‹. Doch bei allem Ruhm, allem Erfolg, aller Anerkennung – Wielands große Tage waren vorbei, und um dem Hoftrubel zu entkommen, kaufte er sich sein Landgut: Oßmannstedt, das er nach dem Sabinum des Horaz sein »Osmantinum« nannte. »Ich muß aufs Land! Hier in Weimar wird mein Geist durch den Hof, mein Körper durch das fatale Klima gemordet.« Weimar war teuer, die Familie war weiter gewachsen.

»Hier in Meinem Hause zu Oßmannstedt befinde ich mich ununterbrochen wohl und munter, arbeite an meinem Schreibtische mit Sukzeß, habe, ungeachtet ich wenig vor die Tür komme, guten Appetit, und schlafe weit besser als ehmals. Alles dies entscheidet, wenigstens was *mich* betrifft, den Vorzug des Landlebens vor dem Stadtleben; nichts von den übrigen negativen und positiven Vorzügen des erstern zu gedenken, welche die Landmaus beim Horaz gegen ihre Freundin, die Stadtmaus, geltend macht.« Eigenes Brot, Gemüse, Kartoffeln, eigene Butter, eigener Käse schmecken eben noch mal so gut, auch wenn der Genuß, so Wieland, von der Täuschung begleitet sei, er würde nichts kosten. Alles sei freilich teuer genug, doch die Götter hätten mehr für ihn getan, als er einst zu wünschen gewagt. Er hoffe, im Schoß der Natur und der Ruhe mit den Seinigen und den Musen den Rest seiner Tage glücklich zu verleben. »Zu *bauen* habe ich nichts als noch einige Ställe in das große Seitengebäude und eine *Scheune*.« Um das Gut anzuzahlen, hatte Wieland seinen Verleger um 9000 Taler gebeten. 3000 Taler bekam er. Wieland verkaufte ihm sämtliche Rechte an allen seinen noch kommenden Werken, und Wieland war fleißig. Er übersetzte Aristophanes, Xenophon, Euripides, vollendete in Oßmannstedt den Roman ›Agathodämon‹ und schrieb an seinem unvollendeten Alterswerk ›Aristipp und einige seiner Zeitgenossen‹. Er gab noch eine Zeitschrift heraus, ›Attisches Museum‹, eine weitere, ›Oßmannstedter Unterhaltungen‹, unterblieb. »Ich habe diesem Oßmannstedt doch auch viele selige Stunden zu verdanken.«

Anfangs war das Landleben ein Genuß. Johann Daniel Falk erinnerte sich: »Mitten im Dorf, unter einer großen Linde wurde getanzt. Wielands Töchter und meine Frau mit wurden von den rüstigen Bauernburschen wacker auf dem grünen Rasen herumgeschwenkt. Es tat mir wohl, den ehrwürdigen Wieland zu sehen, wie der edle Greis im hundertjährigen Schatten der Linde dasaß und mit ruhigem Mut als Gutsherr den muntern Burschen Bescheid tat, die ihm mit vielen Kratzfüßen einen Stuhl setzten und nach Herkommen ein Glas reichten.« Wieland hatte die Bauern von der Fron befreit, obwohl sie ihm die Birken für Birkenreiser zuschanden schnitten und das junge Buschholz aus dem Wald stahlen. Glücklich war er dennoch, zumindest am Anfang. Die Landschaft des Gutes, vor allem der Park, fanden Eingang in sein Werk. Immer wieder schrieb Wieland vom Glück, unter vernünftigen Menschen in den Gärten eines Landhauses zu weilen. Selbst die Dorflinde und das Glas, das ihm die Bauern beim Tanz gereicht hatten, findet sich in seinen Schriften. »Dieser reinen Natur- und Genuß-Fülle entkeimte die schönste Blüte meines Alters, mein Aristipp, der ohne diesen stillen Selbstgenuß, ohne dies heitere Land- und Gartenleben nie empfangen und geboren worden wäre.« Am liebsten hätte er Oßmannstedt zu einer freien Republik von guten und glücklichen Menschen gemacht, wie er schrieb.

Wieland war überaus gastfreundlich, und so kamen Besucher in Scharen. Goethe, Clemens Brentano, Johann Gottfried Seume, Herder oder Jean Paul, der schnellstens wieder verschwand. Wieland gedachte, eine seiner Töchter mit ihm zu verkuppeln. Allein das ginge nicht, schob Jean Paul vor, weil zwei Dichter nicht unter ein Hausdach paßten. Den wahren Grund verschwieg er Wieland. In seinen Töchtern lägen gute Herzen, meinte Jean Paul, aber mit den Gesichtern wolle es nicht recht fort. Andere blieben länger als er. Wieland war ein großzügiger Gastgeber.

Als einziger in Weimar unterstützte Wieland den jungen Heinrich von Kleist, der in Oßmannstedt an seinem ›Robert Guiskard‹ schrieb. Schon um Jakob Michael Reinhold Lenz, den Goethe aus Weimar hinausekelte, hatte er sich freundlich gekümmert, und als Matthias Claudius in Geldnot kam, bot er ihm sofort die Mitarbeit am ›Merkur‹ an und so viel an Freundschaft, wie er brauchen, fassen, genießen könne. Sophie Brentano, die sich nach unglücklicher Liebe zu ihm flüchtete, nahm Wieland wie eine Tochter auf. Schon bald wurden zartere Bande daraus. Gekommen war sie mit Sophie von La Roche, ihrer Großmutter. Eine heikle Begegnung zwischen Frau und Jugendfreundin, doch auch sie wurde gern aufgenommen, obwohl ihre Neugierde Wieland dann doch bald lästig wurde. »Wieland und sein ältester Sohn legten bald dieses bald jenes neue Werk auf meinen Tisch, worüber gesprochen wurde; dann kam eine Tochter mit Gläsern voll köstlicher Buttermilch – die gute Julie mit einem Korb voll Rosen. – Dann sah ich sie auch unter der Leitung der besten Mutter, mit Sorge für die Wäsche, für die Küche und den Keller, mit Bereitung des Flachses, mit der Milchkammer und Leinwandbleiche beschäftigt. Es würde jeden klugen Mann gefreut haben, uns zu begleiten, als Wieland mich in den Wirtschaftshof führte, mir Scheunen und Stallungen zeigte, und wir mit ihm seinen Schafen entgegen gingen; ich aber bei jedem Schritt seine Liebe zum Feldbau und seine Einsichten darin bewunderte.« Doch Liebe zum Feldbau genügte nicht, das Gut zu halten. Die Schulden drängten immer mehr. Am 8. November 1801 starb Wielands Frau, im Jahr zuvor war Sophie Brentano in Oßmannstedt gestorben. Beide waren im Gutspark an der Ilm begraben worden. Wieland hatte genug. Er schlug das Gut ohne Verlust für 30 000 Taler los, dazu 1899 Taler für Einrichtung und Möbel. Wieland zu Karl August Böttiger bei dessen letztem Besuch in Oßmannstedt am 11. April 1803: »Dem wackern Käufer meines Gutes traue ich aber zu, daß ihm die Stätte, wo ich auch neben meiner Gattin einmal noch begraben zu sein wünsche, stets heilig sein werde.« Von 1803 an lebte Christoph Martin Wieland wieder in Weimar.

Wieland war siebzig Jahre alt, der Hof nahm ihn freundlich auf, auch wenn er mit Samtkäppchen und Tuchstiefeln erschien. Seine Tochter Luise sorgte für ihn, doch er war der Prophet im eigenen Land. Wieland wurde überall geehrt, nur nicht in Weimar. Bereits 1801 war er Ehrenbürger der Schweiz geworden, der russische Zar, der 1805 Weimar besuchte, schätzte ihn, nach der Schlacht von Jena und Auerstedt bewachten französische Offiziere im besetzten Weimar sein Haus nahe dem Wittumspalais, um ihn vor plündernden Soldaten zu schützen, auf dem Erfurter Fürstentag von 1808 wurde ihm der Orden der Ehrenlegion und der russische Annen-Orden verliehen. Er traf Madame de Staël, Napoleon ließ eigens nach ihm schicken. Geschrieben hat Wieland bis zuletzt. Er übersetzte weiter, saß mit weißem Schlafmützchen am Cicero; ›Hexameron von Rosenhain‹, ›Krates und Hipparchia‹, ›Menander und Glycerion‹ entstanden. Wielands Ende kam schnell. Er starb mit fast achtzig Jahren. Drei Wochen lag er mit Fieber und Krämpfen. Noch an seinem Todestag, dem 20. Januar 1813, machte ihm der Arzt Hoffnung. Wieland: »Sein oder Nichtsein, das ist mir jetzt so ziemlich egal.« Begraben wurde er ganz nach seinem Wunsch in Oßmannstedt bei seiner Frau und Sophie Brentano. Im Oßmannstedter Park steht ihr Gedenkstein. »Liebe und Freundschaft umschlang die verwandten Seelen im Leben, | Und ihr Sterbliches deckt dieser gemeinsame Stein.«

Wielands Grab

Der frühe Tod ist jetzt mein großes Los

Novalis in Oberwiederstedt und Weißenfels

Sie war zwölf, als der zweiundzwanzigjährige Novalis sie im November 1794 in Grüningen kennenlernte: Sophie von Kühn. Kindlich war sie, sie fürchtete sich vor Spinnen und Mäusen, ihre Rechtschreibung war abenteuerlich, bald schon trank sie gern Wein, rauchte. Eine Viertelstunde, sagte er, habe genügt, ihn für sie einzunehmen. Zwei Tage vor ihrem dreizehnten Geburtstag, am 15. März 1795, verlobten sie sich. »Sophia sey mein Schuz Geist« ließ er in seinen Ring eingraben. Im Jahr darauf war sie schwer erkrankt, ein Jahr später, 1797, starb sie. »Grüningen, die Wiege meines bessern Selbst, ist mir zur Grabstätte geworden – das einsame Grab auf dem kleinen Kirchhofe – die drei Ellen Erde auf dieser himmelvollen Brust – das ist, was meine Phantasie erfüllt, die sonst in Paradiesen schwebte.« Novalis war erschüttert. Oft und oft schrieb er davon, ihr bald in den Tod folgen zu wollen. Nur vier weitere Jahre, und sein Wunsch war erfüllt. 25. März 1801: Novalis' Todestag.

»Wie selig war die Zeit der Knabenspiele | Als Kummer noch nicht nächtlich mich umschlang«: Eine Sonnenfinsternis verdunkelte Sachsen am 2. Mai 1772, dem Tag der Geburt von Georg Philipp Friedrich von Hardenberg, genannt Novalis, auf Schloß Oberwiederstedt, einem ehemaligen Kloster der Dominikanerinnen. Elf Kinder brachte Auguste Bernhardine von Hardenberg zur Welt. Sie war fünfundvierzig, als das jüngste geboren wurde. Zehn der Kinder starben vor ihr. Sie wollte ihren Tod nicht miterleben. Bei keinem ihrer Kinder saß sie am Sterbebett, auch bei Novalis nicht. Sie strich ihm nicht über den Kopf, hielt nicht seine Hand. Die meisten wurden keine dreißig. Novalis war der älteste Sohn. Auch er starb früh mit achtundzwanzig. Die Lindenallee im Park des Schlosses, der Kräuter-

Schloß Oberwiederstedt

garten, die Kirche gegenüber, in der er getauft wurde, der nahe Hexentanzplatz von Thale, Novalis' Geburtszimmer mit dem gemauerten Ofen, der Speisesaal: Fast die Hälfte seines Lebens

Ansicht vom Schloß aus dem 18. Jahrhundert

verbrachte Novalis auf Schloß Oberwiederstedt. Sein Vater, Heinrich Ulrich Erasmus Freiherr von Hardenberg, mußte hinzuverdienen. Er war Berghauptmann der Grafschaft Mansfeld, denn das Gut, das zum Schloß gehörte, brachte zu wenig ein. Sie lebten einfach und zurückgezogen. Oberwiederstedt lag abseits genug dafür. »Das alte Haus in Wiederstedt war aber ebensowohl geeignet, Träumereien zu befördern, wie auch als Tummelplatz fröhlicher Kinder zu dienen. Wie schön spielte es sich in dem dämmerigen großen Hausflur, in den langen Gängen, auf der steinernen Wendeltreppe mit den kleinen runden Fensterscheiben, durch welche das Licht so seltsam gebrochen hereinfiel, und welche vom Turm herab durch die kleine verborgene Tür in den engen Hof geleitete, wo eine Menge alter hochstämmiger Fliederbäume im Frühling so köstlich blühten. Dann das eigentliche alte Kloster, freilich jetzt in eine Scheune verwandelt, mit den schönen Fensterbogen, von Weinranken umzogen, und Haus und Hof belebt von den Spukgeschichten, die die alte Kinderfrau so schön zu erzählen wußte! Fürwahr, es war eine fröhliche Kinderzeit, ein glückliches Leben; und das war ganz der Ort, auf die Phantasie des Knaben einzuwirken.«

Mit derlei aber konnte der Vater wenig anfangen. Er mußte aufs Geld achten, die Familie wuchs schnell. In Schloß Oberwiederstedt herrschte er streng, sittlich, überfromm. Mit Gott hatte er ein schriftliches Bündnis geschlossen, sich durch ernsten Wandel stets zu bessern. Er fühlte sich sündenbeladen und erzog die Kinder streng im Glauben, hielt sie zu Andachten an. Eine von ihnen erlebte auch Ludwig Tieck später in Weißenfels. Er wartete im Nebenzimmer, hörte den alten Hardenberg zornig schelten. Seine Andachtsstunden waren mitunter stürmisch. »Was ist vorgefallen, fragte er besorgt einen eintretenden Bedienten. Nichts, erwiderte dieser trocken. Der Herr hält Religionsstunde.« Novalis hat seinen Vater immer geachtet, seine Mutter aber hat er geliebt. Sie war fein empfindend, verständnisvoll. Novalis war ihr Sorgenkind. Er war schwächlich und anfällig und blieb bis zu seinem neunten Lebensjahr hinter den anderen Kindern zurück. Dann erkrankte er an Ruhr. Eine Magenschwäche kam dazu. Monatelang mußte Novalis liegen, er wurde nur mühsam geheilt, die Krankheit aber veränderte das stille, verträumte Kind. »Jetzt schien sein Geist auf einmal zu erwachen.« Zurück blieben Anfälligkeit und Kränklichkeit, doch zugleich wurde Novalis lebhaft und neugierig, aber ebenso getrieben und rastlos. Unruhe war seine Geißel, die er sein Leben lang bekämpfte. Nur mit ständiger Zucht hielt er sie in Schranken.

Novalis wurde lernbegierig, und der Vater, der ihn zuerst wenig beachtet hatte, fand seine Freude daran. Er nahm ihn auf

Reisen mit, zeigte ihm den Bergbau. Auch seine Hofmeister, die Hauslehrer, waren mit ihm zufrieden. »Er war sehr fleißig in seinen Stunden, und Lateinisch und Griechisch kannte er schon mit einer gewissen Fertigkeit im 12ten Jahre; auch finden sich mehrere Gedichte aus dieser Zeit; – in seinen Erholungsstunden war seine Lieblingslektüre Gedichte und Märchen, deren letztere er auch seinen Geschwistern gern erzählte«, so sein Bruder Carl von Hardenberg, »seine Hofmeister hatten nie nötig ihn zum Fleiß anzutreiben.« Sonntagabends erzählte er den Geschwistern die Märchen, die er sich ausgedacht hatte. Drei Brüder und zwei Schwestern wurden nach ihm in Oberwiederstedt geboren, und um die große Familie zu ernähren, bewarb sich Heinrich Ulrich Erasmus von Hardenberg als Direktor der Salinen von Artern, Kösen und Dürrenberg. 1785 waren damit für Novalis die Jahre in Oberwiederstedt vorbei. Die Familie zog nach Weißenfels in die Klostergasse. Das Haus, Sitz des Salinenamtes, mit Hof, Scheune, Ställen, Garten und Gartenhaus, gehörte einst zum herzoglichen Hof, und war, anders als Oberwiederstedt, prächtig eingerichtet. Weißenfels wurde für Novalis, der über Sachsen und Thüringen nicht hinauskam, zum Mittelpunkt seines Lebens.

Das hochgebaute Haus ist schmucklos bis auf das Portal mit der Freitreppe zur Straße hin. Es hieß »Am Kloster«, steht auf dem Grund einer abgerissenen Klosterscheune. Im Kloster gegenüber lebten Klarissinnen. Zu ihren Gebetsstunden und Messen schallte das Geläut durch das Haus, zu dem ein Stammplatz in der Kirche gehörte. Drei Stockwerke. Im Erdgeschoß waren die Amtsräume, die Familie lebte im zweiten und dritten Stock. Im zweiten lagen die Wohnräume, im dritten die Schlafzimmer. Novalis war Frühaufsteher, er liebte die Morgensonne. Eine geräumige Diele, ein kleiner Saal mit geflochtenen Lorbeerkränzen als Stuck an der bemalten Decke. Geblieben ist so gut wie nichts, weder in Oberwiederstedt noch in Weißenfels. In Oberwiederstedt seine Wiege, sein Taufkäppchen, ein Bild von ihm, in Weißenfels sein Verlobungsring im nahen Stadtschloß. Der Ring ist unerwartet groß. Novalis hatte keine zarte Hand. Sein

Grab auf dem Friedhof ist verschüttet, das Sterbezimmer wirkt leer und kahl. Die Zimmer sind untereinander verbunden. Als Novalis starb, drang leises Klavierspiel von nebenan durch die Tür. Zwei Fenster hatte es, eines ist zugemauert. Der Blick ging auf Klostergasse und Saalgasse. Die Eltern, die vielen Kinder, Dienstboten, Köchin, das Kommen und Gehen in den Amtsstuben – das Leben im Haus war laut. Novalis schrieb in Weißenfels umgeben vom Trubel. Im ummauerten Garten ein Pavillon. Der einzig ruhige Ort. Im Winter lagerten darin die Pflanzen. Das Haus war amtssässig, unterstand daher nicht der Stadt. Ein Vorteil. Keine Einquartierungen von Soldaten, Befreiung vom Spundgeld, fremde Weine und Bier durften steuerfrei eingelagert werden. Niemand beschrieb das Leben im Haus. Die Gedanken können schweifen. Die Phantasie ersetzt die Wirklichkeit. Das hätte ihm gefallen.

In Weißenfels lebte die Familie wie schon in Oberwiederstedt bescheiden für sich. Leipzig war nah, doch er fühle sich, klagte Novalis, an den Ufern der Saale wie in Böotien fern von den Musen und ihren Tempeln. Arkadien war für ihn anderswo. Novalis fand das Traumland bei den Schriftstellern seiner Zeit. Als einer von ihnen, Gottfried August Bürger, in Langendorf bei Weißenfels durchkam, schrieb er ihm, und als Bürger ihm antwortete, jubelte Novalis. In Weißenfels versuchte er sich in Drama, Fabel, Verserzählung, er beschäftigte sich mit der Geschichte des Mittelalters, mit Goethe, Schiller, Wieland, Klopstock, übersetzte Horaz, schrieb Gedichte voll von Schäferinnen und Schäfern, Wein und unschuldigen Küssen. Der Vater hatte ihn zum nüchternen Staatsdienst in Sachsen bestimmt – er neigte dem Schönen zu. »Und wenn ich auch im Gefühl dieser Lächerlichkeit mich wohl in Acht nahm meine Vorliebe blicken zu lassen, so konnte ich doch im Stillen nicht unterlassen diese reizenden Beschäftigungen zu verfolgen.« Die Spannung zwischen Pflicht und Kunst prägte sein Leben.

Im Sommer 1790 wurde Novalis auf das Luther-Gymnasium in Eisleben geschickt, im Herbst trug er sich folgsam für die Rechtswissenschaften in Jena ein, und einer in Jena beeindruckte den achtzehnjährigen Novalis tief und nachhaltig: Friedrich Schiller. Novalis hörte bei ihm Geschichte, und, als Schiller im Januar 1791 schwer erkrankte, saß er an dessen Bett. Er hörte ihm zu, pflegte ihn, hielt Nachtwachen, gewann sein Vertrauen. Novalis erstes veröffentlichtes Gedicht, ›Klagen eines Jünglings‹, widmete er 1791 dem leidenden Schiller. Von Rechtswissenschaften war für Novalis in Jena wenig die Rede. Er beschäftigte sich lieber mit Philosophie und Dichtung. Das Studium aber war teuer. Sein Vater wandte sich daher an Schiller, Novalis ins Gebet zu nehmen – zu dessen eigenem Bestem und zur Beförderung des Wohls der Familie, die in Novalis eine Stütze erhoffte. Schiller sprach mit Novalis und das Gespräch fruchtete. »Ein Wort von Ihnen wirkte mehr auf mich als die wiederholtesten Ermahnungen und Belehrungen Anderer.« Er schrieb so gut wie nichts mehr. Erst Jahre später wurde er in Grüningen zum Dichter Novalis.

Knapp ein Jahr blieb er in Jena, dann wechselte er im Herbst 1791 nach Leipzig, die erste große Stadt, die er betrat. »Jurisprudenz, Mathematik und Philosophie sollen die 3 Wissenschaften sein, denen ich diesen Winter mich mit Leib und Seele ergeben will und im strengsten Sinne ergeben. Ich muß mehr Festigkeit, mehr Bestimmtheit, mehr Plan, mehr Zweck mir zu erringen suchen und dies kann ich am leichtesten durch ein strenges Studium dieser Wissenschaften erlangen. Seelenfasten in Absicht der schönen Wissenschaften und gewissenhafte Enthaltsamkeit von allem zweckwidrigen hab ich mir zum strengsten Gesetz gemacht.« Doch das Unstete in ihm plagte ihn weiter. Schlank, feingeschnittenes Gesicht, schwarze Augen, feurig, wenn er von Schönem spreche, fröhlich, so wurde Novalis beschrieben. Ein frühverglühter, nur vergeistigter Jüngling war er nicht. Er war weder weltabgewandt noch schwermütig in sich gekehrt. In Leipzig wohnte Novalis in der Grimmaischen Gasse über der Löwenapotheke. Auerbachs Keller, die Messe, die Kaffeehäuser, das Gewandhaus, Konzerte und Theater: Im galanten Leipzig genoß er das Studentenleben ganz und gar. In Jena hatte er sich auf dem Fechtboden geschlagen, in Leipzig stieg er den Mädchen nach und verliebte sich in Julie Eisenstuck. Eine Leidenschaft, für die er gleich alles liegen ließ. Zwei Jahre Studium, die Ermahnungen, das Geld schienen für nichts. Doch sie war eine

Novalis-Pavillon in Weißenfels

Bürgerliche, noch dazu ohne Vermögen, die sich der Vater strengstens verbat. Er wetterte noch, als die Glut in Novalis längst erloschen war. Um seiner Unruhe Fesseln anzulegen, dachte Novalis daran, unter die Soldaten zu gehen, denn Sachsen stand im Krieg gegen das revolutionäre Frankreich, doch für den seinem Adel angemessenen Dienst bei Kavallerie oder Kurfürstkürassieren fehlten die Mittel. Novalis blieb in Leipzig. »Ich muß noch erzogen werden, vielleicht muß ich mich bis an mein Ende erziehn.« Er wurde erzogen, und von einem besonders: Friedrich Schlegel. Er sei sehr weich, meinte Schlegel, und nehme noch jede Form an, die ihm aufgedrückt werde. »Es kann alles aus ihm werden – aber auch nichts.« Novalis war offen, begeisterungsfähig bis zum Überschwang, lebenslustig bis zum Unsinn, doch Schlegel sah ebenso das Dunkle in ihm, die grenzenlose Eigenliebe. Seine Seele sei nichts als Eigennutz und Phantasterei. Und doch: Beide waren gleich alt, beide wurden Freunde, und beide waren Wegbereiter der Romantik. Abendelang »symphilosophierten« sie gemeinsam über die Welt und wie sie zu verändern sei.

Zunächst aber strebte Novalis danach, sein Studium zu beenden. Er ging nach Wittenberg, versicherte seinem Vater einmal mehr, sich nicht mehr ablenken zu lassen. »Mich treibt eine Sehnsucht nach einer Anstellung, wo ich bald von Deinem Beutel unabhängig bin.« Bürgerlichkeit, Lohn und Brot – was er dem Vater schrieb, meinte er ernst, doch das war nur das eine. Das andere war der ihm unerfüllbar erscheinende Wunsch, Dichter und Philosoph zu sein, der an ihm nagte. Friedrich Schlegel aber machte ihm Mut, sich ins bürgerliche Leben zu fügen, doch dabei die Kunst nicht aufzugeben, und er folgte seinem Rat. Am 14. Juni 1794 legte Novalis sein juristisches Examen ab, mit der ersten Zensur, wie er anmerkte, und kehrte nach Weißenfels zurück.

Ungebundene Wochen. Billard, Trinken, Tanzen. »Drückt fester die Mädchen ans klopfende Herz.« Bei einem Besuch in Wittenberg musterte er mit seinem Bruder Carl die Schönheiten. Sie hielten sich gegenseitig Vorlesungen über deren Busen und Figur, und in Weißenfels stellten Novalis und Carl dem gleichen Mädchen nach. Der Bruder litt, er nicht. Als sie Novalis entgegenkam, gab er sie auf. »Mit der zarten Blüte meiner Neigung ist es vorbei, sobald ich gemeine Gunstbezeugungen erhalte.« Aufgewachsen mit empfindsamen Gedichten, liebte Novalis das Schwärmerische an der Liebe, nicht die Sinnlichkeit, obwohl ihn, gestand er, der Wollustteufel schikaniere, der mit lüsternen Bildern vor ihm auf dem Papier herumtanze. Was er suchte, war Unschuld, und er fand sie in Grüningen. Die Wende seines Lebens.

»Ohne dich wär ich noch lange | Rastlos auf und abgeschwankt«: Im Herbst 1794 versuchte sein Vater ihn im Staatsdienst unterzubringen. Da sich die Anstellung hinzog, vermittelte er Novalis an das Kreisamt in Tennstedt, damit er die Verwaltungsarbeit kennenlerne. Novalis wurde Aktuarius. Er wohnte beim Amtshauptmann August Coelestin Just und hatte ihm über Rechtsstreitigkeiten zu berichten, die er als Schreiber festhielt. »Meine Praxis raubt mir hier 3/4tel des Tags. Das übrige Viertel ist so eingeteilt, daß Freunden und Büchern sehr wenig bleibt.« Novalis war fleißig, denn er wollte zur Ruhe kommen, arbeiten, unabhängig sein. Just und Novalis verbrachten auch die Abende gemeinsam. Sie sprachen über Philosophie, Wissenschaft, Literatur. Sonst hatte das abgelegene Tennstedt nichts zu bieten. Abwechslung brachten Novalis die Amtsreisen, und eine von ihnen führte ihn auf das Gut Grüningen. Novalis schrieb bald danach seinem Bruder Erasmus von Hardenberg über Sophie von Kühn, eine Viertelstunde habe genügt, ihn für sie einzunehmen, der aber hielt seine Verzückung für überspannt. Ein Vierteljahr, um sich so recht zu verlieben, gut, aber eine Viertelstunde? »Selbst, wenn Du sie heiraten willst, solltest Du die Sache aus einem leichtsinnigern Gesichtspunkte ansehen.« Für den Bruder war sie ein Mädchen wie alle andern auch, Novalis aber begeisterte das Kindliche an Sophie von Kühn. Und sie war ein Kind. Zwölf Jahre alt. Für gemeine Gunstbezeugungen war sie zu jung, und schon deshalb erhoffte sich Novalis von ihr Brautnacht, Ehe, Kinder, bürgerliches Familienglück, um sich nun endlich von der eigenen Unrast zu befreien und einen festen Platz im Leben zu finden. Erasmus von Hardenberg tadelte Novalis für seine selbstsüchtige, fast kalte Entschlossenheit zur Leidenschaft, denn Novalis liebte mehr seine Vorstellung von Liebe als Sophie von Kühn, die er himmelhoch erhob, um sie desto unbedingter anbeten zu können. »Ich habe zu Söfchen Religion – nicht Liebe.«

Seit Grüningen begann Novalis wieder zu schreiben. Kleine Gedichte entstanden, vor allem aber beschäftigte ihn die Philosophie. »Mein Lieblingsstudium heißt im Grunde, wie meine

Braut. Sofie heißt sie – Filosofie ist die Seele meines Lebens und der Schlüssel zu meinem eigensten Selbst.« Noch herrschte in Deutschland das Denken der Aufklärung. Sie lehrte, die Vernunft bestimme das Handeln, der Verstand vermag alles zu bessern, er beurteile, was richtig, was falsch ist, vernünftige Entscheidungen würden zu einem vollkommenen, freiheitlichen, menschenwürdigen Leben für alle führen, nicht nur für den Adel. Das wirkliche Leben jedoch sah anders aus. Die Hungersnöte waren nicht beseitigt, die Armut nicht besiegt, die Seuchen nicht verhindert, die Willkür der Fürsten nicht gebrochen, und zugleich stand noch immer das Grauen der Fallbeile der Revolution von 1789 vor aller Augen. Die bürgerlich Gesinnten im zersplitterten Deutschland versuchten daher keinen blutigen, sondern einen geistigen Umbruch. Anders als die Aufklärung glaubten Goethe und Schiller, nicht nur die Vernunft, sondern auch das erhaben Sittliche, das Wahre, das edle Schöne der griechischen Antike werde den Menschen zur Freiheit erziehen. Langsam ändern statt gewaltsam umstürzen, das werde ein goldenes Zeitalter herbeiführen. Die aufkommende Romantik glaubte das nicht. Sie suchte das goldene Zeitalter in der eigenen Vergangenheit, verherrlichte das Mittelalter, verschrieb sich dem katholischen Glauben bis zur Frömmelei, sammelte Sagen, entdeckte das Märchen wieder. Die Gegenwart aus Krieg, Armut und bürgerlicher Ohnmacht gebar die Sehnsucht nach dem Vergangenen. Goethe, Schiller und die Romantik aber hatten eines gemeinsam: Sie glaubten, die Kunst vermöge den Alltag zu än-

Verlobungsring – Vorderseite mit dem Portrait von Sophie von Kühn

dern, Poesie und Philosophie könnten alles Schreckliche überwinden, und das glaubte auch Novalis.

1795 richtete sein Vater ein Gesuch an den sächsischen Kurfürsten, Novalis als Akzessist, als Anwärter im Verwaltungsdienst der Weißenfelser Salinendirektion anzustellen. Am 30. Dezember 1795 wurde dem stattgegeben, und Novalis arbeitete im Haus des Vaters, unten in den Amtsräumen. »Meine Bestimmung ist nun fixiert.« Die wenigen Jahre, die er noch hatte, betrachtete er seinen Beruf als seine Hauptaufgabe, die er gewissenhaft erfüllte. Als er seine Stelle als Salinenbeamter antrat, war Sophie von Kühn lange schon krank. Seit dem November 1795 war ihre Leber entzündet, sie hatte heftige Schmerzen und Fieber. Sie wurde zur Ader gelassen, doch das half nicht. Erst nach und nach trat eine Besserung ein. Im Sommer 1796 dann ein Rückfall. Sie wurde nach Jena gebracht und operiert. Die Wunde aber schloß sich nicht. Sie eiterte und mußte zweimal am Tag unter Schmerzen gereinigt werden. »Unsere Sophie beträgt sich trefflich. Sie ist immer heiter und tröstend. Ich liebe sie fast mehr ihrer Krankheit wegen.« Novalis besuchte sie, so oft das ging, sein Vater bot an, sie in Weißenfels zu pflegen, doch sie blieb in Jena. Die Schmerzen dauerten an, Husten kam dazu. Weihnachten 1796 wurde sie nach Grüningen zurückgebracht, die Wunde schloß sich endlich, dann brach sie erneut auf. Am 14. März 1797 schrieb Novalis an Schlegel, er glaube, daß sie nur noch wenige Tage zu leben habe. Novalis verließ Grüningen, er ertrug ihr Sterben nicht. Am 19. März 1797, früh neun Uhr, zwei Tage nach ihrem

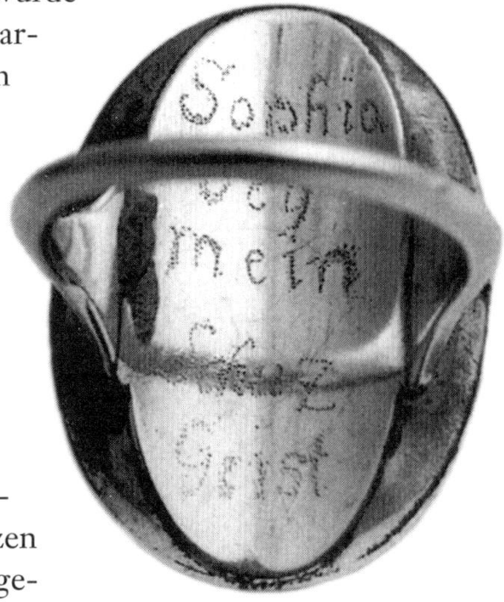

Verlobungsring – Innenseite mit Widmung

fünfzehnten Geburtstag war sie tot. Alles in ihm sei wüst, taub und versteinert, es sei Abend und Herbst um ihn geworden, schrieb Novalis, er habe sich selbst nicht mehr, er lebe in Ruinen. Sein Traum eines ruhigen Glücks war zerbrochen. Am 18. April 1797 begann er ein Tagebuch, sein ›Journal‹, das im Juli endete. Zu jedem Datum darin fügte er die Zahl der Tage an, die Sophie von Kühn schon tot war. Der 18. April war der einunddreißigste. Novalis wollte sterben, doch er starb nicht – er schrieb.

»Meine alte Jugendlieb' erwacht«: 1797 vertiefte sich Novalis noch mehr als bisher in die Dichtung und Philosophie seiner Zeit, aus der er lernte, daß der Abgrund zwischen besserer Welt und grausamer Wirklichkeit überwunden werden könne. Die Brücke zwischen beiden seien Wissenschaft und Philosophie, besonders aber die Poesie. Novalis glaubte daran, daß Sophie von Kühn in die bessere, in die göttliche Welt eingegangen war, mit der ihn die Poesie verbinde. Ihm wurde klar, daß ihr Tod für ihn ein Schlüssel war, alles Überirdische zu verstehen. Indem er schrieb, war er ihr nah. »Mein Geist ist jetzt fruchtbarer, vielleicht glücklicher, als je.« Ihr Tod war sein Weg zur Dichtung. An ihrem Grab empfand er eine wilde Freude.

Doch auch der Alltag ging weiter. Novalis entschloß sich, an die angesehene Bergakademie in Freiberg zu gehen, um sich für seinen künftigen Beruf besser auszubilden. Am 1. Dezember 1797 reiste er von Weißenfels ab, doch Geologie, Mineralogie, Chemie, Physik, Mathematik, Bergrecht und die Grubeneinfahrten, um die Arbeit unter Tage zu sehen, füllten Novalis nicht aus. Er lerne und arbeite, bedürfe aber geistiger Würze, schrieb er. Das Jahr 1798 jagte für ihn dahin. So oft er irgend konnte, besuchte er Freunde und Bekannte in Dresden, er war zu Gast auf Schloß Siebeneichen bei Meißen oder auf Schloß Batzdorf, in dessen Gartenhaus, dem »Todeshäuschen«, er sich gern aufhielt. Seinen Namen hat das Todeshäuschen von der Sage, der Kopf eines Hingerichteten sei so lange erschienen, bis seine Unschuld erwiesen war und sein Schädel zur Erinnerung an das Unrecht in eine Nische des Gartenhauses gestellt wurde.

In Jena sah Novalis Schiller wieder, er traf Goethe. Sein Vater schenkte ihm ein Pferd, und das Reiten tat Novalis gut. Im Sommer 1798 war er in Teplitz zur Kur. Nie von bester Gesundheit, zeigten sich erste Anzeichen der zehrenden Krankheit, an der er starb. Auf den langen Ritten und den Reisen verlor sich die Trauer um Sophie von Kühn, und Freiberg hielt für ihn wenigstens eine Zuneigung bereit: Im Haus des Berghauptmanns lernte Novalis dessen Tochter Julie von Charpentier kennen. Novalis nannte sie ein schleichendes Gift. »Man findet sie, eh man sich versieht, überall in sich und es ist um so gefährlicher, je angenehmer es uns deucht.« Eine Liebe wurde für Novalis nicht daraus, aber sie wurde ihm dennoch unentbehrlich. Seit dem Tod Sophies fühlte sich Novalis abgestumpft und gealtert, Julie von Charpentier jedoch gab ihm zumindest Wärme. Ende 1798 verlobte er sich mit ihr. »Ein sehr interessantes Leben scheint auf mich zu warten – indes aufrichtig wär ich doch lieber tot.«

In Freiberg begann Novalis' eigentliches Schreiben. Sein erstes bedeutendes Gedicht entstand, ›Der Fremdling‹. »Traurige Stunden sind | Ihm geworden – es neigte | Früh der fröhliche Tag sich ihm.« Novalis stand am Anfang der romantischen Dichtung, die nicht nach reiner Harmonie strebte, sondern das Leiden an der zerrütteten Wirklichkeit durch die Phantasie zu überwinden suchte. Die Phantasie kann die Wirklichkeit ersetzen. »Die Welt muß romantisiert werden. So findet man den ursprünglichen Sinn wieder«, forderte Novalis. »Indem ich dem Gemeinen einen hohen Sinn, dem Gewöhnlichen ein geheimnisvolles Ansehn, dem Bekannten die Würde des Unbekannten, dem Endlichen einen unendlichen Schein gebe so romantisiere ich es.« Eines seiner Gedichte faßt seine Gedanken besser als alle übrigen zusammen: »Wenn nicht mehr Zahlen und Figuren | Sind Schlüssel aller Kreaturen, | Wenn die, so singen oder küssen, | Mehr als die Tiefgelehrten wissen, | Wenn sich die Welt in's freie Leben | Und in die Welt wird zurück begeben, | Wenn dann sich wieder Licht und Schatten | Zu echter Klarheit werden gatten, | Und man in Märchen und Gedichten | Erkennt die ewgen Weltgeschichten, | Dann fliegt vor Einem geheimen Wort | Das ganze verkehrte Wesen fort.«

In Freiberg entwickelte Novalis seine Philosophie der Welterkenntnis durch Selbstfindung. Wer sich und der Kraft seines Geistes vertraue, der streife die Fesseln des Alltags, der Geschichte, der Gesellschaft ab. Die Revolution fand im Inneren statt. Was er dachte, hielt er in Skizzen und Fragmenten fest. Am 24. Februar 1798 schickte er sie August Wilhelm Schlegel nach Jena. »Hätten Sie Lust öffentlichen Gebrauch davon zu machen, so würde ich um die Unterschrift Novalis bitten.« August Wilhelm Schlegel hatte mit seinem Bruder Friedrich die Zeitschrift ›Athenaeum‹ gegründet, um ihren Ansichten von Philosophie und Literatur eine Heimat zu geben. In der ersten Ausgabe im Frühjahr 1798 erschienen darin Novalis' Fragmente unter dem Titel ›Blütenstaub‹. Und er schrieb weiter. ›Glauben und Liebe‹ entstanden, dazu die ›Freiberger naturwissenschaftlichen Studien‹, in vermischten Schriften, die er ›Das Allgemeine Brouillon‹ nannte, versuchte er auf Hunderten von Seiten die Erkenntnisse aller Wissenschaften zusammenzufassen, und das Märchen ›Hyacinth und Rosenblütchen‹ fügte er in seinen Roman ›Die Lehrlinge zu Sais‹ ein, der die Suche nach einer Jungfrau beschreibt, deren verschleiertes Bild im Tempel zu Sais verehrt wird. Die Suche führt den Lehrling von der Ahnung eines geheimen Wissens über die verwirrenden Lehren seiner Zeit hin zu der reinen Welt in ihm, die das Geheimnis des göttlichen Paradieses birgt, das nur durch die Liebe gefunden werden kann. Alles andere sind Fallgruben des Verstandes. Novalis schloß den Roman wie das meiste nicht ab. Für die Romantik war die Suche das Entscheidende, nicht das Ankommen. Novalis verstand sein Schreiben als »literarische Sämereien«, und die Saat ging auf.

Pfingsten 1799 war Novalis wieder in Weißenfels. Weißenfels war sein Lebensmittelpunkt, zu Hause aber war er nirgends. 1799 war noch einmal ein ruheloses Reisejahr. Er ging als Protokollführer auf eine Inspektion der Salinen von Kösen, Dürrenberg und Artern und bat um eine feste Stelle, damit er eine Familie gründen, vom Vater ganz unabhängig werden, seine Nebenstunden aber, wie er schrieb, zu einträglichen literarischen Arbeiten nutzen könne. Beruf und Berufung schlossen sich für Novalis nicht aus. Für ihn ergänzte sich beides. Zurück von der Salinenreise, lernte Novalis den Schriftsteller Ludwig Tieck kennen. Wie Novalis trat Tieck in seinen ›Phantasien über die Kunst, für Freunde der Kunst‹ für die Wiederentdeckung der mittelalterlichen Literatur und Kunst ein, und forderte, wahres Künstlerleben müsse in religiöse Kunstandacht münden. Doch nicht nur die Kunst war Novalis' Religion. Er schrieb ›Geistliche Lieder‹ und verehrte die Muttergottes. Novalis war gläubig. Den Sommer 1799 verbrachten Tieck und er gemeinsam. Sie besuchten Goethe und reisten zur Burg Giebichenstein bei Halle. Danach fuhr Novalis allein weiter: In Freiberg traf er Julie von Charpentier, auf Schloß Schlöben bei Jena feierte er die Hochzeit seiner Schwester Caroline. Das Schreiben aber war bei all dem nicht vergessen. ›Die Christenheit oder Europa‹ und weitere ›Geistliche Lieder‹ entstanden. 11. bis 14. November 1799: Entscheidende Tage. Das Romantikertreffen.

In Jena, Unterm Markt, im einstigen Wohnhaus des Philosophen Johann Gottlieb Fichte, trafen sich Ludwig Tieck und dessen Frau Amalie, August Wilhelm Schlegel und seine Frau Caroline, Friedrich Schlegel und seine spätere Frau Dorothea Veit, der Philosoph August Wilhelm Schelling, der Physiker Johann Wilhelm Ritter und Novalis. Die Frauen betrachteten sie als gleichberechtigt, gemeinsam arbeiteten sie am Bekenntnis der frühen Romantik: Wissenschaft, Philosophie und Poesie sollten sich zu einer alles durchdringenden Religion verbinden, mit der das goldene Zeitalter heranbrechen werde. »Mit dieser Religion fängt sich eine neue Weltgeschichte an.« Jena war der Aufbruch zu einer Reise, die Novalis nicht mehr erlebte, die Sehnsucht nach der besseren Welt aber umschrieb Novalis noch als Blaue Blume, dem Symbol der Romantik schlechthin, in seinem Roman ›Heinrich von Ofterdingen‹, den er wenige Tage nach dem Treffen begann.

Von Jena aus ging Novalis nach Artern. In den Salzquellen suchte er Heilung für sein immer schlimmeres Lungenleiden, und am 7. Dezember 1799 wurde die Anstellung gewährt, um die er gebeten hatte. Novalis war Salinenassessor. Die 400 Taler, die er bekam, brachten ihn der Heirat näher, er stürzte sich in seine Arbeit, zugleich entstanden 1799 auf 1800 die ›Hymnen an die Nacht‹, und er begann den Roman ›Heinrich von Ofterdingen‹. Wie Novalis, so ist auch Heinrich von Unruhe ergriffen. Die Sehnsucht nach einer Welt treibt ihn um, in der Mensch und Natur in Einklang sind. Im Traum sieht er eine blaue Blume. Sie neigt sich ihm entgegen, und als ihr Blütenkelch sich öffnet, erblickt er darin das Gesicht eines Mädchens. Auf einer Reise trifft Heinrich Mathilde, die tiefe Liebe in ihm erweckt. Im Traum erkennt er, daß Mathilde das Mädchen im Blütenkelch ist. Mathilde jedoch stirbt. Heinrich begreift, daß die Heimat der blauen Blume bei Gott im ewigwährenden Paradies ist, daß nur dort sich das Glück seiner Liebe erfüllen wird, nur dort Verlust und Abschied überwunden sind. Eine Ahnung vom Paradies aber kann allein die Dichtung geben. Um die blaue Blume zu finden, wird Heinrich zum Dichter.

Novalis konnte den Roman nicht beenden. Zu rasch schritt seine Krankheit fort. Um dennoch Julie von Charpentier heiraten zu können, bewarb sich Novalis auf die freie Stelle eines kursächsischen Amtshauptmanns. Mit dem Auftrag, die Braunkohlevorkommen zwischen Leipzig, Zeitz und Borna zu erfassen, sollte er sich dafür bewähren. Am 1. Juni 1800 brach er auf, drei Wochen später war er zurück. Im Sommer besuchte ihn Ludwig Tieck. Sein letzter Besuch. Novalis schrieb sein letztes großes Gedicht, ›Das Lied der Toten‹: »Zauber der Erinnerungen, | Heilger Wehmut süße Schauer | Haben innig uns durchklungen | Kühlen unsre Glut. | Wunden gibts, die ewig schmerzen | Eine göttlich tiefe Trauer | Wohnt in unser aller Herzen | Löst uns auf in Eine Flut.« Er sprach von peinvollen Nächten, ängstlichen Stunden. »Der frühe Tod ist jetzt mein großes Los.« Er hustete Blut. Schwindsucht. In Meißen ließ er sich behandeln und in Dresden, doch der Herbst brachte keine Besserung. Am 6. Dezember 1800 wurde Novalis zum Amtshauptmann ernannt, aber er war zu geschwächt, das Amt anzutreten. Im Januar 1801 drängte sein Vater darauf, daß Novalis nach Weißenfels komme. Am 24. Januar traf er dort mit seiner Braut ein. »Wenn ich erst wieder besser bin, dann sollt ihr erst erfahren, was Poesie ist, ich habe herrliche Gedichte und Lieder im Kopfe.« Es war das letzte Aufflackern seines Lebenslichtes. Novalis lag in seinem Sterbezimmer. Am 23. März 1801 kam Friedrich Schlegel nach Weißenfels. Er saß an Novalis' Totenbett. Seine Verlobte war bei ihm, seine Mutter nicht. Wieder verlor sie eines ihrer Kinder. Im Haus war es still. Am Abend des 24. bat Novalis, ihm auf dem Klavier vorzuspielen, dann schlief er ein. Friedrich von Hardenberg, genannt Novalis, starb am 25. März 1801 kurz nach Mitternacht sanft und ohne alle Schmerzen. »Selig sind allein die Toten.«

VILLA „SHATTERHAND."

Ich bin wirklich Old Shatterhand

Karl May in Ernstthal und Radebeul

Sie kümmerte sich nicht um das Haus, gab statt dessen großzügig sein Geld aus, klatschte gern, redete schlecht über ihn, lud in seine Villa ein und machte anderen schöne Augen: Emma Pollmer. Er saß unterdessen am Schreibtisch, Blätterstapel vor sich, Zigarren, eine Kanne Kaffee, die ihn wach hielt, neben ihm ein ausgestopfter Löwe. Tagelang schrieb er, nächtelang, jahrelang. Er hatte Phantasie. Sehr viel Phantasie. Besuchern drückte er eine Visitenkarte in die Hand: Dr. Karl May, genannt Old Shatterhand, Radebeul-Dresden, Villa »Shatterhand«. In Frankreich habe er den Doktorhut bekommen, sagte er, ein andermal war es China oder Amerika. »Ich spreche und schreibe: französisch, englisch, italienisch, spanisch, griechisch, lateinisch, hebräisch, rumänisch, arabisch 6 Dialekte, persisch, kurdisch 2 Dialekte, chinesisch 6 Dialekte, malayisch, Namaqua, einige Sunda-Idiome, Suaheli, hindustanisch, türkisch, und die Indianersprachen der Sioux, Apatschen, Komantschen, Snakes, Uthas, Kiowas, nebst dem Ketschumany 3 südamerikanische Dialekte. Lappländisch will ich nicht mitzählen.« Karl May hatte mit Emma Pollmer sein Unglück geheiratet. Er sprach seine Frau mit »Sie« an, und manchmal glaubte er, sie werde ihn vergiften. Dann rührte er nichts an, was sie gekocht hatte, oder die Dienstboten mußten vorkosten. »Das Band, das Band, das man die Ehe nennt | Verhaßt, verhaßt, mir fürchterlich verhaßt.« Emma Pollmer hatte im Haus das Sagen, denn sie wußte alles über ihn. Daß er keinen Doktor hatte, daß seine lebensgefährlichen Abenteuer erlogen waren, daß er fast nie aus Sachsen hinausgekommen war, daß sein Wissen über Länder und Sprachen aus den Nachschlagewerken, Wörterbüchern und Karten seiner Bibliothek stammte, daß er die drei berühmtesten Gewehre des Westens

Villa »Shatterhand«, um 1900

von einem Büchsenmacher in Dresden bekommen hatte, daß Winnetous schwarze Haare, die er verschickte, Pferdehaar waren.

Karl May in seinem Arbeitszimmer

Villa »Shatterhand« prangt am Haus Nummer 5 in der Kirchstraße von Radebeul, das er am 14. Januar 1896 bezog und mit allem anfüllte, was von einem erwartet werden durfte, der ›Durchs wilde Kurdistan‹, zum ›Schatz im Silbersee‹, ›Durch das Land der Skipetaren‹, ›Im Lande des Mahdi‹ gereist war, ›Unter Geiern‹ gelebt hatte, mit Winnetou und Hadschi Halef Omar befreundet gewesen war, mit dem Schut gekämpft, und die Abenteuer, die er auf abertausenden Seiten überbordend beschrieben hatte, selbst bestanden haben wollte. »Ich bin wirklich Old Shatterhand resp. Kara ben Nemsi und habe erlebt, was ich erzähle.« Krummdolche an den Wänden, fein geknüpfte Teppiche auf dem Boden, das Fell eines Bären, das eines Löwen, Möbel aus dem Morgenland, ein Paschasattel, der Henrystutzen, die Silberbüchse, der Bärentöter, Fez und Bärenklauenkette, Revolver und Messer, Kriegskeule und Friedenspfeife aber waren eine Gaukelei, die er brauchte. Karl May schrieb in der Villa »Shatterhand« ganz eingesponnen in ein Leben, das er sich selbst zurechtgeschneidert hatte, um sein eigenes zu verbergen.

Die Villa war teuer, doch er hatte Geld, denn seine Bücher wurden in aller Herren Länder gelesen, und die Postkarten, auf denen er als Kara ben Nemsi oder Old Shatterhand verkleidet war, verkauften sich gut, weil seine Leser ihm glaubten. Wurde er ertappt, war er um eine Ausrede nie verlegen. Als eine Bewunderin ihn fragte, wie er denn die Silberbüchse besitzen könne, sie sei doch mit dem edlen Winnetou begraben worden, schilderte er seinen Kampf mit feindlichen Sioux, die sie aus dem Grab hatten stehlen wollen. Er habe sie vertrieben und das silberbeschlagene Gewehr mitgenommen. Deshalb hänge es in der Villa neben seinem Schreibtisch. Doch erst vier Jahre nach dem Erwerb des Grundstücks der Villa »Shatterhand« brach Karl May 1899 auf, um wenigstens einmal Länder zu sehen, in denen seine Geschichten spielen. Er reiste über Italien nach Ägypten, Palästina, Ceylon, Sumatra, in den Libanon, nach Syrien, in die Türkei und nach Griechenland. Die Reise war kein wildes Abenteuer, eher die gemütliche Fahrt eines vermögenden Herren, der Postkarten an alle und jeden schickte, um endlich zu beweisen, daß er schon immer all die Länder in all seinen Büchern selbst gesehen hatte. Als er im Jahr darauf von der Reise zurückkehrte, war sein Gespinst aus Wahrheit und Lüge zerrissen. Karl Mays erfundene Vergangenheit wurde Zug um Zug entlarvt, die eigene holte ihn unerbittlich ein.

25. Februar 1842. Karl Friedrich May wurde in der Niedergasse in Ernstthal in Sachsen geboren. Der Vater war Weber. Vierzehn Kinder brachte die Mutter zur Welt, von denen neun früh starben. Sie hatte ein Haus geerbt, doch sie waren so arm wie alle, die in engen Stuben noch am klappernden Webstuhl sa-

ßen. Im nahen Chemnitz standen längst die großen Maschinen. Mit Weben war kaum das tägliche Brot zu verdienen. Nebenbei nähten sie daher Leichenhandschuhe. Karl May erkrankte vor Hunger und Mangel. Er sah sehr schlecht, die Augen entzündeten sich, er konnte die Lider nicht mehr öffnen. Seine Großmutter kümmerte sich um ihn. Sie erzählte ihm Märchen, und die Welt, die er nicht sah, erstand in ihm, Erfundenes wurde seine Wirklichkeit. Das blinde Kind erschuf seine eigenen Länder, denn auch der Schmied, sein Pate, saß bei ihm, der als Wanderbursche in der Ferne herumgekommen war. Er fügte den Märchen die weite Welt hinzu, die Karl May nicht mehr losließ.

Karl Mays Geburtshaus in Hohenstein-Ernstthal

1845 mußten sie das Haus verkaufen. Sie zogen zum Webermeister Knobloch am Markt, und die Mutter ging nach Dresden, um Hebamme zu werden. Sie bestand »vorzüglich gut«, und die Ärzte am Krankenhaus vermittelten den Eingriff, der ihrem Kind das Augenlicht wiedergab. Karl May erinnerte sich an Christiane Wilhelmine May als still, unendlich fleißig, opferbereit. Der Vater war anders. Er schlug seine Kinder so lange, bis er nicht mehr konnte. »Am Webstuhl hing ein dreifach geflochtener Strick, der blaue Striemen hinterließ, und hinter dem Ofen steckte der wohlbekannte ›birkene Hans‹, vor dem wir Kinder uns besonders scheuten, weil Vater es liebte, ihn vor der Züchtigung im großen ›Ofentopfe‹ einzuweichen, um ihn elastischer und also eindringlicher zu machen.« Heinrich August

May drängte es nach Größerem. War in Ernstthal ein Ehrenamt zu vergeben, bewarb er sich. Er schwärmte für König und Vaterland, im Wald ließ er den Sohn exerzieren und strammstehen.

Mit fünf war seine Kindheit vorbei. 1848 bis 1856: Schule in Ernstthal. Kinder jeden Alters in einem Klassenzimmer. Der Vater wollte, daß aus ihm was wird. Karl May mußte wahllos Berge von Büchern abschreiben, Geige, Orgel, Klavier lernen. Das Geld dafür mußte er selbst verdienen. In einer Schänke im benachbarten Hohenstein stellte er die Kegel auf, trank die Branntweinreste aus den Gläsern, hörte den Besoffenen zu und nahm sich aus der Leihbibliothek der Wirtin allen Schund, um sich nur aus der Quälerei wegzuträumen. Als er ›Rinaldo Rinaldini‹ las, war er überzeugt, daß der Räuberhauptmann auch in Ernstthal für Gerechtigkeit sorgen würde. Er machte sich auf, um ihn zu suchen. Die Wanderung endete in Zwickau. Der wütende Vater holte ihn ab.

Weil der Sohn die Schule gut bestand, schickte ihn der Vater nach Waldenburg ins Lehrerseminar, doch Waldenburg war nicht, wie Karl May sich das erhoffte. Nach den Barrikadenkämpfen von 1848 stand Gehorsam ganz oben an. »Der Unterricht war kalt, streng, hart. Es fehlte ihm jede Spur von Poesie. Anstatt zu beglücken, zu begeistern, stieß er ab.« Vor allem Religion wurde gelehrt. Poesie oder Philosophie standen im Verdacht, nur aufständische Gedanken zu schüren. Karl May, eigentlich sanft und freundlich, wurde ein »Durchschnittsrüpel«, ein Angeber, der für seine Lügen gescholten wurde. Er war bei seinen Aufsehern unten durch, und als er beim Stehlen erwischt wurde, kam ihre Stunde. Als »Lichtwochner« hatte er für die Talglichter im Klassenzimmer zu sorgen und sechs davon eingesteckt, weil er mit ihnen die Ernstthaler Weberstube wenigstens zu Weihnachten in flackerndes Licht tauchen wollte. Am 28. Januar 1860 war das Urteil gesprochen: Er flog. »Meine roten Wangen wurden blaß; ich magerte ab und wurde wortkarg wie eine Stimmgabel, die auch nur dann erklingt, wenn man ihr einen Stoß versetzt. Es war eine schwere, eine schlimme Zeit!« Tief beschämt schrieb er ein Gnadengesuch, das angenommen wurde. Er durfte in das Lehrerseminar nach Plauen. Karl May verhielt sich ruhig. Nach einem Jahr bestand er. Zwei Jahre als Hilfslehrer lagen vor ihm, dann hatte er Aussicht, angestellt zu werden. Karl May war neunzehn Jahre alt.

In der Armenschule in Glauchau kam er unter. Dienstbeginn: 7. Oktober 1861. Zwei Wochen später: Entlassung. Die Frau seines angesehenen Zimmerwirts war ebenfalls neunzehn. Karl May habe sich, so die Anzeige des Kaufmanns, durch Lügen bemüht, sie seinen schändlichen Absichten geneigt zu machen. Doch er hatte Glück. Die Fabrikschule in Altchemnitz suchte einen Hilfslehrer, und Karl May bekam die Stelle, wenn auch mit dem Hinweis der Kirchenaufsicht, bei der geringsten Verfehlung werde ihm aufgekündigt – und die ließ nicht auf sich warten. Karl May hauste mit dem Fabrikbuchhalter in einer Kammer, der ihm seine Taschenuhr für den Unterricht lieh. Karl May hängte sie jeden Abend an einen Nagel in der Wand. Am letzten Tag vor Weihnachten aber kam Karl May nicht mehr in die Stube, sondern fuhr gleich nach Ernstthal. Die Taschenuhr, eine Zigarettenspitze und eine Tabakspfeife des Buchhalters hatte er eingesteckt, um den Eltern zu zeigen, wie weit er es schon gebracht hatte. Am zweiten Weihnachtsfeiertag wurde Karl May wegen Diebstahls im »Drei Schwanen« in Hohenstein vom Billard weg festgenommen. Er bekam sechs Wochen Haft, die er im Brett-Turm, dem Stadtgefängnis von Chemnitz, vom 8. September bis zum 20. Oktober 1862 absaß. »Ich brach zusammen! Ich stand zwar wieder auf, doch nur äußerlich; innerlich blieb ich in dumpfer Betäubung liegen; wochenlang, monatelang.« Die Haft hatte ihn erschüttert. Er litt: »Ich war seelenkrank.« Als er seine Wiederaufnahme in den Schuldienst beantragte, war er bereits für immer aus der Liste der Schulamtskandidaten gestrichen.

Zurück in Ernstthal saß er auf der Ofenbank – in Gedanken war er auf Reisen. Jahre später behauptete Karl May, er sei damals in Amerika gewesen, sei von den Apachen aus den Händen der Kiowas gerettet worden, aus denen der Sioux habe er sich selbst befreit. Blanke Aufschneiderei, die half, der Erbärmlichkeit seiner Vergangenheit standzuhalten, denn Karl May war nicht in Amerika. Er wurde am 6. Dezember 1862 in Glauchau gemustert: untauglich. Seine Kurzsichtigkeit rettete ihn vor acht Jahren Militärdienst. Daß er in dieser Zeit zu schriftstellern begann, erst Humoresken, dann erzgebirgische Dorfgeschichten schrieb, und nicht die geringste Not gehabt hatte, Verleger zu finden, war eine seiner Hochstapeleien. Eine von vielen. »Ich vernahm unausgesetzt den inneren Befehl, an der menschlichen Gesellschaft Rache zu nehmen, und zwar dadurch Rache, daß ich mich an ihren Gesetzen vergriff.« In Penig trat er als Augenarzt Dr. Heilig auf, ließ sich neue Kleider machen, behandelte den Hausgenossen des Schneiders und verschwand, in Chemnitz mietete er sich als Seminarlehrer Lohse im Gasthof ›Zum Anker‹ ein, bestellte kostspielige Pelze, mit denen er sich aus dem Staub machte, in Leipzig erschwindelte er sich noch einen Pelz. Weil er ihn im Pfandhaus versetzte, wurde er geschnappt. 8. Juni 1865: Karl May zu vier Jahren Arbeitshaus verurteilt. Strafanstalt Osterstein in Zwickau, Gefangenennummer 171.

Er fertigte Geld- und Zigarrentaschen an und verwaltete die Gefangenenbücherei. Daß er über den Büchern brütete und Geschichten schrieb, die er nach der Haft für gutes Geld verkaufte – seine Erfindung. Am 2. November 1868 wurde er vorzeitig entlassen. Geläutert war er nicht, nur dreister. Ostern 1869 trat er im Dorf Wiederau auf, gab sich beim Krämer Carl Reimann als Polizeilieutnant Wolframsdorf aus und forderte ihn auf, die Kasse vorzuweisen. Er stehe im Verdacht der Falschmünzerei. Karl May beschlagnahmte 10 Taler und gleich noch Reimanns goldene Taschenuhr als Diebesgut, nahm ihn zur Vernehmung ins nahe Clausnitz mit, setzte ihn ins Gasthaus und befahl ihm, auf die Gendarmen zu warten. Reimann saß und wartete umsonst. Dann, in Ponitz bei Meerane, dasselbe noch mal als Geheimpolizist. 30 Taler strich er beim Seilermeister Krause als Falschgeld ein. Ihn nahm er mit nach Crimmitschau. Diesmal schlug sich Karl May auf dem Weg in die Büsche, Krause rannte hinterdrein, er warf die Beute weg, doch der Seiler setzte ihm weiter nach, bis Karl May eine Taschenpistole zog, ein ungeladenes Terzerol mit zwei Läufen. Karl May entkam. Und immer so weiter und immer lausiger. In Ernstthal rüstete ihn der Schmied, sein Pate, für sein Räuberleben aus, doch weil sie beobachtet wurden, mußte er Karl May anzeigen, um nicht selbst verhaftet zu werden. Der Schmied wartete damit eine Woche. Wieder war er weg. In der Höhle bei Hohenstein, in der Karl May untergekrochen war, fanden sich ein Kinderwagen, eine Lampe, eine Brille, eine Börse, Geld, Seife, Dietriche. In Limbach klaute er Billardkugeln, die er für 5 Taler verhökerte, in Bräunsdorf ein Pferd, das er dem Pferdeschlächter in Höckendorf andrehte, doch er mußte ohne die 15 Taler für das Pferd fliehen, weil ihm Verfolger auf den Fersen waren, beim Bäckermeister Wappler in Mülsen machte er 28 Taler mit dem Falschgelddreh, in Hohenstein stieg er ins Kegelhaus ein. Er erbeutete ein Handtuch und ein Zigarrenpfeifchen und wurde verhaftet, doch bei Kuhschnappel gelang ihm die Flucht. Er zerbrach die Handschellen. Am 4. Januar 1870 aber wurde er in einer Scheune aufgegriffen. 13. April 1870: Verurteilung zu vier Jahren Zuchthaus. Waldheim, Gefangenennummer 402. Vier Jahre des Schreibens, wie er danach ausstreute, vier Jahre, die Karl May veränderten. Am 2. Mai 1874 wurde er freigelassen. Er kehrte zu den Eltern zurück, die in das Selbmannhaus am Hohensteiner Markt gezogen waren, und schrieb – tatsächlich. Lohnschreibereien, doch auch eine erste Erzählung, ›Die Rose von Ernstthal‹.

Vorhang auf für Heinrich Gotthold Münchmeyer, gelernter Zimmermann, ehemaliger Tanzmusiker, Verleger von Unterhaltungsromanen und Besitzer einer eigenen dampfbetriebenen Druckerei in Dresden, der Hochburg für Kalender, Groschenhefte und seichte Romane, die er massenweise unter die Leute brachte. Münchmeyer war überaus erfolgreich, doch ihm fehlte ein Redakteur. Er bot Karl May an, für ihn zu arbeiten. Das war die Gelegenheit. Hand drauf, abgemacht. Am 8. März 1875 reiste Karl May nach Dresden – am 24. März 1875 wurde er als Vorbestrafter wieder ausgewiesen. Im Sommer zog Karl May dann doch ins Hintergebäude von Münchmeyers Druckerei.

1876 besiegte Sitting Bull General Custer am Little Bighorn, 1877 starb Crazy Horse, und Karl May bearbeitete Geschichte um Geschichte für die Wochenblätter ›Schacht und Hütte‹ und

Bibliothek

›Deutsches Familienblatt‹ und reiste als Zeitungswerber umher, selbstredend wie immer mit unglaublich sagenhaftem Erfolg. Karl May der Prahlhans. Doch nicht nur, denn er schrieb ›Aus der Mappe eines Vielgereisten‹, und auf den Häuptling ›Inn-nu-woh‹ folgte ›Old Firehand‹, der einem Apachen begegnete: Winnetou. Der Anfang war gemacht. Sein Leben änderte sich.

1876 hatte er bei einem Besuch in Hohenstein Emma Lina Pollmer kennengelernt. Sie war hübsch und sie wußte das. Anbeter hatte sie genug, die sie verwöhnten, aber sie warf ihr Netz nach Karl May aus, der so schön redete, etwas Besseres war als die Dorfburschen, ein Schriftsteller immerhin, und weil er nur noch Augen für sie hatte, kündigte er, nachdem Münchmeyer versucht hatte, ihn mit der Schwester seiner Frau zu verkuppeln. Karl May mietete sich in der Pillnitzer Straße ein, doch als er Emma Pollmer überredete, zu ihm nach Dresden zu kommen, tobte ihr Großvater, ein Bader, Barbier und Losverkäufer, bei dem sie lebte, und warf Karl May hinaus. Emma Pollmer scherte das nicht. Sie fuhr Karl May hinterher und zog zur Pastorenwitwe Petzold, um angeblich Hauswirtschaft zu erlernen, was ihr freilich nicht behagte. Sie machte sich bald davon und schlüpfte bei Karl May unter, der ganz ordentlich verdiente, weil er in Dresden längst einen einschlägigen Namen als schneller Erfolgsschreiber hatte. Angestellt beim Wochenblatt ›Frohe Stunden‹, strickte er endlos fleißig Geschichten wie den Fortsetzungskrimi ›Auf der See gefangen‹, der ›Weltspiegel‹ in Dresden brachte seine Geschichten, der ›Bote‹ in Glogau, die ›Deutsche Gewerbeschau‹, und in Peter Roseggers ›Heimgarten‹ erschien ›Die Rose von Kahira‹. Rosegger war überzeugt, daß nur ein Reisender, der lange im Morgenland gelebt hatte, so erfahren schreiben könne. Karl May hörte das gern. Er war im Aufwind, doch einmal noch stach ihn der Hafer.

Am 26. Januar 1878 war der ständig betrunkene Emil Pollmer, Sohn von Großvater Pollmer, in eine Wirtshausschlägerei geraten. Der Wirt der Schänke ›Zum braven Bergmann‹ in Niederwürschnitz hatte ihn vor die Tür geworfen, und Emil Pollmer war unter die Räder eines Pferdefuhrwerks gekommen. Verletzt hatte er sich noch in den Pferdestall des Gasthauses geschleppt. Emil Pollmer war tot. Niemand kümmerte sich weiter um den Vorfall, außer Karl May, den Emma Pollmer und der Großvater darum baten. Am 25. April 1878 tauchte er beim Wirt auf, gab sich als Redakteur einer Leipziger Zeitung aus, und weil ihn seine Fragen nicht weiterbrachten, versuchte er in der ›Guten Quelle‹ im nahen Neu-Oelsnitz sein Glück. Doch auch seine Behauptung, noch Höheres als ein Staatsanwalt zu sein, brachte nichts zutage. Für ihn war damit der Fall erledigt, nicht aber für den Oelsnitzer Gendarmen, der wegen Amtsanmaßung Anzeige bei der Staatsanwaltschaft erstattete. Am 9. Januar 1879 wurde Karl May zu drei Wochen Haft verurteilt, die er am 1. September 1879 im Gerichtsgefängnis von Hohenstein-Ernstthal antrat. Karl Mays letzte Strafe.

Doch ganz übel verlief das Jahr für Karl May dennoch nicht. ›Im fernen Westen‹ kam heraus, sein erstes Jugendbuch, in der Erzählung ›Unter Würgern‹ tauchte erstmals Old Shatterhand auf, und er hatte einen Vertrag in der Tasche. Die Zeitschrift ›Deutscher Hausschatz‹ hatte angeboten, alles zu erwerben, was Karl May künftig brachte, denn er schrieb, was die Leute gern lasen. Eine Mark brachte ihm die Seite, lächerlich wenig, doch er brauchte Geld: »Im Jahre 1880, kurz nach dem Tode ihres Großvaters, habe ich dann meinem Versprechen gemäß die Emma Pollmer aus Mitleid, Gerechtigskeitsgefühl und in der Hoffnung, daß ich mit ihr glücklich werden würde, geheiratet.« Sie hätten unendlich glücklich leben können, merkte Karl May bitter an, wenn ihnen ein solches Glück beschieden gewesen wäre. War es nicht. Er schuf in den beiden kommenden Jahren zwar Hadschi Halef Omar und Kara ben Nemsi und hatte mit ihnen nun alle beisammen, die er später für seinen gewaltigen Erfolg brauchte, doch 1882 kam es zu einer folgenschweren Begegnung.

Hohenstein war für Emma Pollmer ein langweiliges Kaff. Karl May reiste daher mit ihr nach Dresden, und im ›Rengerschen Gartenrestaurant‹ sah er Münchmeyer wieder. Die Zeitschriften waren eingestellt, die Heftreihen verkauften sich schlecht. Münchmeyer, den Kopf auf die Hände gestützt, war ein Haufen Elend, aber immer noch gewieft. Er umgarnte Emma Pollmer, die sich das nur zu gern gefallen ließ, lobte den erfolgreichen Schriftsteller, der sich geschmeichelt fühlte, und erinnerte ihn daran, daß er ihn einst gerettet hatte. Gleich am nächsten Morgen besuchte er Karl May, den er beschwatzte, für ihn einen Roman zu schreiben. Hundert Folgen in hundert Heften für 35 Mark die Folge. Karl May schlug ein. Nichts schwarz auf weiß, nur Münchmeyers Versprechen, daß nach einer Auflage von 20 000 alle Rechte an ihn zurückfallen würden, und 500 Mark Vorschuß. Für Münchmeyer ein goldener Handschlag, mit dem er über die Jahre Millionen machte. Münchmeyer wurde reich, Karl May bekam für den Roman 3500 Mark.

›Das Waldröschen oder Die Verfolgung rund um die Erde‹ schrieb Karl May als Capitain Roman Diaz de la Escosura, danach wurde noch ein Kuhhandel geschlossen, wieder ein Vorschuß gezahlt, wieder das Versprechen gemacht, die Rechte am Ende zurückzugeben und immer so fort. In fünf Jahren schrieb Karl May für Münchmeyer ›Die Liebe des Ulanen‹ in 108 Lieferungen, ›Der verlorene Sohn oder Der Fürst des Elends‹ in 101 Lieferungen, ›Deutsche Herzen, deutsche Helden‹ in 109 Lieferungen, ›Der Weg zum Glück‹, wieder 109 Lieferungen. Meterware, allesamt. 12 000 Heftseiten, 10 Seiten pro Tag, eine reißerischer als die andere, und dazu noch die Geschichten für den ›Deutschen Hausschatz‹ und andere. Alle verdienten an Karl May, doch das, was er verdiente, verjuxte Emma Pollmer für schöne Kleider, schönes Leben.

1883 hatten sie sich in Dresden-Blasewitz in der Sommerstraße 7 eingemietet, danach zogen sie andauernd um. Nichts war ihr fein genug. Sie begann Einladungen zu verschicken, feierte fröhlich, lebte in Saus und Braus, Jubel und Trubel in allen Häusern, die sie in den nächsten Jahren bezogen. Überall dasselbe: Sie genoß ihr Leben, er schrieb ruhelos, oft genug auch die Nächte hindurch. »Sie saß täglich bei ihren Klatschbasen fest oder brachte sie mir, was noch schlimmer war, ins Haus. Ich fand nach der Arbeit weder Ruhe noch Erholung daheim.« Die Villa »Idylle« in Kötzschenbroda, das Haus in Nieder-Lößnitz, die Villa »Agnes« in Ober-Lößnitz und dann die Villa »Shatterhand« in Radebeul waren ein Taubenschlag. »Ihr Ideal war ein immerwährend offenes Haus, ein Staarkasten für schwatzhafte Meisen und lockere Vögel aller Art, besonders aber jener Gattung, die weder arbeiten noch spinnen, und euer himmlischer Vater, nämlich ich, ernähret sie doch! Schauspieler, Sänger, lustige Künstler, allerlei fahrendes Volk sollte bei mir verkehren. Da wollte sie herrschen; da wollte sie als Königin gelten, da wollte sie geliebt sein und wiederlieben.« Besonders Münchmeyer machte ihr den Hof, und als ihm die Besuche am Sonntag nicht mehr reichten, mietete er sich in Blasewitz eine Wohnung, um sie öfter zu sehen. Karl May gab zu, er habe zwar ein Haus, aber kein Heim.

1887 ritt Buffalo Bill Cody mit seiner Wildwestschau durch Europa, 1887 hatte Karl May genug von der Plackerei. Anfang des Jahres war in ›Der gute Kamerad. Spemanns Illustrierte Knaben-Zeitung‹ eine Geschichte erschienen, die alles änderte. Mit ›Der Sohn des Bärenjägers‹ und der Fortsetzung ›Der Geist der Llano estakata‹ war Karl May in den Wilden Westen zurückgekehrt, in dem er blieb. Er eroberte sich mit Old Shatterhand, Winnetou, dem Henrystutzen, dem Bärentöter, der Silberbüchse endgültig seine Leser, die den großen Abenteurer anhimmelten, als der er sich ausgab. Zuerst die Jugendlichen mit ›Die Helden des Westens‹, ›Der Karawanenwürger‹, ›Aus fernen Zonen‹, dann die Erwachsenen dazu, denn Karl May fand den Verleger seines Lebens: Friedrich Ernst Fehsenfeld. Von 1892 an brachte er Karl Mays gesammelte Reiseerzählungen. Auch Fehsenfeld glaubte, Karl May beschreibe seine eigenen Reisen. ›Durch Wüste und Harem‹, ›Von Bagdad nach Stambul‹, ›In den Schluchten des Balkan‹, ›Der Schut‹, die Winnetoubände, die Geschichten um Old Surehand entstanden. Karl May hatte den Sprung vom Schund zu wirklich guten Büchern geschafft, und er verdiente nun überaus anständig. So anständig, daß er den Weihnachtsbaum mit Goldmünzen schmückte. Armen Studenten und jungen Künstlern gab er großzügig, und 1896 ging mit der Villa »Shatterhand« sein Traum eines eigenen Hauses in Erfüllung. Karl May hatte zufriedene Jahre, obwohl ihm Emma Pollmer zunehmend fremder wurde. Er beantwortete Hunderte von Briefen seiner Bewunderer, verschickte Postkarten, die er mit Kara ben Nemsi oder Old Shatterhand unterschrieb, Winnetou verkaufte sich immer besser, seine Bücher wurden von einem Bischof für »sittlich rein« gehalten, und in Richard Plöhn fand er in Radebeul einen echten Freund. Das Glück aber hielt nicht an. 1899 brach Karl May zu seiner einzigen Reise in den Orient auf, als er zurückkehrte, stürzte seine mühsam gezimmerte Welt zusammen.

Schon auf der Reise hatten ihn beunruhigende Nachrichten erreicht. Nach Münchmeyers Tod hatte dessen Witwe den Verlag an Adalbert Fischer verkauft, der ankündigte, alle bei Münchmeyer einst erschienenen Geschichten noch einmal herauszubringen, diesmal unter Karl Mays richtigem Namen, denn der versprach unterdessen noch weit mehr Gewinn. Karl May drohte mit Klage auf Schadensersatz, sollte der Verleger seinen Namen preisgeben. Die Romane für Münchmeyer waren Vergangenheit, die seinem guten Ruf und dem Ansehen seiner Abenteuerbücher schaden konnten. Sie lagen in der Schublade, und dort sollten sie bleiben. Zudem bestritt Karl May das Recht der Veröffentlichung überhaupt, denn alle Rechte waren laut Verabredung mit Münchmeyer an ihn zurückgefallen. Briefe, die das bestätigten, hatte Karl May in der Villa »Shatterhand« liegen. Als er sie nach der Reise suchte, waren sie weg. »Die alten Wische?« Emma Pollmer hatte die Briefe achtlos vernichtet. »Sie leugnete erst, war aber den Tatsachen gegenüber denn doch gezwungen, die Sache einzugestehen. Ein Anderer hätte sie totgeschlagen; ich habe sie nicht angerührt.« Was folgte, waren jahrelange Prozesse, die in eine Schlammschlacht ausarteten, die Stück für Stück Karl Mays zwielichtige Vergangenheit hervorbrachte und zutage förderte, daß er ein Betrüger und Zuchthäusler und keineswegs der große Wildwestmann und Wüstenreisende war, daß er seine Leser belogen hatte. Ein gefundenes Fressen für die Zeitungen, die sich über ihn hermachten. Seine Neider kippten kübelweise Häme über ihn aus, er wurde erpreßt, die Villa »Shatterhand« durchsucht, und obwohl Karl May nach Jahren vor Gericht gewann, war er so gut wie vernichtet.

Die Reise in den Orient aber hatte ihn abermals verwandelt. Zu viele Heftromane, zu viele billige Geschichten. Karl May wollte mehr. Die Schundhefte waren abgetan, seinen Abenteuerbüchern war bestätigt worden, daß sie wertvoll seien, erzieherisch wirkten. Die Wilden edel, die Westmänner aufrecht tapfer, treu, gerecht, das Gute über das Böse siegend, das war die Botschaft des Karl May in einer kriegerischen Welt, in der das Deutsche Reich aufrüstete, Flotten baute, sich Land in Afrika eroberte, Großmachtsträumen nachhing. Karl May hingegen versuchte mehr denn je den Frieden zu predigen. Er trat an, die Welt zu bessern. Er fing bei sich an. Er beendete das zermür-

Salon mit Sascha Schneiders Gemälde ›Das Gewissen‹

bende Leben mit Emma Pollmer, ließ sich scheiden und heiratete am 30. März 1903 Klara Plöhn, von der er anfangs nicht sonderlich beeindruckt war. »Ein Gänschen, nicht ganz so groß wie meine eigene Gans, doch geistig unbedeutend.« Richard Plöhn war gestorben, Klara Plöhn arbeitete seit längerem für Karl May und hatte Emma Pollmer gekonnt verdrängt. Entscheidend aber war, daß Karl May sein Schreiben änderte. ›Himmelsgedanken‹, ›Im Reich des silbernen Löwen‹, ›Und Friede auf Erden‹, ›Ardistan und Dschinnistan‹ beschrieben zwar weiter ferne Länder, doch sie dienten als Seelenlandschaften, in denen der Mensch sich weiterentwickelt, das Niedrige überwindet, zu höherem, weiserem Leben gelangt. Auch die Aufmachung seiner sämtlichen Werke wechselte. Karl May hatte den Maler Sascha Schneider kennengelernt. Eines seiner Bilder, ›Das Gewissen‹, hatte er gekauft und in den Empfangssalon der Villa »Shatterhand« gehängt. Schneider gestaltete die neuen Umschläge. Nicht mehr rauhe, wettergegerbte Gesellen zierten die Einbände, sondern schöne, vergeistigte, oft genug nackte Kerle. Emma Pollmer verbreitete, Karl May habe eben schon immer mehr die Männer als die Frauen geliebt. Die Leser aber, die nach weiteren Abenteuern gierten, folgten ihm nicht. Der alte Karl May war ihnen lieb, der neue war ihnen nicht geheuer. Frieden, Versöhnung, Gleichberechtigung der Völker, danach stand ihnen nicht der Sinn, eher nach Old Shatterhand, ein Weißer, ein Deutscher dazu, der die Bösen der Welt niederstreckte. Zu sehr berauschte sich Deutschland an der Überlegenheit der deutschen Waffen, des deutschen Volkes. Am deutschen Wesen soll die Welt genesen. Karl May schrieb vergeblich dagegen an. Er wurde nicht gehört. Seinen Lesern wurde er zu hochgestochen. Das Werk seines Alters blieb unverstanden.

Die Prozesse, die Verleumdungen, das Schweigen der Leser setzten Karl May zu. Am 5. September 1908 reiste er ab: nach Amerika. Doch wie schon auf seiner Reise ins Morgenland, besuchte Karl May nur Sehenswürdigkeiten. Ein Photo wenigstens zeigte ihn vor einem Rindentipi der Tuscarora. Noch ein Beweis für alle Welt: Karl May war bei den Indianern. Doch nichts von Abenteuern. Ende 1908 war er wieder in Radebeul. Er vergrub sich und schrieb einen weiteren Winnetouband. Noch immer kamen treue Anhänger an die Tür der Villa »Shatterhand«, sonst aber war Karl May ein Verfemter. Auch seine Lebensbeschreibung ›Mein Leben und Streben‹ von 1910, die er zu seiner Rechtfertigung schrieb, änderte daran nichts. Sie erschien erst nach seinem Tod. Die aufreibenden Jahre der Streitereien zeigten Wirkung, einen großen Auftritt aber hatte er noch. Am 25. Februar 1912, seinem siebzigsten Geburtstag, war Karl May nach Wien eingeladen worden. Er hatte zugesagt und hielt am 22. März 1912 seinen letzten Vortrag: ›Empor ins Reich der Edelmenschen‹. Zweitausend hörten ihm zu. Unter ihnen ein arbeitsloser Anstreicher, der sich eigens dafür Schuhe geliehen hatte: Adolf Hitler. Karl May sprach über Frieden, über Sterben und Jenseits, und darüber, daß er sein Hauptwerk erst noch schreiben werde. Am Ende wurde er gefeiert wie nie in seinem Leben. Als er durch einen Seiteneingang das Haus verließ, wurde er von seinen Verehrern entdeckt. Ohne Hut, in der kalten Luft, drückte er Hände mit Tränen in den Augen, doch er erkältete sich dabei und kehrte fiebrig nach Radebeul zurück. Am 30. März ging Karl May abends um sieben zu Bett. Eine Stunde später war er tot.

Perle

Manchmal könnte ich mich fast beneiden

Erich Kästner in Dresden

Dresdner Neustadt, zwischen Albertplatz im Süden und Mietskasernen im Norden: die Königsbrückerstraße. Bäcker, Gemüsehändler, Fleischer, kleine Kneipen, ein Fahrradverkäufer, Papierläden, ein Uhrengeschäft. Die Mieten waren niedrig. Das Haus Nummer 66 hatte vier Stockwerke wie die meisten anderen Häuser auch. In der Mansardenwohnung nähte Ida Kästner Leibbinden in Heimarbeit. Tag für Tag das einförmige Rattern der Nähmaschine. Eine Schinderei für Pfennige, doch sie brauchte das Geld, denn sie bekam ein Kind. Vor Jahren hatte sie den Sattlermeister Emil Richard Kästner geheiratet, doch das Geschäft, das sie eröffneten, hielt sich nicht lange. Koffer, Taschen und Schuhe wurden in den Fabriken schneller und billiger gemacht. Sie nähte, um dazuzuverdienen und ihre Schulden aus der Pleite abzuzahlen, er arbeitete in der Kofferfabrik Lippold in der Trinitatisstraße. Ida Kästner war eine ernste Frau, aber es war nicht das Armeleuteleben, das ihr zu schaffen machte. Es war der Abstieg. Drei ihrer Brüder, die Augustins, waren als Metzger und Pferdehändler reich geworden. Als sie jung war, hatte sie erst als Stubenmädchen, dann als Gesellschafterin gearbeitet, und sich viel erhofft. Zu Hause wurde sie spöttisch »Frau Gräfin« genannt. Vom Leben enttäuscht, lag jetzt ein bitterer Zug um ihren Mund. Am 23. Februar 1899, morgens gegen vier, kam das Kind in der Mansarde zur Welt. Goldblonde Locken. Ein hübsches Kind, sagte die Hebamme. Am nächsten Tag meldete Emil Kästner die Geburt des Kindes auf dem Standesamt. Taufe in der Dreikönigskirche auf der Hauptstraße. Doch Emil Erich Kästner war nicht sein Sohn. Er wußte das. Emil Zimmermann war ihr Hausarzt, und er war Jude. Erich Kästner überlebte das Dritte Reich, weil die Familie das Geheimnis wahrte.

Kästners Geburtshaus in der Königsbrücker Straße 66 in Dresden

Erich Kästner, 1899 bis 1913. Eine Kindheit in Dresden: Ida Kästner gab nicht auf. Wenigstens ihr Sohn mußte nach oben. Erdrückend ehrgeizig setzte sie alles auf ihn. »Ihr Einsatz hieß: ihr Leben, mit Haut und Haar! Die Spielkarte war ich. Deshalb durfte ich sie nicht enttäuschen. Deshalb wurde ich der beste Schüler und der bravste Sohn.« Er versäumte keinen Schultag, lernte gern, las beim Schein der blakenden Petroleumlampe. »Ich las und las und las. Kein Buchstabe war vor mir sicher.« Für ihn schuftete sie. Im Schlafzimmer richtete sie einen Frisiersalon ein. Erich kaufte ein und half dazu. Er erledigte Botengänge für seinen Onkel Franz Augustin und die Tante Lina. In der Königsbrückerstraße ging es voran. Ihre Wohnungen wurden besser, Schritt für Schritt. »Die drei Häuser meiner Kindheit. Mit den Hausnummern 66, 48 und 38. Geboren wurde ich in einer vierten Etage. In der 48 wohnten wir im dritten und in der 38 im zweiten Stock. Wir zogen tiefer, weil es mit uns bergauf ging. Wir näherten uns den Häusern mit den Vorgärten, ohne sie zu erreichen.« Erich turnte an den Teppichstangen, spielte in den Hinterhöfen, auf der Straße oder im Treppenaufgang. Wollte einer die Treppe hinauf, mußte er wie ein Storch über Ritterburg und Zinnsoldaten steigen. Bei schönem Wetter besuchten sie die Augustins. Der reiche Pferdehändler konnte sich eine Villa am Albertplatz mit Garten und Gartenmauer leisten, von der Königsbrückerstraße 48 zur Antonstraße 1 am Albertplatz war es nur ein Katzensprung. Die Villa war Erichs zweites Zuhause. Kam er nachmittags, gehörten Villa und Garten ihm. Er hockte sich auf die Gartenmauer und schaute dem Treiben auf dem Albertplatz zu. Die Fahrgäste der Straßenbahnen, Lastwagen, Autos und Fußgänger, die zwei Springbrunnen, die Feuerwehr, die glockenläutend vorbeiraste, Grenadiere, die singend im Gleichschritt in ihre Kaserne marschierten, die königliche Kutsche, Eisverkäufer, die in weißer Uniform Waffeln für fünf und für zehn Pfennige verkauften, ein Bierwagen, der ein Faß verlor. »Der Albertplatz war die Bühne. Ich saß, zwischen Jasmin und Bäumen, in der Loge und konnte mich nicht satt sehen.« Im Sommer döste er in der schattigen, gußeisernen Laube, die sein

Reich war, er zupfte Johannisbeeren und Kirschen, im Herbst schlug er mit einer langen Wäschestange Nüsse vom Baum. Seiner Tante Lina ging er zur Hand. Nach großen Pferdeverkäufen

Villa Augustin, Dresden

brachte er das Geld zur Bank, ging zum Schalter, stellte die dicke Aktenmappe darauf, packte die Geldbündel aus. Fünftausend, zehntausend, vierzigtausend Mark. Die übrigen Kunden vergaßen vor Staunen ungeduldig zu werden. Zählte der Kassierer eine andere Summe als Erich, hatte sich immer der Kassierer verrechnet. Stolz kam Erich dann mit Quittung und leerer Aktenmappe zurück. »Die Tante lobte mich, schloß die Quittung im Schreibtisch ein und schenkte mir fünf Mark. Oder sogar zehn Mark. Und auch sonst griff sie gelegentlich ins Portemonnaie. Sie war eine liebe, gute Frau. Nicht nur, wenn sie mir Geld schenkte.«

Die Tante war froh über jeden Besuch. Der Onkel trieb sich in Kneipen und Weinlokalen herum, verkaufte Pferde und poussierte mit den Kellnerinnen. Er war der gefürchtete Herr im Haus. Die Tante und die Cousinen Frieda und Dora bedienten ihn, reichten ihm die Zigarre, zogen ihm unterwürfig scharwenzelnd die Stiefel aus. Schauten Kästners abends vorbei, setzte die Tante sie vorsichtshalber in die Küche, auch wenn er nicht da war, weil sie fürchtete, er könnte früher nach Hause kommen und sich durch die Verwandten gestört fühlen. Dann saß sie lauschend mit am Tisch. Er könnte ja auftauchen. Eines Abends geschah's: Der Onkel kam heim und fragte, wer sonst noch im Haus sei. Als die Tante schwieg, war das auch eine Antwort. Er fuhr sie an, und sie gab zu, Kästners seien in der Küche. Er geriet außer Rand und Band. »›In der Küche?‹ brüllte er. ›Es sind nur Kästners? Du versteckst unsre Verwandten in der Küche? Ihr seid wohl alle miteinander blödsinnig geworden, wie?‹« Er schmiß die Zigarre hin, ging wütend zur Küche, riß die Tür auf, musterte sie von oben bis unten und schnauzte sie an, warum sie sich das gefallen ließen. Er befahl sie ins Wohnzimmer, sie trotteten hinterdrein, und die Tante mußte springen und Wein, Zigarren und Wurstbrote für sie holen. Kindheitserinnerungen. Eine von vielen. Die Geschichten von Cousine Friedas verlockenden Wurstbroten, vom Gärtner, der so gern vom Sterben sprach, weil er Friedhofsgärtner war, vom Onkel mit der rauhen Schale – Erich Kästner hat sie aufgeschrieben: ›Als ich ein kleiner Junge war‹.

In der Königsbrückerstraße herrschte ein anderes Leben. Keine Zigarren, kein Wein. Ida Kästner vermietete erst eins, dann zwei der drei Zimmer ihrer Wohnung. Ein Lehrer zog ein. Nach ihm kam eine Lehrerin, dann wieder ein Lehrer. Ida Kästner wählte mit Bedacht. Aus dem Jungen sollte was werden. Der stöberte auch fleißig in ihren Büchern und den Heften, die herumlagen, er klimperte auf deren Klavier, machte Ausflüge mit den Zimmerherren. Wirklich beeindruckt aber war er vom Abendbrot, das Ida Kästner nur ihnen und nicht ihm machte. »Ich bringe ihnen, auf vorgewärmten Tellern, brutzelnde Spie-

geleier in unsere Gute Stube, die gar nicht unsere, sondern ihre Gute Stube ist. ›Wenn ich groß bin‹, denk ich, ›werd ich Lehrer. Dann les ich alle Bücher und eß alle Spiegeleier, die es gibt!‹«
Erich Kästners Schule, seine »Kinderkaserne«, war gleich zwei Ecken weiter in der Tieckstraße. Weil er blitzgescheit alles viel zu rasch begriff, langweilte er sich, er schwätzte, machte Unsinn. Erich Kästner lernte ganz woanders. Er las alles, was ihm in die Finger kam. Bücher, Hefte, Plakate, Firmenschilder, Namensschilder, Prospekte, Gebrauchsanweisungen, Grabinschriften, Tierschutzkalender, Speisekarten, Kochbuch, Ansichtskarten, vom eingewickelten Kopfsalat durchgeweichte Zeitungsseiten. »Ich las, als wär es Atemholen.«

Ida Kästner förderte ihren Sohn, wo sie konnte. Sie legte Geld zurück für Klavierstunden, die er nicht mochte, ging mit ihm ins Theater, das er liebte. Er ging, so oft er konnte. Von den Untermietern ließ sie sich Kinderbücher empfehlen, versuchte sogar Fahrradfahren und Schwimmen zu lernen, was ihr nicht gelang. An den Wochenenden und in den Ferien wanderte sie mit ihm. Emil Kästner war nicht dabei. Sie hielt ihn für einen Verlierer und schloß ihn aus. Sie machte herrisch klar, daß Erich Kästner ihr Sohn war, nicht seiner. Der Vater, der mit Sattlerarbeiten für ein Zubrot sorgte, mußte zum Arbeiten in den Keller gehen, um den Untermietern Platz zu schaffen, ins Theater durfte er nicht mit. Er nahm das ruhig, gelassen, geduldig hin. Waren sie fort, machte er sich nach dem langen Arbeitstag sein Abendbrot, aß allein, räumte auf, putzte. Doch auch er warb um den Sohn, bastelte Spielzeug für ihn. Zwischen Mutter und Vater herrschte ein ständiger, verbissener, stiller Wettstreit. Besonders schlimm war Weihnachten in der Königsbrückerstraße. Erich fürchtete den Tag. Der Gabentisch mit ihren Geschenken war genau zweigeteilt. Die rechte Seite gehörte der Mutter, die linke dem Vater. »Ich stand am Tisch und freute mich im Pendelverkehr.« Er lief nach links zum Pferdestall, den ihm der Vater gebaut hatte, dann nach rechts zum Rodelschlitten der Mutter, dann wieder nach links, dann wieder nach rechts. »Ich freute mich ehrlich und mußte meine Freude zerlegen und zerlügen.« Ida

Kästner gewann den Wettkampf um den Sohn, doch ihr Einsatz zehrte an ihrer Kraft. Manchmal kam Erich aus der Schule und fand Zettel von ihr auf dem Tisch. »›Ich kann nicht mehr!‹ stand darauf. ›Sucht mich nicht!‹ stand darauf. ›Leb wohl, mein lieber Junge!‹ stand darauf. Und die Wohnung war leer und tot.« Mit hämmernden Schläfen rannte er dann los, suchte nach ihr, und fand sie meist auf den Elbbrücken, wie sie auf das Wasser starrte. Er packte sie, zerrte und rüttelte an ihr, schrie und weinte, bis sie wie aus einem Traum erwachte. »Jetzt erst konnte sie weinen und mich fest an sich drücken und mühsam und heiser sagen: ›Komm, mein Junge, bring mich nach Hause!‹« Erich liebte seinen Vater, doch sie liebte er mehr. Wenn Erich Kästner nicht vor dem Dritten Reich ins Exil floh, dann auch ihretwegen. »Muttchen« nannte er sie. Sein Leben lang schrieb er ihr Briefe, oft jeden Tag, und wenn er Geld hatte, legte er ein paar Scheine bei. In der Königsbrückerstraße saß Erich Kästner zwischen den Stühlen. Er dachte, es sei seine Schuld, daß sie stritten, daß der Vater einsam war, daß die Mutter tot sein wollte, und um es beiden nur recht zu machen, war er immer Klassenerster.

1913: Die Kindheit war vorbei. Das »Kleinmaleins des Lebens« hatte er gelernt, jetzt kam das große. Das Schulgeld für eine höhere Schule konnten sie nicht aufbringen. So blieb für ihn nur das günstige Lehrerseminar, und Lehrer wollte er ja werden. Mit dreizehn bestand er die Aufnahmeprüfung, und nach einem Jahr Übergangszeit trat Erich Kästner in das Dresdner Seminar ein. Die Mutter war zufrieden, aus ihm würde was Besseres werden. Mit Mütze, Anzug und Krawatte sah er fast aus wie ein Student, aber eben nur fast. Um Volksschullehrer zu werden, brauchte er kein Abitur, kein Studium. In der Schule herrschte strenger Drill, den er verachtete, doch er war so gut wie immer. Den Sommer 1914 verbrachte er mit der Mutter an der Ostsee. Bezahlt hatte den Urlaub Tante Lina. Als er wieder auf der Schulbank saß, herrschte Krieg, und Monat für Monat wurden die Totenlisten länger. Im Kriegswinter 1916 auf 1917 wurden Kartoffeln und Kohlen knapp, eine Hungersnot brach aus. Das Schlimmste aber war die Angst. Immer mehr ältere Schüler wurden an die Front geschickt, um sinnlos zu verbluten. Erich Kästner wurde 1917 eingezogen.

Ida und Erich Kästner

»Wer ihn gekannt hat, vergißt ihn nie. | Den legt man sich auf Eis! | Er war ein Tier. Und er spie und schrie. | Und Sergeant Waurich hieß das Vieh, | damit es jeder weiß.« Wie Abertausende wurde Erich Kästner geschliffen. Von der Schinderei blieb ihm eine Herzschwäche, die sich bei Angst und Überforderung zeigte. Und noch eins blieb: Er wurde zum Kriegsgegner und verabscheute das Militär. Unterdrückung und Gewalt begegnete er mit scharfem Haß. In seinen Gedichtbänden machte er sich Jahre später Luft. »Einst haben die Kerls auf den Bäumen gehockt, | behaart und mit böser Visage. | Dann hat man sie aus dem Urwald gelockt | und die Welt asphaltiert und aufgestockt, | bis zur dreißigsten Etage«: Kästner schrieb die Sätze mit der ganz spitzen Feder.

An die Front mußte er nicht mehr. 1918 war der Krieg aus, und Erich Kästner wieder in Dresden. Eine Prüfung nur fehlte noch, die er lässig leicht bestanden hätte, aber ihm war längst klar, daß er kein Lehrer mehr werden konnte. Erich Kästner drückte sich schuldbewußt im großen Zimmer der Wohnung herum, dann platzte er damit heraus: er wollte studieren. Das Sparen und Schuften sah man Ida Kästner an, doch jetzt war sie wirklich stolz. »Meine Mutter dachte einen Augenblick nach. Dann lächelte sie, nickte und sagte: ›Gut, mein Junge! Studiere!‹« Er holte den Stoff rasch nach, bestand das Abitur mit Auszeichnung und erhielt das Goldene Stipendium der Stadt Dresden. Eine Entlastung für die Eltern. 29. September 1919: Beginn des Studiums in Leipzig. Er belegte Germanistik und Theaterwissenschaft, um Regisseur zu werden. Die Theaterbesuche und das dauernde Lesen zahlten sich nun aus. Drei seiner Gedichte wurden veröffentlicht und gelobt, durch Lessings Schriften lernte er Theaterkritiken zu machen. Doch so kurz nach Kriegsende herrschten immer noch Not und Mangel, das Geld wurde entwertet, das Stipendium schmolz dahin. Erich Kästner wechselte nach Rostock, dann nach Berlin und begann eine Doktorarbeit über Lessings ›Hamburgische Dramaturgie‹, die er nicht beendete. Lessings Streben nach Vernunft, Freiheit, Menschlichkeit, Gerechtigkeit aber eiferte Kästner sein Leben lang nach.

1922 war er wieder in Leipzig. Erich Kästner zog in eine zweifelhafte Absteige am Hauptbahnhof, die Artistenpension in Czermaks Garten. An der Universität arbeitete er als Hilfskraft, und weil das Geld nicht reichte, übte er in seiner Bude kellnern, bis die Zimmerwirtin das übriggebliebene Porzellan wegsperrte. Er dachte daran, als lebendes Werbeschild herumzulaufen, Portier, Feuerwehrmann, Laufjunge zu werden, bis er dann doch eine Arbeit als Hilfsbuchhalter fand. An einem Freitisch durfte er zu Mittag essen. Erich Kästner aber hatte das Glück des

Tüchtigen. Er schickte eine Glosse über die Geldentwertung an das ›Leipziger Tageblatt‹, die so gut war, daß er dort angestellt wurde. Für die verschiedensten Blätter des Verlags schrieb er Erzählungen und Bänkellieder und gab den Kummerkastenonkel. In der satirischen Wochenzeitung ›Der Drache‹ erschienen Gedichte von ihm und politische Parodien. Erich Kästner begann sich einzumischen. 1923: Währungsreform. Es ging aufwärts, auch mit Kästner. Er war Redakteur, studierte nur noch nebenbei, wollte aber auf jeden Fall eine Doktorarbeit schreiben. Er überließ seine Stelle vier Monate einem Kumpel für den halben Lohn, ging nach Dresden, saß in der Königsbrückerstraße und schrieb über Friedrich den Großen. Für die Arbeit wurde ihm eine »in jeder Hinsicht ausgezeichnete Leistung« bestätigt. Am 4. August 1925 war er Doktor der Philosophie. Er arbeite wie ein Heupferd im Geschirr, sagte er, denn auch die Schreibaufträge kamen ins Rollen.

Bald verdiente er genug, um in Leipzig zwei Zimmer in der Hohen Straße bei einer Anwaltswitwe zu mieten, die er »Spinatwachtel« nannte. Er schlief gern und lang. Meist tauchte Kästner erst gegen elf in der Zeitung auf, was ihm böse Blicke einbrachte. Überhaupt arbeitete er lieber im Kaffeehaus. Das ›Merkur‹ bei der Thomaskirche oder das ›Felsche‹ am Augustusplatz betrat er fast täglich Punkt halb fünf, und stets im Anzug. Bei Kaffee und Cognac warf er seine Besprechungen von Büchern, Ausstellungen und Stücken mit dem Bleistift auf die karierten Blätter seines Blocks. Kästner war achtundzwanzig und träumte, daß spätestens mit dreißig sein Name bekannt sei. Mit fünfunddreißig wollte er anerkannt, mit vierzig ein bißchen berühmt sein. Dafür ackerte er unermüdlich. Hatte er keinen Spätdienst, ging er abends zu Lesungen oder ins Theater. Er lachte und feierte gern bei Bowle und Grammophonmusik und galt als frecher, unwiderstehlicher Verführer. Über die Jahre hatte er Geliebte zuhauf, die er eine wie die andre mit schlechtem Gewissen verließ. Sie waren vernarrt, er nicht, denn seit seiner großen Liebe war er ernüchtert. 1919 hatte er Ilse Julius in Dresden kennengelernt. An den Wochenenden fuhr sie zu ihm nach Leipzig oder er zu ihr nach Dresden. Doch alles endete mit Vorwürfen. Am 14. November 1926, am Totensonntag, kam der tränenreiche Bruch. Er glaubte, sie habe einen anderen, sie glaubte, sie diene ihm nur als »Gattin auf Kommando«. Vergessen hat er sie nie. Die einzige Liebe, die ihn nie enttäuschte, war die zu seiner Mutter.

Silvester 1926 mietete sich Kästner im vornehmen Berliner Excelsior ein Zimmer, badete ausgiebig, ging dann ins Kranzler und bummelte die Neujahrsnacht durch die Straßen und Kneipen. Er war öfter in Berlin, denn dort war was los. Bubikopf und Zigarettenspitze – Berlin war schick. Er bekam Aufträge von Berliner Zeitungen, der Leipziger Zeitung aber war er viel zu weit links. »Komm wie ein Cello zwischen meine Knie, | und laß mich zart in deine Seiten greifen!«: Als in der ›Plauener Volkszeitung‹ zu Fasching sein anzüglicher ›Nachtgesang des Kammervirtuosen‹ erschien, war das der Vorwand, ihm die Kündigung nahezulegen. Am 1. April 1927 stand Kästner auf der Straße, durfte aber weiter als Freier für die Zeitung schreiben. Er arbeitete noch mehr als bisher, brachte über den Sommer 900 Mark zusammen und packte seine Siebensachen.

Berlin, 1927 bis 1933: Aufstieg und Fall. Hans Fallada, Bert Brecht, Marieluise Fleißer – alle waren sie da. Tanzpaläste, Jazzkeller, Boxkämpfe, Automobile, Straßenbahnen, über 30 Theater, 342 Kinos, der Kurfürstendamm, quirlig und laut, und mittendrin Erich Kästner, der alles gierig aufsog und wie besessen Kunst-, Buch-, Theater-, Kinokritiken verschickte. Er schrieb für den ›Simplicissimus‹, die ›Vossische Zeitung‹, das ›Prager Tagblatt‹, die ›Dresdner Neuesten Nachrichten‹, die ›Neue Leipziger Zeitung‹ und und und. Im ›Montag Morgen‹ erschien jede Woche ein Gedicht von ihm, und für ›Die Weltbühne‹ schrieb er bald so viele Gedichte wie Kurt Tucholsky. Seine »Versfabrik« brummte. Dazu Abend für Abend die Veranstaltungen, über die er berichtete oder auch nicht. Erich Kästner war aus den führenden linken Zeitungen bald nicht mehr wegzudenken, denn er hatte den Blick für die am Rand, denen die zwanziger Jahre nicht golden waren. Er sah hinter dem Glanz das Elend, das er in seinen Artikeln beschrieb.

Berlin taumelte quietschvergnügt, doch Berlin taumelte vom Aufschwung in den Abgrund. »Was man auch baut – es werden stets Kasernen. | Kennst Du das Land, wo die Kanonen blühn? | Du kennst es nicht? Du wirst es kennenlernen!« Der schwarze Freitag 1929 war der Anfang vom Ende. Weltwirtschaftskrise, Arbeitslosigkeit, Verelendung, Bettler auf den Straßen. Die Weimarer Republik wankte. Linke Brigaden und rechte Freikorps gaben ihr über die Jahre den Rest. Doch es waren diese Jahre, bevor auch Kästner das Kanonenland kennenlernte, die seine besten waren. »Die Zeit ist schwarz, ich mach euch nichts weis.« Anders als die hochgestochenen Gedichteschreiber, die er als »Lyriker mit dem lockig im Winde wallenden Gehirn« verspottete, wandte er sich an die kleinen Leute. Seine »Gebrauchslyrik« sollte jedermann lesen oder hören, ohne dabei einzuschlafen. Schnoddrig nahm er mit ihr die Dummheit aufs Korn, die Spießbürgereien, die dickwanstigen Herrenmenschen, und immer wieder das Säbelrasseln. Kästner wollte aufrütteln. »Verlaßt Euch nie auf Gott und seine Leute! | Verdammt, wenn Ihr das je vergeßt.« Kästner war einer, der ahnte, was kam. 1928 war sein erster Gedichtband ›Herz auf Taille‹ erschienen, 1929 folgte ›Lärm im Spiegel‹, im Jahr darauf ›Ein Mann gibt Auskunft‹, zwei Jahre danach ›Gesang zwischen den Stühlen‹. Er rückte damit vor in die erste Reihe, doch so sehr er mit ihnen ins Leben eingreifen wollte, er wußte, daß sie nichts wirklich änderten, und daran litt er. »Du liebst die Menschen nicht. Du hast es leicht.« Doch die Gedichte zeigten durchaus Wirkung. Die Rechten griffen ihn an. Sie beschimpften ihn als Schmierfink, seine Bücher als volksvergiftend. Die Bände verkauften sich dennoch blendend. Erich Kästner konnte sich seine erste eigene Wohnung leisten, deren Grundriß er auf ein Blatt Papier zeichnete. Am 1. Oktober 1929 zog er in das Gartenhaus in der Roscherstraße 16. Drei Zimmer, Morgensonne, Balkon, Abort, Küche, Mädchenkammer, kleine Diele, Speisekammer, Zentralheizung, Telefon, zwei Einbauschränke. Drei Wochen nachdem er sich eingemietet hatte, lag überall sein neues Buch aus. 4000 Stück waren nach vier Wochen verkauft, noch ein halbes Jahr, und die zweiten 20 000 waren gedruckt: ›Emil und die Detektive‹.

Keine Cowboys, keine Indianer, keine Spielzeugwelt, kein Prinz, kein Drache. Emil Tischbein, der im Zug nach Berlin von einem Herrn mit steifem Hut bestohlen wird, ist ein Kind, wie Kinder sein möchten. Obwohl er sich fürchtet, handelt er schlau, er findet Freunde, besteht ein richtiges Abenteuer, und die Stadt, durch die er mit seiner Bande den Dieb jagt und stellt, ist kein Es-war-einmal-Märchenland. Die Kinder sind aufmüpfig, quicklebendig und keß, und pfiffiger als die Erwachsenen. Emil ist so, wie sich Kinder das erträumen. Er ist einer von ihnen. Das war neu und das kam an, und weil das Buch wegging wie warme Semmeln, lieferte Kästner Jahr für Jahr ein weiteres. 1930 die Bilderbücher ›Das verhexte Telefon‹ und ›Arthur mit dem langen Arm‹, 1931 ›Pünktchen und Anton‹, 1932 ›Der 35. Mai oder Konrad reitet in die Südsee‹, 1933 ›Das fliegende Klassenzimmer‹. Die Kinder liebten Kästner, weil er sie verstand. Er war auf ihrer Seite, und er hatte einen reichen Schatz, aus dem er schöpfte: Dresden, die Villa Augustin, die Königsbrückerstraße. »Diese Straße und ich kamen voneinander nicht los!«

Mit ›Emil und die Detektive‹ reiste Kästner herum und gab Autogrammstunden, er schrieb für Kabarett, Revue und Varieté, aus den Büchern wurden Theaterstücke, Hörspiele, später Filme, aus den Gedichten Lieder, seine Kurzgeschichten arbeitete er in Romane ein und umgekehrt. Kästner hetzte von Auftrag zu Auftrag, stellte eine Sekretärin ein. Kästner war alles andere als ein Dachkammerpoet. Er genoß das gute Leben in Berlin und in Kitzbühel. Arm war er lang genug gewesen, und auch die Eltern sollten endlich etwas haben. Er wollte verkaufen und zog dafür alle Register: Zeitung, Buch, Hörfunk und vor allem den Film. In Berlin entstanden die größten Kinopaläste Europas, die Studios in Babelsberg traten gegen Hollywood an, die Ufa suchte händeringend Drehbuchautoren, zu den Filmpremieren liefen die Stars umjubelt über den roten Teppich. 1930 unterschrieb Kästner bei der Ufa für ›Emil und die Detektive‹.

Billy Wilder arbeitete seinen Drehbuchentwurf mehrmals um, doch der Film gefiel Kästner nicht. Die Zuschauer aber sahen das anders. Der Erfolg der Premiere im Dezember 1931 war sagenhaft. Erich Kästner wurde wohlhabend. Die »Scheinchen« an seine Mutter flossen häufiger. Er kaufte sich seinen ersten Frack, nahm sich eine neue, teure Wohnung, im Skiurlaub stieg er in den besten Häusern ab. Er brauchte die Cafés und Bars, und oft saß Ida Kästner mit dabei. Alle nannten sie wie er nur »Muttchen«. Daß Kästner reichlich Trinkgeld gab, seine Freundinnen großzügig beschenkte und zu Taxifahrern und Bettlern freigebig war, gefiel ihr weniger. Kästner spendete viel. Die Armut ging um, und die einfachen Arbeiter und kleinen Angestellten wußten in der Wirtschaftskrise nicht ein noch aus. Doch sie hatten eine Stimme, und sie gaben sie ab. Am 30. Januar 1933 wurde Adolf Hitler Reichskanzler, durch das Brandenburger Tor marschierte ein Fackelzug, am 27. Februar brannte der Reichstag. Bert Brecht floh aus Berlin, Heinrich Mann entkam nur knapp, die Verfolgungen begannen. Ein Freund Kästners wurde verhaftet, ermordet und aus dem Fenster geworfen. Kästner reiste ab, doch bloß in den Urlaub nach Meran. Im Frühjahr 1933 kehrte er zurück und blieb. Das wurde ihm später angekreidet.

»Und nach München lenk die Schritte, | wo der Hitler wohnen soll. | Hau dem Guten, bitte, bitte, | den Germanenhintern voll!« Kästners Wunsch an den Weihnachtsmann ging nicht in Erfüllung. Mit Ausnahme des ›Emil‹ kamen seine Bücher auf die schwarze Liste. Die Nazis hatten eine Rechnung mit ihm offen, jetzt zahlte er die Zeche. Sie hatten nicht vergessen, daß er gegen den deutschen Soldaten angeschrieben, daß er mit seinem Roman ›Fabian‹ ein zerrüttetes und kein blutreines, völkisches, tugendvolles Kraftdeutschland beschrieben, daß er sie mit seinen Gedichten aufgespießt hatte. Am 10. Mai 1933 loderte in Berlin ein Scheiterhaufen aus Büchern. Er stand angewidert in der Menge dabei, den Hut ins Gesicht gezogen, als eine schrille Stimme rief, dort stehe ja Kästner. Doch es geschah ihm nichts. Sein Konto wurde eingefroren, zweimal wurde er verhaftet, zweimal gemustert und wegen seines Herzfehlers für untauglich erklärt. Er wurde bespitzelt, versteckte sich ab und zu in Dresden, und manchen Vernehmungen entging er nur durch Zufall. Kästner tauchte ab und schwieg zu allem, zwölf Jahre lang. »Wer nichts sieht, wird nicht gesehen. | Wer nichts sieht, ist unsichtbar.«

1933 bis 1945: »Ich kam zur Welt und lebe trotzdem weiter.« Einige seiner Bücher waren noch auf Jahre im Reich zu kaufen. Im Dezember 1933 lag ›Das fliegende Klassenzimmer‹ in den Auslagen, er schrieb Unverfängliches wie ›Drei Männer im Schnee‹. Seine Gedichtauswahl ›Doktor Erich Kästners lyrische Hausapotheke‹ kam 1936. Er brauchte Geld, brachte seichte Boulevardstücke unter falschem Namen heraus und flog damit auf. Um weiter veröffentlichen zu können, bewarb er sich erfolglos um Aufnahme in die Reichsschrifttumskammer. Kästner wurde schwermütig. Er glaubte, niemand lese ihn mehr, doch er täuschte sich. Soldaten hatten seine Gedichtbände im Tornister, eine handgeschriebene ›Hausapotheke‹ ging im Warschauer Ghetto von Hand zu Hand. Dann die Wende. Von 1939 an war das Kino kriegswichtig. Es lenkte vom großen Sterben ab, verbreitete das Gedankengut Hitlers. Film auf Film wurde gedreht, und Deutschland brauchte Autoren. Zum fünfundzwanzigjährigen Bestehen der Ufa 1942 sollte ein Jubiläumsfilm in Farbe aller Welt die technische Überlegenheit des Reiches zeigen. Kästner schlug den Münchhausenstoff vor, der sofort angenommen wurde. Er schrieb das Drehbuch, Hans Albers ritt auf der Kanonenkugel, und Kästner erhielt weiter Aufträge. Am 14. Januar 1943 kam abermals die Wende: Schreibverbot für Kästner. Das Reich siegte nicht mehr, die 6. Armee kapitulierte in Stalingrad, Goebbels sprach im Sportpalast vom totalen Krieg. Als am 3. März 1943 der Münchhausenfilm in Berlin Premiere hatte, wurde der Drehbuchautor nicht genannt.

Kästner schrieb nur noch für die Schublade, und die verbrannte am 15. Januar 1944. Kästner wurde ausgebombt. Das sei wie das Brezelbacken gegangen, Geschwindigkeit sei nun mal keine Hexerei, schrieb Kästner galgenhumorig. Dreitausend Bücher waren weg, acht Anzüge, Manuskripte, die Möbel, zwei

Schreibmaschinen, »Erinnerungen in jeder Größe und mancher Haarfarbe«, Ordner, Hüte, die Dauerwurst in der Speisekammer. Erich Kästner zog in die Sybelstraße zu Luiselotte Enderle, die er schon aus Leipzig kannte und mit der er bei der Ufa gearbeitet hatte, doch seine schlimmsten Tage kamen noch. Im Feuersturm der Nacht vom 13. auf den 14. Februar 1945 wurde das Dresden seiner Kindheit unwiederbringlich zur Erinnerung. Zehn Tage blieb Kästner ohne Nachricht von den Eltern, bis ihn zwei Briefe und zwei Postkarten schmutzig und zerknittert erreichten. Sie lebten, die Wohnung in der Königsbrückerstraße war kaum beschädigt. Das Kriegsende feierte Kästner in Mayrhofen im Zillertal. Freunde von der Ufa drehten dort einen neuen Film, der nur einen Zweck hatte: raus aus Berlin, überleben. Sie schmuggelten ihn mit gefälschten Papieren als Drehbuchautor ein. Sein letztes »Fünferlei« hatte er bei sich. Eine Aktenmappe voll beschriebener Seiten, einen Handkoffer, einen Rucksack, eine Reiseschreibmaschine, einen gerollten Regenschirm. Am 5. Mai 1945 kamen die Amerikaner, und als ein Jeep Soldaten nach München fuhr, war Erich Kästner dabei.

1945 bis 1974: Noch einmal Ruhm. »Es tickt die Zeit. Das Jahr dreht sich im Kreise.« Mit abgerissenen Knickerbockern, geliehenen Schuhen und seinem letzten sauberen Taschentuch stand Kästner in München. Bald erhielt er die ersten Angebote. Er wurde Feuilletonleiter der ›Neuen Zeitung‹. In der Pension Dollmann in der Thierschstraße bezog er Zimmer Nummer 4. Die überlebt hatten, schüttelten sich die Hände. Die Vorwürfe, daß er in Deutschland geblieben war, wies er wütend, trotzig, gekränkt zurück. Seine Bücher waren verbrannt worden, das Schreibverbot: Er sah sich als Opfer, und über die Jahre schneiderte er sich selbst eine weiße Weste zurecht, zugleich aber öffnete er den zurückkehrenden Schriftstellern die ›Neue Zeitung‹. Seine Arbeit im Dritten Reich verschwieg er. Seiner Beliebtheit aber schadete das nicht. Er schrieb Nummern für ›Die Schaubude‹, und bei der Premiere vom 21. April 1946 wurde Kästners ›Marschlied 1945‹ gesungen. 700 Zuschauer faßte der Saal. Sie lagen sich in den Armen, schrien und johlten, manche weinten. Das richtige Aufmunterungslied zur richtigen Zeit, dem noch viele folgten. Daneben schrieb er Szenen für das Kabarett, Reden, Artikel, Vorträge. 1948 faßte er sie in ›Der tägliche Kram‹ zusammen, und ebenfalls 1948 gab er ›Kurz und bündig‹ heraus, eine Sammlung von Epigrammen. »Es gibt nichts Gutes | außer: Man tut es« wurde zum geflügelten Wort. Kästner konnte mit Luiselotte Enderle in eine gemeinsame Wohnung in der Schwabinger Fuchsstraße ziehen. Nach Dresden schickte er Päckchen mit Ölsardinen und Kartoffeln. Seine neuen Kinderbücher kamen heraus. Auf der Frankfurter Buchmesse 1949 lagen ›Das doppelte Lottchen‹ und ›Die Konferenz der Tiere‹. Viele seiner Bücher wurden verfilmt, für eine Widmung von ihm standen sich die Leser vor den Buchläden die Beine in den Bauch. Kästner wurde mit Ehrungen und Preisen überhäuft. Die Mutter erlebte sie nicht mehr. Sie starb am 9. Mai 1951. Doch richtig Großes gelang ihm nicht mehr. Das Theaterstück ›Die Schule der Diktatoren‹ hielt Kästner für seine wichtigste Nachkriegsarbeit. Es erschien 1956. Kästner mischte sich wieder ein, stritt gegen Wiederaufrüstung und Atomtod, er war gefragt und doch fühlte er sich einsam. »Doktor Glückallein« hatte er sich einst in Leipzig genannt, nun war er es wieder, diesmal allerdings mit trautem Heim und endlich auch mit dem Vorgarten, den er in Dresden nie hatte, und sogar einer Wiese hinter dem Reihenhaus in der Flemingstraße am Herzogpark. »Manchmal könnte ich mich fast beneiden!«

Aber eben nur fast. Weiß-goldene Empiremöbel, die Katzen Anna, Butschi, Lollo und Pola. Auf der Marmorbank des Gartenfensters stand seine Schreibmaschine, darunter ein Bücherregal, an dem er sich die Knie stieß beim Tippen, aber der Ausblick war gar zu schön. Luiselotte Enderle lebte bei ihm, doch das Glück war brüchig. »Träumst von Liebe. Glaubst an keine. | Kennst das Leben. Weißt Bescheid. | Einsam bist du sehr alleine – | und am schlimmsten ist die Einsamkeit zu zweit.« Einen Sohn hatte er trotzdem. Friedel Siebert brachte ihn 1957 zur Welt. Dreiundzwanzig war sie, als sie den Fünfzigjährigen kennenlernte, und bis 1969, zwanzig Jahre, dauerte ihr Verhältnis.

Drei Jahre lang verschwieg er Luiselotte Enderle das Kind. Danach begann das Zerren zwischen den Frauen und Kästner, der sich nicht entscheiden konnte. Zudem war er krank. 1961 stellten die Ärzte Tuberkulose fest, und da der Kettenraucher auch viel zu viel trank, nutzten die Kuren im Tessin und am Luganer See nichts, schon weil er einen Kellner dazu überredete, ihm den Whisky in einem Teeglas zu bringen, seinen Flachmann aufzufüllen oder einen Kasten Bier in seinem Zimmer zu verstecken. Als Friedel Siebert nach Berlin ging, zog Kästner ihr nur kurz hinterher, 1966 kehrte er zu Luiselotte Enderle zurück. Acht Jahre lebte er noch in der Flemingstraße. An seinem fünfundsiebzigsten Geburtstag hatte er Schluckbeschwerden, er fühlte sich matt. Speiseröhrenkrebs. Eine Behandlung lehnte er ab. Erich Kästner starb am 29. Juli 1974. »Schluß, Punkt, Streusand!«

Gedenk auch meiner unter Deinen Kühen

Bettine von Arnim in Wiepersdorf

Achim von Arnim an seinen Schwager Savigny, Gut Wiepersdorf, den 16. April 1814. »Nach langer Irrfahrt (wir hatten nicht nur den rechten, sondern überhaupt den Weg verloren und ich ging dem Wagen voraus um ihn zu suchen) kamen wir hier Nachts nach 1 Uhr an, meine Frau ist von der Nachtfahrt noch etwas angegriffen, die Kinder sind wohl, ich fühle im Allgemeinen ein Behagen über meinen Entschluß aufs Land zu ziehen.« Das Gut war zwischen Kiefern und Kartoffelfeldern der Mark Brandenburg schwer zu finden. Das Gutshaus sah heruntergekommen aus, Dielen und Fenster waren morsch. Sie reisten mit wenig Gepäck aus Berlin an, selbst das Nötigste fehlte. Bettine von Arnim entbehrte ein Plätteisen, eine Waschwanne, Schauerfaß, Zuber, Kehrbesen, Schrubber, Schippe, Sonnenhut, doch sie schickte sich drein. Sie putzten, räumten auf, Zimmermann, Maurer, Schlosser wurden einbestellt, Bäume gepflanzt, Getreide ausgesät, Stallungen abgerissen. Achim von Arnim gab sich als Gutsherr. Er hielt Schweine, Schafe, Kühe, Hühner, pflanzte Gemüse, setzte Apfel-, Birn- und Pflaumenbäume, jagte, trug den Misthaufen ab oder arbeitete im Stall und zahlte Lehrgeld. »Arnim hat mit dem Maurer um die Wette angestrichen, unter andern einen Wandschrank so oft wohl an zwanzig Mal und noch öfter wenn es nicht zuletzt an Farb gefehlt hätte.« Sie versorgte unterdessen die Küche, lernte Obst einzukochen, Wild zu häuten. Die Kinder fühlten sich wie die Fische im Wasser, schrieb Bettine von Arnim. »Sie klettern über die Bauhölzer, sie schrammen sich Ärm, Beine und Köpfe blutig, zerreißen die Kleider in tausend Stücken, kriegen Läuse auf den Kopf und lassen sich nicht kämmen, fressen Staub und Sand und Mus und lassen sich nicht waschen, sie sehen aus wie die Teufels.« Das gefiel ihr. Sie benahmen sich ganz so wie sie als Kind einst gewesen war. Bettine von Arnim erzog sie zu der Freiheit, die sie so nicht gehabt hatte, und hielt sie an einer langen, aber fürsorglichen Leine. Ganz anders als sonst üblich, starb nicht ein einziges ihrer Kinder in den ersten Jahren. Bettine von Arnim nannte sie losgelassene Füllen und fürchtete, bald auszusehen wie ein Bettelweib. Waren die Kinder zu Bett, gehörten die Nächte ihr und Achim von Arnim, an freien Tagen lagen sie im Gras, machten Reisen in Gedanken. »Abends (wir essen um 7 Uhr zu Nacht) geht's an ein Erzählen und Aufschneiden, daß die Balken krachen.« Um halb zehn lege sich alles zu Bett. Berlin vermisse sie gar nicht, schrieb Bettine von Arnim – und log.

Bettine von Arnim wurde als Bettine Brentano in Frankfurt im ›Haus zum Goldenen Kopf‹ in der Großen Sandgasse geboren. Peter Anton Brentano, ihr Vater, war reich an Geld und Kindern. Zwanzig insgesamt, Bettine war das dreizehnte. Ihre Mutter, Maximiliane, Tochter des kurtrierischen Kanzlers Georg Michael von La Roche, war seine zweite Frau. Die Heirat war ein gutes Geschäft. Er hatte das Vermögen, sie den Namen. Für Goethes Mutter aber, die Frau Rat, blieb er ein Emporkömmling, der sich zu einem vornehmen Mann wie der Esel zum Lautenschlagen eigne. Maximiliane von La Roche wurde mit achtzehn verheiratet, brachte in neunzehn Jahren Ehe zwölf Kinder zur Welt. Am letzten starb sie. Bettine, geboren am 4. April 1785, war damals acht. Ihr Vater heiratete eine junge Adelige, mit der er noch mehr Ansehen errang, Bettine kam ins Kloster Fritzlar, und sie fühlte sich wohl bei den Nonnen. Sie hatten Kinder gerne, gingen sanft mit ihnen um, auf Ordnung aber sahen sie nicht. Für sie gerade richtig. Bettine war aufgeweckt, fröhlich, ein Wildfang, der sich nichts vormachen ließ. Sie gefalle sich selbst gut, schrieb sie, und nahm sich vor, so zu sein, wie sie nun einmal war, sich nicht unterkriegen, sich nicht beschränken zu lassen, kein bloßes Heimchen am Herd zu werden. Als Bettine von Arnim 1835 ihre Erinnerungen in ›Goethes Briefwechsel mit einem Kinde‹ festhielt, war sie fünfzig, Witwe, Mutter von sieben Kindern und aufrechter und unbeugsamer denn je. Das Buch gab sie trotz des erbitterten Widerstandes ihrer Familie heraus.

Nach dem Tod ihres Vaters am 9. März 1797 trat ihr Bruder Franz das Erbe in Frankfurt an. Er wurde ihr Vormund, Bettine Brentano kam zu ihrer Großmutter, Sophie von La Roche, nach Offenbach. Seit deren Jugendfreund Christoph Martin Wieland ihren Roman ›Geschichte des Fräuleins von Sternheim‹ herausgegeben hatte, war sie hochgeachtet. In ihrer Zeitschrift ›Pomona. Für Teutschlands Töchter‹ hatte sie eine gründliche Bildung für Mädchen gefordert, die ihr selbst einst noch verwehrt war. Bildung aber meinte nicht Gelehrsamkeit, denn die war am Heiratsmarkt verpönt. Gattinnen sollten unterhaltsam sein, mehr nicht. Im Kloster hatte Bettine dafür Lesen, Rechnen, Zeichnen, Musik und Hausarbeit gelernt, bei Sophie von La Roche kamen Sprachen und Wissenschaften dazu. Die Großmutter liebte die Enkelin, und die Enkelin sie, die Hauslehrer aber verzweifelten an ihr. Bettine nutzte lieber die Bibliothek des gastfreundlichen Hauses, in dem alles verkehrte, was in der Welt Rang oder Namen hatte, sie las der Großmutter vor, die ihr reiches Wissen erzählend an sie weitergab, und so lernte sie weit mehr als auf der staubtrockenen Schulbank. Bettine Brentano war wissenshungrig, vorschreiben ließ sie sich nichts. Sie widersetzte sich dem sturen Pauken und galt dafür als närrisch, doch die Schellenkappe trug sie gern. »Ich bin so dumm und bin so vergnügt.« Für sie, in Wirklichkeit hochgebildet, war die Dummheit, die sie vor sich hertrug, ihr Schild, mit dem sie die Zwänge ihres Standes abwehrte. Sie wollte ihre Freiheit behalten. Sich selbst zu bestimmen, eigenständig zu denken, unabhängig zu sein, der Wahrheit verpflichtet zu bleiben, das war die Losung ihres Lebens, die nicht in ihre Zeit paßte und sich schon gar nicht für Frauen ziemte. »Was hast du vor wunderliche Gedanken«, sagte Sophie von La Roche zärtlich kopfschüttelnd, und wunderlich war sie. Sie war ein grillenhaftes, eigensinniges, widerspenstiges Geschöpf, erinnerte sich ein Besucher, das auf Apfelbäumen herumkletterte und eine gewaltige Schwätzerin war. Für Wilhelm von Humboldt war solche Lebhaftigkeit, so viel Geist und so viel Narrheit unerhört. Alles, nur nicht stillsitzen. Sie bedauerte, nicht fliegen zu können. Bettine galt als übergeschnappter Hauskobold, Neigung zum Veitstanz wurde ihr nachgesagt; als sie packte, um zum irren Hölderlin zu reisen, wurde sie aufgehalten. Doch ihre Verrücktheit war nur der Tarnmantel, unter dem sie ihre Unsicherheit verbarg. Sie wußte, ihr Leben war vorbestimmt, ein Entkommen nicht vorgesehen. Um sie zu bändigen, wurde sie Sophie von La Roche weggenommen. Zeit, sie zu verheiraten.

Wiepersdorfer Museumsräume mit dem Sekretär von Bettine von Arnim

1802 kam sie zur Familie nach Frankfurt zurück. Sie erzogen an ihr herum, doch ihr Vormund glaubte vergeblich, Hausarbeit werde das Richtige für sie sein, und auch ihr Lieblingsbruder, Clemens Brentano, biß sich die Zähne aus. »Mit meinem Mund geb ich Dir einen Kuß auf Deinen, in welcher Sprache kann ich gebieterischer ausrufen, halts Maul geliebter Bruder!« Den ersten Heiratskandidaten, den ihr Franz Brentano schmackhaft machen wollte, weil der 10 000 Gulden im Jahr verdiente, vertrieb sie und schimpfte auf ihren Vormund wie ein Rohrspatz, ihr »so einen Esel« anzutragen. Den zweiten tischte ihr Clemens Brentano auf. Carl von Savigny heiratete aber lieber ihre sanftere Schwester Gunda, und als auch noch die jüngere Lulu vor ihr glänzend unter die Haube kam, hatte Bettine keine Wahl mehr. Sie fand sich schweren Herzens ab, nachgeben zu müssen. Heiraten versprach wenigstens ein bißchen Eigenständigkeit, denn Sitzengebliebene mußten ihr Leben unter der Fuchtel der Verwandten fristen und galten als überflüssiger Klotz am Bein. Lieber tot als übrigbleiben, schrieb Bettine Brentano traurig schwermütig, doch noch war ihr Aufschub gewährt, und sie rettete sich vor den trüben Aussichten in eine überschwengliche Schwärmerei für Karoline von Günderode. Sie war fünf Jahre älter, adelig aber arm, und lebte in einem Frankfurter Stift. Bettine suchte in ihr eine Vertraute, doch sie blieb kühl. Ein Jahr dauerte das Werben, dann brach Karoline von Günderode mit ihr, und Bettine Brentano forderte ihre Briefe zurück. Wenig später, am 26. Juli 1806, stieß sich Karoline von Günderode in Winkel am Rhein ein Messer in die Brust. Bettine verwand ihren Tod nie. Vierunddreißig Jahre später, 1840, gab Bettine von Arnim mit ›Die Günderode‹ die Geschichte der Unglücklichen heraus.

Karoline von Günderode schrieb unter dem Decknamen Tian Gedichte, Dramen, Prosa. Eine Dame, die schrieb, war verdächtig, beinahe unanständig. Sie war zart, klug und so scheu, daß ihr schon beim Tischgebet die Stimme versagte, doch sie hatte leidenschaftlich geliebt. Zuerst Carl von Savigny, der sie sitzenließ. 1804 heiratete er die reiche Gunda Brentano. Dann ihre zweite Leidenschaft: Georg Friedrich Creutzer. Er war verheiratet. Unglücklich, wie er sagte, doch immerhin wohlversorgt. Schwüren der Liebe folgten Schwüre hehren Entsagens, bald folgte Ausflucht auf Ausflucht. Als er unter der Anspannung einen Blutsturz erlitt, pflegte ihn seine Frau, die einer Scheidung schon zugestimmt hatte. Sie nutzte die Gelegenheit geschickt, und als ihm noch dazu geraten wurde, von einer, die schrieb und sonst nichts hatte, die Finger zu lassen, war er weg. Er sagte ihr das nicht selbst, ließ ihr die Trennung ausrichten. Bettine Brentano ahnte davon nichts. Sie gab sich die Schuld am Freitod der verschlossenen Günderode.

Bettine Brentano flüchtete sich zur Frau Rat Goethe. Bei ihr ging sie ein und aus, und was die Frau Rat über ihren berühmten Sohn in Weimar erzählte, schrieb sie mit. Seine Werke hatte sie gelesen, und seit sie Goethes Briefe an ihre Mutter Maximiliane gefunden hatte, in die Goethe einst verliebt gewesen war, bis er des Hauses verwiesen wurde, himmelte sie ihn haltlos an. Sie bettelte, drohte, als Knabe verkleidet nach Weimar zu wandern, bis ihr widerstrebend erlaubt wurde, Goethe zu besuchen. Am 23. April 1807 traf sie ein. Goethe war achtundfünfzig. Allein mit ihm, spielte sie eine Ohnmacht, um sich an seine Schulter zu lehnen. Goethe war gerührt, denn nichts liebte er mehr als bewundert zu werden. Gut vier Jahre lang schrieb sie ihm vergötternde, doch für ihn zu drängende Briefe, die er oft nicht beantwortete. Schrieb er zurück, dann eher verhalten. Aus seinen wenigen Briefen aber, aus Erinnerungen an Goethe und den Geschichten der Frau Rat schuf sie ›Goethes Briefwechsel mit einem Kinde‹, der 1835 erschien, drei Jahre nach Goethes Tod. Mit ihm hievte sie Goethe und ihre Liebe für alle sichtbar auf einen hohen Sockel. Clemens Brentano hatte sie angefleht, das Buch nicht zu bringen, Gunda Savigny fürchtete um ihren eigenen Ruf, Bettines Sohn, Siegmund von Arnim, der seine Laufbahn gefährdet sah, freute sich darauf, die Blätter des Buches »kreuzweise« zu benutzen, Bettine von Arnim jedoch ließ sich schon längst nichts mehr sagen. ›Goethes Briefwechsel mit einem Kinde‹ war umstritten, wurde aber ein durchschlagender Erfolg, denn sie schrieb von Sinnlichkeit, von Küssen, Umarmen, Auf-dem-Schoß-Sitzen. Skandal und Sensation: Bettine von Arnim wurde berühmt, die Familie aber strafte sie mit Verachtung, obwohl sie vieles wohlweislich gar nicht erst aufgenommen hatte, darunter ihre Beschreibung eines heißen Augustabends, an dem Goethe am Fenster saß. Sie stand vor ihm, schrieb Bettine von Arnim, legte die Hände um seinen Hals und blickte ihm tief in die Augen. »Vielleicht weil er's nicht länger ertragen mochte fragt er ob mir nicht heiß sei, und ob ich nicht wolle daß mich die Kühlung anwehe; ich nickte, so sagt er: ›mach doch den Busen frei, daß ihm die Abendluft zu Gut kommt.‹ – Da ich nichts dagegen sagte obschon ich rot ward so öffnet er meine Kleidung; und sah mich an und sagte: ›das Abendrot hat sich auf deine Wangen eingebrennt.‹ – und küßte mich auf die Brust; und senkt die Stirne drauf.« Goethe, der sie küßte, Goethe, der eine Nacht neben ihr verbrachte, und eine zweite nicht erlaubte, weil er sich dann nicht mehr beherrschen werde, war ihre Wahrheit. Seine sah anders aus. Er nannte sie noch wenige Jahre vor seinem Tod eine leidige Bremse. Sein Haus war ihr da schon seit langem verboten. Am 11. März 1811 hatte Bettine Brentano in aller Stille Achim von Arnim geheiratet. Den Sommer verbrachten sie in Weimar, waren häufig bei Goethe zu Gast. Ihre beständigen Briefe aber, die Geschenke, die sie ihm unentwegt schickte, waren an Christiane Vulpius, seit Jahren Christiane von Goethe, nicht unbemerkt vorbeigegangen. Am 13. September 1811 besuchten sie gemeinsam eine Ausstellung, über die sich Bettine von Arnim lustig machte. Christiane riß ihr die Brille herunter, die sie zertrat, Bettine rächte sich. In den Tagen danach streute sie aus, die füllige Christiane von Goethe sei eine toll gewordene Blutwurst. Weimar lachte – Goethe warf sie hinaus.

Die Heirat mit Achim von Arnim kam nicht überraschend. Bereits 1802 hatten sie sich durch Clemens Brentano kennengelernt. Seit 1806 sandten sie sich Freundschaftsbriefe, von Zuneigung stand wenig darin. Sie schrieb lieber an Goethe, an den gichtkranken Ludwig Tieck, den sie über Wochen gepflegt hatte, oder an Max Prokop von Freyberg, zu dem sie sich hingezogen fühlte. Bettine Brentano sah Achim von Arnim selten. In ihren Briefen tasteten sie sich ab, erwogen mehr als nur Freundschaft, blieben jedoch zögerlich. Ihr Freiheitswille verstörte Achim von Arnim. Das Blatt wendete sich 1810. Sie war fünfundzwanzig und eine Heirat überfällig, er erbte. Ein Erbe mit Haken. Achim von Arnim hatte ohne bedeutendes Einkommen gelebt, Romane geschrieben wie ›Hollins Liebesleben‹ oder ›Ariels Offenbarungen‹, ein Novellenband, ›Der Wintergarten‹, war entstanden, zusammen mit Clemens Brentano hatte er die Liedersammlung ›Des Knaben Wunderhorn‹ herausgegeben, bei der Bettine Brentano mithalf. Aufgewachsen war er bei seiner Großmutter, Caroline von Labes, die nach dem Tod ihrer Tochter das Sorgerecht für ihn und seinen Bruder übernommen hatte.

Achim von Arnims Leben aber war ihr zu wenig standesgemäß. Mit der Erbschaft zwang sie ihn in ordentliche Bahnen zurück. Sie verfügte, daß ihr Erbe erst an seine Kinder fallen solle. Keine Kinder, kein Erbe. »So war mein Entschluß nach der Eröffnung des Testamentes bald gefaßt, das Meinige zu tun, um rechtmäßige Kinder zu haben. Da brauchte es nicht langer Zweifel, ich wußte niemand auf der Welt, von der ich so gern ein Ebenbild besessen hätte.« Im Winter 1810 verlobten sie sich, im Frühjahr 1811 heirateten sie. »Gott macht die Liebe, und der Teufel die Heiraten!«

Die gewünschten Kinder kamen. Freimund 1812, Siegmund 1813, Friedemund 1815, Kühnemund 1817, Maximiliane 1818, Armgart 1821, Gisela 1827. Zwischen Geburt und Schwangerschaft lagen manchmal nur Wochen. »Wenn ich nur für Dich einmal niederkommen könnte.« Achim von Arnim stöhnte, daß der Himmel ihnen keinen Scherz vorübergehen lasse, ohne gleich Ernst daraus zu machen, und Bettine von Arnim fürchtete das Kindbett. Zu viele starben in ihm. In den ersten Jahren ihrer Ehe lebten sie in Berlin, aus Zuneigung wurde Liebe, doch mehr und mehr Sorgen zehrten an ihr. Achim von Arnim verdiente so gut wie nichts, Bettine von Arnim mußte mit wenigem auskommen, buk ihr eigenes Brot, schlug Butter selbst, kümmerte sich um die Kinder. War ein Kind krank, wurde die Wohnung zum Spital. Geld fehlte an allen Ecken. Berlin war teuer, Achim von Arnim aber hatte das Recht, auf Gut Wiepersdorf zu wohnen und das Land zu bewirtschaften. Die Not verlangte zu sparen. Sie zogen um.

»Arnims Haus ist geräumig und der Garten daran und der Wald von Birken dahinter schön, doch ist jenes inwendig ziemlich verfallen, war aber mit Pracht und eigentlich fürstlich eingerichtet. Zimmer mit purpurseiden Tapeten und reichen Goldleisten und getäfelter Boden. In seiner Stube liegt alles ziemlich untereinander, die Bettine führt die Haushaltung selbst, hat alles Schwere, z. B. gutes Kochen leicht erlernt, hat aber keine Lust an diesem Wesen, daher wird ihr alles sauer und ist doch in Unordnung. Dabei wird sie betrogen und bestohlen von allen Seiten«, so ihr Freund Wilhelm Grimm, der beiden wünschte, daß sie das Gut wieder loswürden. »Die Kinder werden fast wie Bauernkinder aufgezogen und laufen in Kitteln, deren Zeug die Bettine selbst gewebt.« Der erste Winter in Wiepersdorf wurde hart, die Schlafstuben hatten keine Öfen, und die Öfen, die gesetzt wurden, rußten. Da die Fenster zogen, der Frost ins Haus kroch, im Kamin der Kinderstube gekocht werden mußte und Bettine Brentano schwanger war, zogen sie wieder nach Berlin. Achim von Arnim kehrte bald zurück, sie kam erst im Frühjahr nach Wiepersdorf. »Es wird hier sehr viel gebaut und eingerissen«, schrieb sie. »Wenn wir uns nur noch ein klein wenig vereinfachen, so können wir von uns selbst leben.« Doch sie täuschte sich, das Gut war zu verschuldet. Die Güter Wiepersdorf und das dazugehörende Bärwalde brachten an Pacht gut 8000 Taler, die vom Schuldzins für 150 000 aufgenommene Taler verschlungen wurden. Oft genug bat Achim von Arnim um Aufschub der Zahlungen. Wiepersdorf war heruntergewirtschaftet. Im Frühjahr 1816 erkrankte Achim von Arnim. Er schwebte zwischen Leben und Tod, fieberte, sprach im Wahn, magerte ab. Sie saß an seinem Bett, wachte, pflegte ihn, hoffte, daß er nicht sterbe. Der Zusammenbruch hatte sich angekündigt, als ihm im Herbst 1815 die elende Lage des Gutes vorgerechnet worden war. »Da stieg mir eine bittere Wehmut in die Augen, daß die Kinder mir einst zürnen werden, daß ich nicht besser wirtschaftete, während ich sparte all mein Tagelang.« Wiepersdorf war schwer zu halten. Erst nach Jahren wurde die alte Suppenterrine, die als Nachttopf herhalten mußte, durch einen eigenen Abort ersetzt. »Die Nachtstühle die sonst wie artige chinesische Lusthäuser luftig gebaut waren sind jetzt wie geheime Staats Cabinete eingerichtet.« Karl Otto von Arnim, genannt Pitt, der Bruder Achim von Arnims, hatte sie eigenhändig ausgestattet. »Pitt durchschaut seines Vaters hinterlassne correspondence und macht A-Wische, Arnim nimmt die andere Hälfte, die noch weiß und brauchbar ist, um Verse drauf zu schreiben.« Achim von Arnim schrieb in Wiepersdorf ›Die Gleichen‹ und den Roman ›Die Kronenwächter‹, doch der Erfolg, den ›Des Knaben

Wunderhorn‹ gehabt hatte, stellte sich nicht mehr ein. Bettine sah ihn trotzdem gern am Schreibtisch, denn für sie war Achim von Arnim Schriftsteller, kein Bauer. Oft ermahnte sie ihn, doch

Schloß Wiepersdorf um 1880

nicht wie eine Vogelscheuche angezogen übers Feld zu laufen und sich, um Gottes willen, endlich Hosenträger zu kaufen.

Bettine von Arnim war reich geboren. Arbeit um tägliches Brot kannte sie bis zu ihrer Heirat nicht, und dennoch nahm sie Wiepersdorf zuerst mit guter Laune. »Arnim hat die neue Kuh mit unserm Frisierkamm gekämmt und hat ihr den ganzen ersten Tag Gesellschaft geleistet«, schrieb sie anfangs noch übermütig, bald aber wurde sie ruppiger. »Gedenk auch meiner unter Deinen Kühen, weder die braune noch die weiße, noch die scheckige ist Dir so innig gesinnt wie ich.« Arnim ging im Landleben auf, sie ertrug die Einsamkeit des Guts nur schwer. War Achim von Arnim nicht da, litt sie besonders, doch um ihm nicht zur Last zu fallen, überspielte sie ihre Traurigkeit. Im Sommer 1816 kam noch einmal Hoffnung für sie auf. Franz Brentano hatte ihr einen gehörigen Batzen Geld angewiesen. Achim von Arnim kaufte auf den Viehmärkten ein, längst nötige Ausbesserungen an Haus und Hof wurden gemacht und in Berlin eine Wohnung angemietet, in der sie den Winter verbrachten. Bettine von Arnim war wieder schwanger. »Ich bin nun schon über die Hälfte meines Lebens, und sehe wohl ein, daß ich geboren bin zum Dulden, aber nicht zum eigenen freien Bewegen, so sehr ich mich auch in meinen früheren Jahren danach gesehnt habe.« Das pulsende Leben in der Stadt tat ihr gut, machte ihr aber auch endgültig klar, daß sie nicht für das Land geschaffen war. Als Achim von Arnim auf das Gut zurückkehrte, hatte sie sich entschlossen: Wiepersdorf war nicht ihr Leben. Sie blieb in Berlin.

Ein zähes Ringen begann. Achim von Arnim versuchte ihr das Leben auf dem Land schmackhaft zu machen, sie lockte ihn in die Stadt. Er glaubte, sie werde bald nachkommen, sie suchte eine günstige Wohnung, benutzte ihre Schwangerschaft als Ausrede, Wiepersdorf fernzubleiben. Jede Woche schickte er ihr einen Wagen mit so viel Gemüse, Fleisch, Butter, Mehl, daß sie ein Gutteil davon verkaufen konnte, um ihre Kasse aufzubessern, er schwärmte von Erdbeeren und Milch, vom Trockenlegen der Moore, von der Heuernte, von der Jagd, sie vom Theater, den Spaziergängen in den Parks, von den Abendeinladungen. Beider Briefe waren voller Zärtlichkeiten, doch nicht lange. Er verteidigte bitter sein Landleben, sie ihre Freiheit. Achim von Arnim war stolz darauf, sie alle mit Wiepersdorf leidlich zu ernähren, sie warf ihm vor, er vergeude seine Begabung. Der Graben zwischen ihnen wurde tiefer. Sie waren unglücklich, doch keiner gab nach, bis Achim von Arnim die Geduld riß. Das Gut brachte nicht genug ein, um ihr Berlin noch länger zu bezahlen. 1819 zwang er sie nach Wiepersdorf zurück. Sie fügte sich, sie mühten sich umeinander, doch die Einsamkeit des Guts machte ihr nach wie vor zu schaffen. Schrieb sie aus Wiepersdorf, versuchte sie den Alltag schönzureden. Sie berichtete von den Knechten, die den sechsjährigen Siegmund angestiftet hatten, der Magd unter die Röcke zu kriechen, um sie, so Bettine von Arnim, Gott weiß wo zu zupfen, und vom Sonntagsgesang in der Kirche mit dem Birnbaum davor, dessen Früchte Totenbirnen genannt wurden, weil die Bauern sie beim Kirchgang von den Gräbern auflasen, um sie zu essen, oder von einem Bauernmädchen, das mit allzu kurzem Rock auf den Altar kletterte und eine Blumengirlande nicht mit einem Nagel an einem Engel befestigte, sondern mit einem Brotmesser, das sie ihm in den Bauchnabel hieb. Der Prediger, erzählte sie, wurde rot vor Ärger, vor allem weil das Mädchen ihren blanken Hintern dargeboten hatte. Doch die drolligen Dorfgeschichten, mit denen sie sich tröstete, halfen nicht, Wiepersdorf auszuhalten. Bettine von Arnim setzte sich durch. Von 1821 an lebte sie ständig in Berlin. 1822 kehrte sie nochmals für Wochen zurück, vor allem, um zu malen und an ihren Entwürfen für ein Goethe-Denkmal zu arbeiten, doch danach besuchte sie Wiepersdorf nur noch selten.

Aus dem Eheschармützel wurde ein Gefecht, aus dem Gefecht eine Schlacht, die beide verloren. Jahr für Jahr wurden sie sich fremder, bis sie sich aufgaben. Bettine von Arnim: »Ich habe die 12 Jahre meines Ehestands leiblich und geistigerweise auf der Marterbank zugebracht.« Immer wieder brach die Sehnsucht zueinander hervor, doch meistens stritten sie. Er rechnete ihr Berlin vor, sie schickte ihm ihre Abrechnungen, um zu zeigen, wie sehr sie knauserte. War Bettine in Wiepersdorf, war sie froh, wenn er nicht da war. Er wäre auf dem Gut so nötig, schrieb sie, wie eine große halberstarrte Schmeißfliege, die sie soeben totgeschlagen, und seit sie ihn nicht mehr vor Augen habe, sei ihr nicht mehr so schwer ums Herz. Sie fingen an, einander auszuweichen, und am Ende sahen sie sich nicht einmal mehr zu Weihnachten. Den letzten Brief an ihn sandte sie am 18. Januar 1831. »Ich küsse Dich von Herzen und mit der Sehnsucht, bei Dir zu sein.« Drei Tage danach, am 21. Januar 1831, war Achim von Arnim tot. Ihre Liebe zu ihm hat sie bei allem

Streit nie ganz verloren. Wiepersdorf wurde verpachtet, Bärwalde wurde zum Sommersitz der Familie, bis ein Brand auf dem Gut wütete. Wiepersdorf wurde wieder übernommen. Maximiliane von Arnim: »Es war unglaublich, was unsere Mutter in den paar Wochen, seitdem der bisherige Pächter das total verwohnte Haus geräumt hatte, dort geschaffen hatte. Wer da meint, Bettina sei nur eine weltferne Dichterin gewesen, hätte hier sehen können, welch umsichtige und eifrige Hausfrau sie sein konnte. Rastlos hatte sie selbst mit tapezieren und malen helfen, die neue Dielung überwacht, Vorhänge aufgesteckt, die Türen mit eigenen Malereien geschmückt.« Bettine von Arnim, die Dichterin. Vier Jahre nach Achim von Arnims Tod hatte sie ›Goethes Briefwechsel mit einem Kinde‹ fertiggestellt, acht Jahre danach fing sie an, Achim von Arnims Werke herauszugeben. Ihr Stern am Bücherhimmel war aufgegangen. Bettine das Kind, Bettine die Gattin waren Vergangenheit. Das dritte Leben der Bettine von Arnim hatte begonnen.

Am Anfang war die Cholera. 1831 brach sie in den Armenvierteln Berlins aus. Die Seuche griff um sich. 1400 Tote. Bettine von Arnim verteilte Decken, Schuhe, Kleider wie viele andere Damen auch. Doch sie sah tiefer. Sie forderte, die Ursachen der Armut, nicht ihre Auswirkungen zu bekämpfen. Bettine von Arnim vergoß keine Tränen, sie handelte, denn sie war davon überzeugt, daß Not, Unrecht, Unmündigkeit überwunden werden könnten, wenn die Herrscher nur bereit wären einzuschreiten. Bis an ihr Lebensende beteiligte sie sich daher furchtlos an zwei Kämpfen: Den ersten führte sie um die Rechte der Armen, den zweiten um die Freiheit der Bürger, der seit langem schwelte. Sein Anfang lag weit zurück. In den Feldzügen gegen Napoleon hatten bürgerliche Freiwilligenverbände sich für König und Vaterland geschlagen. Die Beteiligung an der politischen Macht, die ihnen dafür zugesagt worden war, wurde jedoch nie eingelöst, eine Verfassung nie erlassen. Im Gegenteil. Alles blieb beim alten. Der Adel behielt seinen bestimmenden Einfluß, die Könige herrschten nach Gutdünken. Forderungen, das Verfassungsversprechen zu erfüllen, wurden als Verrat betrachtet, die bürgerlich Gesinnten verfolgt, längst errungene Rechte wurden eingeschränkt, die Meinungsfreiheit beschnitten. Als 1837 die Ständeversammlung in Hannover gänzlich aufgelöst wurde, protestierten sieben Professoren, die Göttinger Sieben, unter ihnen die Brüder Grimm, deren ›Kinder- und Hausmärchen‹ Bettine von Arnim gewidmet waren. Sie wurden des Landes verwiesen, und die empörte Bettine von Arnim versprach, sich für sie stark zu machen. Sie hielt ihr Versprechen. Den Kampf um die Freiheit, den sie für ihr eigenes Leben nie aufgegeben hatte, focht sie nun nicht mehr allein für sich.

Ihre Waffen: ihre Verbindungen, Briefe, die sie wie kaum eine vor oder nach ihr zu schreiben verstand und die sie geschickt unter die Leute brachte, nimmermüde Unbeugsamkeit, sprühende Begeisterung. August Varnhagen von Ense über die gealterte Bettine von Arnim: »Häufen Sie Widersprüche auf Widersprüche, bergehoch, überschütten Sie alles mit Blumen, lassen Sie Funken und Blitze herausleuchten, und nennen Sie's Bettina.« Alles, nur nicht stillsitzen, daran hatte sich nichts geändert. Sie war nur furchtloser und tapferer, aber auch rücksichtsloser geworden. Um eine Anstellung der Brüder Grimm in Berlin zu erreichen, nutzte sie ihren Einfluß und überwarf sich dafür mit Carl von Savigny, Justizrat, Staatsrat, seit Achim von Arnims Tod der Vormund ihrer Kinder. Sie zürnte ihm, weil er mit den Brüdern Grimm befreundet war und dennoch stillhielt, um nicht selbst in Verruf zu geraten, obwohl er deren Vertreibung als Unrecht ansah. In einem Brief tadelte sie ihn heftig, sorgte dafür, daß der Brief in Umlauf kam, und hatte Erfolg. Der neue König, Friedrich Wilhelm IV., der ihn gelesen hatte, berief Jacob und Wilhelm Grimm im Herbst 1840 nach Berlin. Bettine von Arnim hatte ihre erste Schlacht gewonnen, und sie wähnte den König auf ihrer Seite. Den Briefwechsel mit ihrem verstorbenen Bruder, ›Clemens Brentanos Frühlingskranz‹, der beschlagnahmt worden war, gab er frei, den Prozeß gegen den auf Majestätsbeleidigung verklagten Generalmusikdirektor der Berliner Oper, für den sie eintrat, schlug er nieder. Der König war ein mächtiger Verbündeter, in den sie ihre Hoffnung setzte, und weil sie ihn als ersten Beschützer seines Volkes sah, der nichts ändern könne, weil er die Wahrheit erst gar nicht erfahre, bekämpfte sie vor aller Augen buckelnde Hofschranzen und selbstherrliche Amtsvorsteher mit messerscharfem Witz, da sie annahm, daß sie ihn über die Mißstände im Land belogen. Als ihr zugleich mit einem Bescheid über einen zu zahlenden Rest Hundesteuer von 1 Taler 15 Groschen eine Strafe von 4 Talern 15 Groschen zugestellt wurde, die binnen drei Tagen zu begleichen sei oder sie werde gepfändet, beschrieb sie das herzzerreißende Leben eines Hundes vom Lande, der in der großen Stadt als Verbrecher gebrandmarkt wird. Die Geschichte wurde ein Lacher, besonders nachdem sie die bloßgestellten Eintreiber noch darauf aufmerksam gemacht hatte, daß Carl von Savigny, unterdessen Justizminister, die Schuld getilgt habe. Man möge sich gefälligst an ihn halten. Bettine von Arnim war schlau, listig, gewitzt: Als ihr Dienstmädchen vor Gericht gestellt wurde, das sich bei ihr als gefallene Adelige eingeschlichen und sie betrogen hatte, wurde Bettine von Arnim vorgeladen. Sie gab an, daß sie ihr längst verziehen und ihr geschenkt habe, was sie gestohlen. Doch die Anklage lautete nicht auf Betrug, sondern auf Adelsanmaßung. Zwei Jahre Zuchthaus drohten. Bettine von Arnim wurde so zornig, daß sie einen ihrer Söhne dazu brachte, sich wegen Anmaßung des Freiherrentitels selbst anzuzeigen, und als er, wie von ihr vorausgesehen, dafür als Adeliger nicht verfolgt wurde, schlug sie zurück, und drohte, mit der Ungerechtigkeit hausieren zu gehen. Fall erledigt.

Doch so erfolgreich sie oft war, in einem täuschte sie sich: im König. Bei Unbedeutendem gab er sich ihr gegenüber barmherzig und gnädig, da er sich selbst als väterlicher Gönner seines Volkes betrachtete, sonst aber war er unnachgiebig. Eine Beteiligung der Bürger an der Macht, eine Besserung des Massenelends durch Einschränkung der Adelsrechte, eine Beschneidung der Gewinne der wenigen Reichen lehnte er strikt ab. Um ihn wachzurütteln, schrieb sie daher gutgläubig ›Dies Buch gehört dem König‹. Die schonungslose Anklage der miserablen Zustände aber, die Vorwürfe gegen eine sture Beamtenschaft, die das Land in ihrer eisernen Kralle hielt, stieß den König ab. Sie verlor seinen Schutz, und das bekam sie zu spüren. Wann immer sie in den kommenden Jahren beim König um Nachsicht ersuchte, scheiterte sie. Sie flehte um Gnade für den Königsattentäter Ludwig Tschech, der hingerichtet wurde, trat für den Fabrikanten Friedrich Wilhelm Schloeffel in die Schranken, der gegen die Massenarmut aufgetreten war und wegen Hochverrats verurteilt wurde, stritt für den polnischen Revolutionär Mieroslawski, der in Haft blieb. Doch auch sie selbst wurde nicht mehr geschont. Am 15. Mai 1844 hatte sie in allen großen Zeitungen angekündigt, ein ›Armenbuch‹ zu schreiben, um deren verzweifelte Lage zu schildern und ihnen den Gewinn zu spenden. Das Buch kam nie heraus, denn im Sommer brachen in Schlesien die Weberaufstände aus, die auf Befehl des Königs blutig niedergeschlagen wurden. Bettine von Arnim geriet in Verdacht, die Aufstände mit angezettelt zu haben. Ihr Salon, in dem sich führende Fortschrittliche trafen, wurde bespitzelt, ihre Post geöffnet. Allein den Hungrigen helfen wollen, schrieb sie, heiße jetzt Aufruhr predigen.

Auch die königliche Verwaltung, die sie so gekonnt vorgeführt hatte, schlug zurück. Nachdem Bettine von Arnim begonnen hatte, ihre und die Werke Achim von Arnims selbst zu verlegen, wurde sie am 18. August 1848 durch den Magistrat der Stadt aufgefordert, das Berliner Bürgerrecht zu beantragen, da sie als Gewerbetreibende dazu verpflichtet sei. Wieder entspann sich eine Auseinandersetzung mit allen Finten. In einem ihrer Briefe schrieb sie mit roter Tinte, damit sich wenigstens dieses Rot, wie sie sagte, auf den Wangen des hochlöblichen Magistrats spiegle. Bettine von Arnim wurde dafür wegen Beleidigung angeklagt, der Kriminalsenat für schwere Verbrechen eröffnete das Verfahren, am 20. August 1847 wurde sie zu zwei Monaten Haft und Zahlung der Gerichtskosten verurteilt. Bettine von Arnim wollte die Strafe zuerst als Fanal antreten, doch dann gab sie nach, wohl um der Zukunft ihrer Kinder willen. Sie zahlte, einsitzen mußte sie nicht, aber ein weiteres Buch, dessen Erlös sie dem verfolgten Hoffmann von Fallersleben zugedacht hatte,

›Ilius Pamphilius und die Ambrosia‹, wurde von der Zensurbehörde kassiert. Fast ein Jahr später erst, am 11. März 1848, durfte das Buch erscheinen, eine Woche darauf, am 18. März 1848, kämpften die Berliner Revolutionäre auf den Barrikaden, am Tag danach zwang das Volk den König, sich vor den Toten zu verbeugen. Bettine von Arnim feierte begeistert mit, doch die Revolution scheiterte. Ein Jahr dauerte der Versuch, eine gemeinsame Verfassung durchzusetzen. Die Nationalversammlung in der Frankfurter Paulskirche wurde am 18. Juni 1849 aufgelöst. Bettine von Arnim schrieb ›An die aufgelöste preußische Nationalversammlung‹, unterstützte den ungarischen Aufstand mit ›Petöfi dem Sonnengott‹ und gab nicht auf, aber die Rückwärtsgewandten behielten die Oberhand, auch in ihrer eigenen Familie. Als sie starb, verräumte ihr Sohn Siegmund von Arnim ihren Nachlaß im hintersten Winkel des Dachbodens von Wiepersdorf. Ihr letztes Werk, ›Gespräche mit Dämonen, des Königsbuchs zweiter Band‹, wurde kaum noch wahrgenommen.

Bettine von Arnim, die sich einst mit Karl Marx besprochen hatte, lernte in ihren letzten Jahren Brahms kennen, und Robert Schumann, den sie in der Irrenanstalt besuchte, um eine angemessene Behandlung für ihn durchzusetzen, widmete ihr sein letztes Werk. Doch die zeitlebens Übersprudelnde verlor langsam ihre Kraft. 1852 erlitt sie einen Schlaganfall, der ihr Hände und Füße lähmte. Sie erholte sich, fuhr noch einmal nach Weimar, hörte Franz Liszt und ging in Goethes Garten spazieren. 1856 dann ein zweiter Schlaganfall, den sie abermals zäh bekämpfte. Obwohl ihre rechte Seite taub war, lernte sie das Gehen wieder. Sie sprach wenig, wurde immer stiller, und nur wenn von Goethe oder Achim von Arnim die Rede war, lächelte sie. Am 20. Januar 1859 standen fast alle ihre Kinder an ihrem Totenbett. Sie war so gelegt worden, daß sie eine Goethebüste und ein Bild Achim von Arnims sah. Ihr Blick ging von einem zum andern. Bettine von Arnim wurde auf Gut Wiepersdorf beim Grab Achim von Arnims beigesetzt.

Wer einmal aus dem Blechnapf frißt

Hans Fallada in Carwitz

Herbst 1911, Thüringen, eine Anhöhe unter den Uhufelsen bei Rudolstadt, früher Morgen. Zwei Freunde stehen sich auf zwanzig Schritt mit Pistolen gegenüber. Beide wollen sterben. Hanns-Dietrich von Necker ist sechzehn, Rudolf Ditzen achtzehn. Necker wird tödlich getroffen und bittet um den Gnadenschuß. Danach schießt sich Ditzen selbst in die Brust. Eine Kugel geht durch die Lunge, eine dicht am Herz vorbei. Er wird gefunden und überlebt. Rudolf Ditzen wird sich später Hans nach ›Hans im Glück‹, und Fallada nach dem sprechenden Pferdekopf im Märchen ›Die Gänsemagd‹ nennen, doch glücklich verlief sein Leben nicht. Geschlossene Anstalt, rauschgiftsüchtig, Trinker, Zuchthäusler: Hans Fallada, 21. Juli 1893 bis 5. Februar 1947.

Geboren wurde er in Greifswald. Sein Vater, der Landgerichtsrat Wilhelm Ditzen, bestand auf einem bescheidenen und streng geregelten Leben. Zwischen zwei älteren Schwestern und einem jüngeren Bruder war Hans Fallada der Unglücksrabe. Ständig war er krank. Kaum genesen, tollte er blind für Gefahr um so ausgelassener herum, bis er unselig fiel oder sich den Kopf aufschlug – Gehirnerschütterung oder Schlimmeres. Hans Fallada, zart, bleich, kam ein Jahr später als üblich in die Schule. »Meine Mutter hat mir erzählt, daß ich bis zu meinem sechzehnten Lebensjahre eigentlich alljährlich einmal lebensgefährlich krank gewesen sei, von kleinerem Mißgeschick zu schweigen.«

1899 war Wilhelm Ditzen nach Berlin versetzt worden, 1901 wurde Hans Fallada auf das Prinz-Heinrich-Gymnasium in Schöneberg geschickt. Um aufgenommen zu werden, mußte er vor dem Direktor bestehen, dessen unerbittliche Strenge ihn lähmte. Er versagte völlig. Die Hände ängstlich in den Hosentaschen vergraben, stotterte er vor sich hin. Die Schule, die für

Hans Falladas Haus in Carwitz

Kaiser, Gott und Vaterland auf herbe Zucht hielt, wurde für Hans Fallada zur Hölle. Er lernte schlecht, blieb sitzen, hatte schreckliche Angst, blieb wieder sitzen. Kein Tag ohne Tränen. Er flüchtete sich ins Lesen. Heimlich nahm er sich zu Hause Bücher aus dem Schrank. Flaubert, Zola, Dostojewskij, Hoffmann, Swift, Karl May, mit Defoe träumte er sich fort auf Robinsons einsame Insel. In der Welt der Bücher lebte er, in seiner drückte er sich, so oft das ging. War er nicht krank, trank er Essig, um geisterfahl ins Bett gesteckt zu werden. Hans Fallada war unten durch, daheim, bei den Lehrern und bei den Schülern. Mit seinen geflickten Hosen, die er tragen mußte, um zu sparen, wurde er zum Gespött, für seine Locken, die er nicht abschneiden durfte, wurde er gehänselt. »Ich sehe mich da noch stehen, blaß, kränklich, verzweifelt, in meinem Mauerwinkel. Die ganze Penne freute sich ihrer Freiviertelstunde, mir war sie eine Qual.« Nach der Schule war er wie ausgewechselt. Streiche und Unfug, und er immer vorn dran. Sonst blieb er verschlossen. Deutete er zu Hause seine Pein an, fand er kein Verständnis. »Es ist ganz gut, wenn du dich mal an so etwas gewöhnst.«

Hans Fallada versuchte auszubrechen, nach Hamburg zu gehen und Schiffsjunge zu werden, doch er wurde erwischt. Sein Vater war tief entsetzt, denn er hatte ihm das Geld für die Flucht gestohlen. Aus Hans Falladas Stammeln aber hörte er dessen Leid heraus. Um gerecht zu sein, stellte er den Direktor zur Rede. Als der ihm für seinen Sohn giftig höchstens eine Volksschule, besser noch eine Anstalt für geistig Zurückgebliebene empfahl, nahm er ihn empört in Schutz. Von 1906 an ging Hans Fallada auf das Bismarck-Gymnasium in Wilmersdorf. Rasch gehörte er zu den Besten. Drei Jahre darauf, 1909, wurde Wilhelm Ditzen als Reichsgerichtsrat an das höchste deutsche Gericht nach Leipzig versetzt. Kurz nachdem sie in die Schenkendorfstraße gezogen waren, bestand Hans Fallada die Aufnahmeprüfung am Königin-Carola-Gymnasium. Dafür bekam er ein Fahrrad. Ein verhängnisvolles Geschenk.

Am nächsten Morgen schlich sich Hans Fallada zeitig in den Keller. Er hatte beschlossen, zu seinem Onkel zu radeln, den er herausläutete. Eine Zigarette wurde ihm angeboten, da er doch sicher schon rauche. »›Natürlich! lüge ich.‹« Als er den Onkel verließ, übergab er sich, dann fuhr er zurück. Die menschenlee-

Blick vom Garten auf das Haus in Carwitz

ren Straßen verführten ihn, schnell und immer noch schneller zu treten. »Ob ich noch versucht habe zu bremsen, weiß ich nicht mehr. Ich weiß überhaupt lange gar nichts mehr. Ich sehe nur noch zwei braune Pferdebrüste, die hoch, hoch sich über mir erheben, und lange Pferdebeine, mit blinkenden Hufeisen.« Ein Fleischerwagen hatte ihn überrollt. Ein Fuß gebrochen, ein Pferdehuf zertrat ihm den Kiefer, durch das Wagenrad war ihm der Magen geplatzt. Nur weil er sich erbrochen hatte, kam Hans Fallada davon. Wochenlang mußte er liegen, essen durfte er nicht, trinken durfte er nicht, Salzwasserlösungen hielten ihn am Leben. Fast gesund, bekam er unbedacht das falsche Essen. »Wieder fing das Bluten und Hungern und Dürsten an!« Als er abgemagert entlassen wurde, hinkte er, an einem Gestänge waren die verbliebenen Zähne mit Draht aufgehängt. Er büßte ein weiteres Jahr in der Schule ein, und um aufzuholen, mußte er allein für sich pauken. »Ich hatte so vieles nicht mit den andern gemeinsam.«

Dauernd krank, in Berlin ein Außenseiter, in Leipzig durch den Unfall von allem abgeschnitten – um nicht völlig zu vereinsamen, schloß sich Hans Fallada mühsam geheilt den Wandervögeln an, doch je verzweifelter er versuchte, wie alle zu sein, desto tiefer verstrickte er sich. An die See gereist, wurde er eingeteilt, auf den Eintopf zu achten. Übereifrig zwängte er Treibholz unter den Kessel, der umkippte. Bohnen, Kartoffeln, Fleisch warf er zurück, den Kessel füllte er mit Meerwasser auf, und weil das Gebräu scheußlich schmeckte, stahl er Zucker aus den Rucksäcken. Zur Strafe wurde er, so Fallada in seinen Erinnerungen, grausam ins Wasser getaucht, bis er ohnmächtig wurde. »Du bist wirklich zu gar nichts zu gebrauchen! Du bist kein Mensch, du bist ein Trottel!« Hans Fallada, wieder gemieden, bekam Fieber und wurde verächtlich heimgeschickt. Er war an Typhus erkrankt. Und noch nicht genug: Aus dem Krankenhaus entlassen, fand er Zeichnungen nackter Mädchen, die er ausmalte und versteckte. Sie wurden entdeckt. Seine Unbeholfenheit hatten die Eltern kopfschüttelnd hingenommen, sich gesorgt, geschimpft, verboten, doch nun schämten sie sich für ihn. Sein Vater wandte sich von ihm ab, seine Mutter schickte ihm später Päckchen heimlich ins Gefängnis.

Hans Fallada wurde krankhafte Überreizung bescheinigt und Erholung auf dem Land empfohlen, vorerst aber wurde er ruhiggestellt. Durfte er sein Zimmer verlassen, schlugen ihm stilles Gekränktsein, Niedergeschlagenheit, stumme Vorwürfe entgegen. Der schlecht verhohlene Kummer setzte Hans Fallada weiter zu. In seiner Not schickte er der Tochter eines Kollegen des Vaters schlüpfrige Briefe. Schriftvergleiche mit seinen Heften, Verhöre, und wieder flog er auf. Hans Fallada aber hatte sich zuvor schon einen Revolver besorgt. Als er ihn holen wollte, verstellte ihm der Vater den Weg. Er versuchte davonzulaufen, doch er wurde überwältigt und in seinem Zimmer festgesetzt. Seine Schwester bewachte ihn. Am bestürzendsten: Sein Vater ging, sich für ihn zu entschuldigen. Hans Fallada sprach nicht mehr, weinte nur noch.

Am nächsten Tag schickten ihn die Eltern nach Mariensee bei Hannover zu Verwandten, und weil auch die ihn nicht bändigen konnten, wurde er vier Wochen später nach Bad Berka bei Weimar in eine Heilanstalt gebracht. Danach kam er, um nicht noch länger die Schule zu versäumen, nach Rudolstadt. Am 15. Juli 1911 traf Fallada ein. Er lebte als Kostgänger im Pfarrhaus. Seine Stube lag vier immer enger und steiler werdende Treppen hoch, in der obersten Spitze des Hausgiebels. Der Blick aus seinem Zimmer ging weit über das Land, denn das Haus Am Schloßaufgang 1 stand gleich unterhalb des Burgbergs der Heidecksburg. »Trat der Schüler an sein Fenster, und der Tag war klar, so sah er über die Dächer der kleinen Stadt fort, über das mäßig weite Flußtal fort, über die sanften Laubhügel, die die andere Seite des Tals begrenzten, fort bis zu jenen schroffen Basaltfelsen mit ihren dunklen Tannen und Fichten, die ›der Uhu‹ hießen.« Zur Ruhe kam Fallada dennoch nicht. Er stritt mit dem Pfarrer, der ihn überfordert wegschickte. Fallada wurde bei einem Oberst untergebracht. Bei ihm fand er Pistolen. Krank, zerrissen, allein gelassen, früh am Ende, lernte er Hanns-Dietrich von Necker besser kennen, und am 17. Oktober 1911 standen sie sich gegenüber. Sie beschlossen Selbstmord zu begehen. Ihr Vorhaben besiegelten sie mit einem Vertrag. Noch im Krankenhaus wurde Hans Fallada verhaftet. Die Anklage lautete zuerst auf Mord, dann auf Totschlag. Der Prozess schlug Wellen, sein Vater bot seinen Rücktritt an. Nachdem jedoch der Vertrag gefunden worden war, wurde das Verfahren eingestellt und Hans Fallada, für unzurechnungsfähig erklärt, in die geschlossene Anstalt von Tannenfeld bei Jena eingewiesen.

Januar 1912 bis Oktober 1913: Fast zwei Jahre weggesperrt. Gelesen hatte er schon immer, sich selbst Geschichten erzählt, nun schrieb er sie auf. Was er schrieb, war nichtssagend und schwülstig, doch diesmal bekam er Hilfe. Seine Tante Ada, unabhängig, selbstbewußt, klug, mietete sich im offenen Flügel der Anstalt ein und nahm sich seiner an. Einfühlsam regte sie ihn an, Übersetzungen zu machen. Bis in den Sommer 1913 blieb sie bei ihm. Die Entwürfe, die er versandte, fanden Anklang, Bücher aber kamen nicht zustande. Er forderte zuviel Geld, war zu ungeduldig, das Begonnene zu Ende zu bringen.

Aus Tannenfeld entlassen, gab ihn der Vater zur Lehre in die Landwirtschaft. Posterstein bei Altenburg in Sachsen: Drei Uhr morgens aufstehen, Aufsicht beim Kühe Melken, danach beim Pflügen, bei der Zuckerrübenernte oder beim Holzeinschlag bis in den Abend hinein, dann spät nachts noch Besprechungen mit dem Gutsbesitzer. Fallada war müde, doch er hielt durch, bis ihm eines Sonntags in der vollen Kirche der Pfarrer das Abendmahl verweigerte: an seinen Händen klebe Blut. Fallada war bestürzt. Sofort bei Kriegsausbruch 1914 meldete er sich freiwillig. In Altenburg als untauglich ausgemustert, gelang es ihm, in Leipzig wenigstens zum Nachschub zu kommen. Elf Tage pflegte er Pferde, dann war er ernüchtert. Auch das Heer bot ihm keine Heimat. Hans Fallada berief sich auf seine Unzurechnungsfähigkeit und kehrte nach Posterstein zurück. Den Krieg nutzte er dennoch. Nachdem er 1915 auf einem Gut in Heydebreck in Pommern untergekrochen war, hatte er eine Stelle in der Landwirtschaftskammer Stettin bekommen und war zum Leiter der Vermittlungsstelle für Saatkartoffeln aufgestiegen. 1916 wechselte er zu einer Kartoffelbaugesellschaft nach Berlin in die Bernburgerstraße.

Hans Fallada war dreiundzwanzig und verdiente sein eigenes Geld, das er gleich wieder ausgab. Berlin war für ihn ein Strudel, in den er hineingerissen wurde. Er spritzte sich Morphium, und um von dem Gift loszukommen, begann er zu trinken. 1917, Carlsfeld bei Halle: seine erste Entziehungskur. Doch noch im selben Jahr saß Hans Fallada an seinem ersten Roman ›Der junge Goedeschal‹, den er im März 1918 beendete. Stolz schrieb er seinen Eltern, stieß jedoch einmal mehr auf Unverständnis.

Von da an nannte er sich Hans Fallada. ›Der junge Goedeschal‹ erschien 1920, und 1923 folgte der Roman ›Anton und Gerda‹, die beide Ernst Rowohlt verlegte. Fallada hielt sie für mißlungen. Später kaufte er sie auf und stampfte sie ein, aber sie waren ein Anfang, und er lernte weiter.

Als Fallada an ›Anton und Gerda‹ schrieb, war er nicht mehr in Berlin. Von 1919 an folgte ein gescheiterter Entziehungsversuch dem nächsten. Dazwischen arbeitete er als Buchhalter auf Gütern in Gudderitz auf Rügen, in Doberan, in Merzdorf, in Baumgarten. Nirgends blieb er lang. In Radach wurde er entlassen, weil er im Rausch einer Magd mit einer Pistole hinterherschoß. Vier Gläser Cognac am Morgen, ohne Morphium oder Kokain genommen zu haben, ging er nicht zur Arbeit. Weil die Sucht sein Geld verschlang, stahl er. Am 13. Juli 1923 wurde Hans Fallada verhaftet und in Bunzlau wegen Unterschlagung zu drei Monaten Haft verurteilt, die er im Jahr darauf in Greifswald absaß. Danach kehrte er nach Gudderitz zurück. Beim Segeln ging sein Boot unter. Das eiskalte Wasser überlebte er nur knapp. »In meinen Papieren stand von Geburt an: Pechvogel.«

Er verließ Gudderitz, kam in Lübgust unter, dann in Neuhaus, wo er eine zweite Unterschlagung beging. Er verschwand nach Kiel, trank und hurte. Wenige Tage später, am 18. September 1925, stellte er sich in Berlin. Verwahrlost und heruntergekommen, gab Fallada an, bereits in Lübgust Geld gestohlen zu haben. Zugleich erfand er zwei weitere Unterschlagungen. Eine in Posterstein, eine in Stettin. Falladas Absicht war, als Verbrecher verurteilt zu werden und die Haft zur Entziehung zu nutzen. Ein weiterer Grund: Während seines Aufenthalts in Posterstein war er noch nicht abhängig gewesen. Als Süchtigem, der nur unter Rauschgift straffällig wird, hätte ihm lebenslange Verwahrung in einer Heilanstalt gedroht. Vorbestraft, rückfällig und ohne ein festes Zuhause, wurde Hans Fallada am 26. März 1926 in Kiel zu zweieinhalb Jahren Gefängnis verurteilt, die er in Neumünster verbüßte. 1928 wurde er entlassen. Das Rauschgift hatte er hinter sich. Vorerst zumindest.

Hans Fallada ging nach Hamburg und kam in einem Wohnheim unter, ehe er ein Zimmer in der Hasselbrookstraße nahm. Er borgte sich Geld und kaufte eine alte Schreibmaschine, mit der er Adressen tippte. Sein Verdienst reichte gerade so für Brot, Bücklinge und Milch. Falladas Glück: Er lernte Anna Margarethe Issel, seine Suse, sein »Lämmchen« kennen, die er am 5. April 1929 heiratete. »Sie erst hat mich zu dem gemacht, was ich geworden bin, sie hat einen Verbummelten wieder das Arbeiten gelehrt, einen Hoffnungslosen die Hoffnung.« Fallada fand ein armseliges Auskommen als Anzeigenwerber einer Zeitung, für die er bald auch über Unruhen auf dem Land berichtete. Er schrieb wieder und hatte ein zweites Mal Glück, als er bei einem Ausflug ans Meer Ernst Rowohlt begegnete, der ihn anstellte. Falladas reisten nach Berlin. Sie wohnten in zwei billigen Zimmern in der Calvinstraße, nachmittags hatte Fallada frei. Ernst Rowohlt hatte das verfügt, damit er weiter an seinem Roman ›Bauern, Bonzen und Bomben‹ schreiben konnte.

1930: ›Bauern, Bonzen und Bomben‹ war vorab in der ›Kölnischen Illustrierten‹ erschienen. An Anschlagsäulen klebte ein großes schwarzweißrotes Plakat: »Hans Fallada: Bauern, Bonzen und Bomben! Ich hatte davorgestanden, keinen Groschen in der Tasche, und hatte gedacht: Das ist also der Ruhm! Dein Name auf jeder Anschlagsäule und der Gerichtsvollzieher im Anmarsch!« War Hans Fallada nach dem Gefängnis arm, so verdiente er nun ganz gut. Sein erstes Kind, Ulrich, wurde geboren, das Geld reichte für ein gemietetes Häuschen in Neuenhagen bei Berlin, in dem sie vom Vorschuß auf ›Kleiner Mann – was nun?‹ lebten. »Mein Verleger schwor, dies Buch werde ein Welterfolg sein!« Er behielt Recht – zu Falladas Unglück. Der Roman erschien 1932, das Geld strömte nur so herbei, und Fallada verlor den Kopf. »Nächtelang saß ich in den dümmsten Bars.« Er kündigte bei Rowohlt und begann wieder heftig zu trinken, bis ihm nur noch ein Ausweg blieb: Weg von den Bars, weg aus Berlin.

1933. Machtergreifung. Fallada erwarb Land in Berkenbrück bei Fürstenwalde. Bald danach aber schwärzte ihn der frühere Besitzer an, Fallada verkehre mit jüdischen Verschwörern. Elf

Tage Haft. Fassungslos verkaufte er den Grund weit unter Wert. Das Haus in Neuenhagen hatten sie aufgegeben, Suse war mit Zwillingen schwanger. Eine schwierige Schwangerschaft. Sie

Familienfrühstück am See

kam ins Krankenhaus, mußte liegen, auch nach der Geburt. Nur eine Tochter, Lore, überlebte. »Das hat mich sehr erschüttert, im geheimen messe ich mir eine Schuld am Tod des kleinen Mädchens bei: Suse hatte zuviel Aufregungen in der letzten Zeit.« Er trank nur noch, hielt alle frei, fing eine Liebschaft mit einer Bardame an. Bald war er so runter, daß er nicht mehr aufstehen konnte. Einen tagelangen Schluckauf bekämpfte er mit Cognac. Das gab ihm den Rest.

Doch noch einmal hatte Fallada Glück. Ein Freund drängte ihn, mit nach Carwitz bei Feldberg in Mecklenburg zu fahren.

Ein Haus stand zum Verkauf. »Das Haus ist ein richtiges altes Gutshaus, urgemütlich mit elektrischem Licht, Öfen, mit 7 Zimmern, die durch Ausbau des Dachgeschosses leicht auf 9 erhöht werden können. Es liegt ohne jeden Uferweg mit reichlich 500 Meter Seefront am Carwitzer See, der mit sechs anderen Seen in direkter Verbindung steht.« Bis er ankam, hatte er eine Flasche Cognac gekippt. Filmriß. Sturzbetrunken kaufte er eine Bruchbude, durch die so der Wind pfiff, daß Fallada im Winter am Ofen schmorte und am Fenster erfror. »Wir hatten das Paradies der Ratten und Mäuse erworben, keine Diele war heil gewesen, kein Dach dicht. Auf dem Hof war ein Jauchenteich, und durch ebendiese Jauche marschierte man zu einem Herzhäuschen.« Später wurde ihm versichert, er habe ganz nüchtern gewirkt, alles angesehen, alles besprochen, den Ausbau des Hauses veranlaßt. »In diesem völlig besinnungslosen Zustand habe ich meinen heutigen Besitz, die geliebte Heimat unserer Kinder, gekauft. Wundersam ergeht es einem im Leben.« Als Suse am nächsten Tag fragte, was er gekauft, wie es dort aussehe, wieviel Zimmer, wußte Fallada rein gar nichts mehr, und doch: »Dies war der Wendepunkt, von nun an gab ich mir wieder Mühe. Der Goldrausch war vorbei, jetzt hieß es arbeiten.«

Carwitz wurde seine Zuflucht, auch vor Hitlers Schergen. Hans Fallada war schon durch ›Kleiner Mann – was nun?‹ berühmt geworden, nun, 1934, wurde er noch berühmter. ›Wer einmal aus dem Blechnapf frißt‹ erschien. Fallada hatte in den Heilanstalten, im Gefängnis, auf den Gütern von den einfachen Leuten gelernt. Er hatte gelebt, wie sie lebten, er schrieb, wie sie sprachen. Pinneberg, Lämmchen oder Willi Kufalt – Hans Fallada kannte, was er schilderte. Ihren dumpfen, engen, muffigen, gnadenlosen Alltag voller Armut und Sorgen, in dem dennoch Wärme, Zartheit und Hoffnung keimen, selbst in der Verzweiflung der Rückschläge. Einmal wird alles besser werden, glauben sie – Hans Fallada glaubte das nicht. Sein Erfolg schützte ihn leidlich, doch er wußte, daß er sich mit den Machthabern gut zu stellen hatte, um nicht vertrieben oder verhaftet zu werden. Obwohl er ›Wer einmal aus dem Blechnapf frißt‹ mit einem Knicks vor ihnen begann, wie er schrieb, und sich auch mit ›Wir hatten mal ein Kind‹ nicht mit den Nazis anlegte, mißtrauten sie ihm. Der Argwohn verunsicherte Fallada. Nur nicht

Ausfahrt ins Dorf mit Sohn Uli

die endlich gefundene Heimat verlieren! ›Märchen vom Stadtschreiber, der aufs Land flog‹, ›Hoppelpoppel wo bist du?‹, ›Geschichten aus der Murkelei‹, ›Fridolin der freche Dachs‹: In Carwitz schrieb er viele seiner Geschichten für Kinder. Hans Fallada war keiner, der aufbegehrte, doch auch das nutzte ihm nichts. Carwitz, sein Versteck, sein Schlupfwinkel, seine Burg, sein Paradies, wurde ein Rückzug ins Idyll, das keines war.

Fallada bedauerte keine Stunde, das Haus gekauft zu haben. Jahrelang baute er aus und um. Für das Geld, das er in das alte Haus gesteckt habe, vermutete Fallada, hätte er leicht zwei neue bekommen. »Es hat unendlich vieler Arbeit bedurft, um aus der Unkraut- und Steinwüste einen wirklichen Garten, einen ergiebigen Acker zu machen. Aber Haus wie Land haben jede Mühe gelohnt. Jedes Jahr wurde es noch ein bißchen schöner.« Der schöne Schein trog. Das Haus, der See, die Wälder, die Abgeschiedenheit halfen nicht. Im ländlichen Carwitz tobte er seine üblen Launen aus. Ein verdorbenes Kompott, eine vergessene halbe Flasche Bier, ein angebissener Apfel, eine Spinnwebe genügten, um ihn für Tage oder Wochen wieder trinken zu lassen. Fallada wurde unerträglich. Suse litt unter seinen Stimmungen, die zwischen großzügig und großspurig, hochtrabend und kleinlich schwankten. Fallada mühte sich, mit Carwitz seinem Leben einen Halt zu geben, doch das Gerüst, das er zum Schreiben brauchte, verkam zum Korsett. Düngen, Honig oder Beeren sammeln, Torf ausbringen, Beete anpflanzen, den Stall ausmisten, die Landwirtschaft führen, Steuern, Abrechnungen, Kosten: Hans Fallada hielt alles bis ins Letzte fest. Jeden Sonntag wurde die Familie gewogen, und auch das in eine Liste eingetragen. Er wurde pingelig und pedantisch. Wann Kaffee, wann Abendessen – übergenau regelte er den Tag. »Entweder ist man pünktlich, oder man ist es nicht. Sieben Uhr fünfzehn ist pünktlich, sieben Uhr sechzehn die Hölle!« In Carwitz wurde sein Sohn Achim geboren, der wie die anderen Kinder nicht stören durfte. Waren sie zu laut, bellte der Hund, wurde Fallada heftig. »Ruhe, jetzt wird gearbeitet!« Klackernde Schuhe verboten, Spielen verboten im vorderen Hof, leise sein im Obstgarten. Begann er zu schreiben, wurden alle Türen im Haus geölt. »Mit der Bodentreppe kann man sich schon einrichten. Wenn man sich ganz rechts hält und die dritte Stufe von oben ausläßt, knarrt sie fast gar nicht.« Dann wieder haderte er mit sich, las den Kindern vor, spielte mit ihnen oder sie ruderten zusammen hinaus auf den See.

Carwitz bot fröhliche Tage. Dennoch überfiel Hans Fallada immer wieder tiefste Niedergeschlagenheit, besonders wenn ein Buch abgeschlossen war. Fast jedes bezahlte er mit einem Aufenthalt in der Heilanstalt, denn Fallada schrieb wie besessen.

Das Schreiben wurde zur Sucht. Von dem Augenblick an, da er sich hinsetze und die erste Seite schreibe, so Fallada, herrsche nur noch der Zwang: »Ich habe zu schreiben, so viel und wie der Zwang es will, ob ich mag oder nicht, ob ich mich krank mache oder nicht.« Einen Absatz, noch einen Absatz, eine Seite, noch eine Seite. Schaffte er die eigene tägliche Vorgabe nicht, stand er nachts auf. »Mein Schlaf wird ganz dünn und kurz, ununterbrochen mahlt das Gehirn.« Und immer die Furcht zu versagen, die Geschichte nicht schreiben zu können, nicht mehr gelesen zu werden. Hundert Seiten nahm er sich für eine Erzählung vor, dreihundert für einen Roman, doch dann wurden sechshundert daraus, achthundert, tausend. »Ich rase weiter, von Seite zu Seite, von Kopfschmerzen geplagt, fast ohne Schlaf, von plötzlichen schrecklichen Wutausbrüchen überrascht.« Er schrieb mit der Hand. Erst das fertige Buch tippte er ab oder diktierte es aufgeregt einer Schreibkraft in die Maschine. Zehn, zwölf, sechzehn Stunden täglich, bis zur Erschöpfung, um am nächsten Tag wieder zu beginnen. War er zu Ende, fürchtete Fallada, das Haus werde abbrennen, das Buch verlorengehen, Suse dagegen fürchtete, daß er gleich das nächste Buch beginne und das Leben mit ihm im Haus für alle wieder schrecklich werde. Er machte Durchschläge, die er rasch verschickte. Danach die Leere des Nichtstuns, die er nicht ertrug, dann der immer gleiche Absturz. »Ich hasse es, hinter einem Roman als kranker, von völliger Schlaflosigkeit geplagter Mann in einem Sanatorium herumzuliegen. Ich habe Angst vor jenem Zustand der Überreizung, in dem mich schon die Fliege an der Wand ärgert.«

In Carwitz ersetzte Schreiben das Rauschgift, doch nicht das Trinken und nicht die Schlafmittel, mit denen Hans Fallada Unruhe und Schwermut bekämpfte, die ihn befielen, sobald er zu schreiben aufhörte. Mit Suse, die ihn geduldig zu stützen versuchte, geriet er immer häufiger in lauten Streit, dem verbissenes Schweigen folgte. »Kein noch so wilder Zank ist auch nur halb so schlimm wie Schweigen. Diese ewige tote Stille im Haus, dieses trockene Schlucken statt eines ersten einlenkenden Wortes.« Wochen konnte das gehen, Monate. Meistens gab sie nach.

»Sie vergaß es auch in den dunkelsten Tagen nicht, daß wir zusammengehörten. Ich mochte noch so schwierig, noch so unleidlich sein, ich mochte mit allen Streit anfangen, wegen jeder Kleinigkeit wüten: sie bekam mich wieder zurecht.« Den Teufelskreis zu durchbrechen, gelang ihr indes nicht. Nächstes Buch, nächste Erschöpfung, Heilanstalt, wieder ein Buch. Hans Fallada schrieb, schrieb, schrieb, manchmal zwei Romane in zwei Monaten. Schreiben war für Fallada eine Flucht auch vor sich selbst, doch die Wirklichkeit holte ihn immer wieder ein.

Nachdem Fallada bereits für ›Wer einmal aus dem Blechnapf frißt‹ angegriffen worden war, wurde er im Herbst 1935 vorübergehend zum unerwünschten Schriftsteller erklärt. Darauf das Übliche: Nervenzusammenbruch. Fallada begab sich in eine Heilanstalt, wurde entlassen, dann wieder eingeliefert. Zurück in Carwitz, begann er am 27. Juli 1936 den Roman ›Wolf unter Wölfen‹, der im Jahr darauf erschien und ein Erfolg wurde. Lob selbst von den Machthabern, die jedoch bald umschwenkten. Emil Jannings schlug Goebbels vor, das Buch zu verfilmen. Abgelehnt. Danach bat er Fallada, ihm ein Drehbuch über den Droschkenkutscher zu schreiben, der mit einer Kutschfahrt nach Paris verzweifelt versucht hatte, auf das Aussterben seines Handwerks aufmerksam zu machen: Der eiserne Gustav. Drehbücher aber lagen Fallada nicht. Statt dessen machte er einen Roman daraus, den er Anfang 1938 beendete. Die Reichsschrifttumskammer untersagte die Veröffentlichung. Sie lud ihn vor, forderte den Schluß in ihrem Sinne zu ändern. Fallada gab nach, modelte ihn um, und er fügte sich weiter. Fortan schrieb er eingeschüchtert nur noch Unverfängliches, ganz nach Vorschrift. »Ich muß schreiben! Dies ist es, dafür bin ich da auf der Welt.«

Was er von 1938 an schrieb, kam als Buch häufig erst lange nach dem Krieg heraus. Ein in Carwitz gedrehter Film nach dem Unterhaltungsroman ›Altes Herz geht auf die Reise‹ wurde verboten, weitere Filmvorlagen, die er entwarf, wurden nicht umgesetzt. ›Dies Herz, das dir gehört‹ entstand, ›Der ungeliebte Mann‹, ›Ein Mann will hinauf‹, ›Die Stunde, eh' du schlafen gehst‹, ›Kleiner Mann, großer Mann – alles vertauscht‹.

1941 schrieb er die Erinnerungen an seine Kindheit ›Damals bei uns daheim‹, 1942 über sein Leben in Carwitz ›Heute bei uns zu Haus‹. Der ausbleibende Erfolg und die Anspannungen

Arbeitszimmer

des Schreibens aber begannen sein Leben vollends zu zerrütten. Suse, die wußte, daß er verloren war, sobald sie ging, blieb nur noch der Kinder wegen. Fallada befielen die alten Selbstmordgedanken, seine Todessehnsucht wuchs.

Einen Aufschub bekam er noch: 1943 wurde Fallada als »Sonderführer« nach Frankreich geschickt, um über die Erfolge des Reichsarbeitsdienstes zu berichten. Fallada nahm an, reiste nach Paris, dann in die Auvergne. Zurück in Carwitz bekam er den Auftrag, in einem Roman die Juden verächtlich zu machen, den er annahm. Das Buch schrieb er nie. Nach einer weiteren Frankreichreise wurde mit Fallada gebrochen, und der Rowohlt Verlag mit dem Hinweis auf unerwünschte Schriftsteller endgültig geschlossen – darunter Joachim Ringelnatz und Hans Fallada.

Ein bitterer Schlag. Fallada war ohne Halt, als er Ursula Losch kennenlernte, die vor den Luftangriffen aus Berlin nach Feldberg geflohen war. Sie war reich, unabhängig, schön und die Versuchung, die sein Verhängnis wurde. Ursula Losch trank – und spritzte sich Morphium. Fallada hing wieder an der Nadel. 5. Juli 1944: Scheidung von Suse. Beide lebten dennoch weiter zusammen in Carwitz. Fallada versank in Verzweiflung. Wieder hatte er eine Pistole. Bei einem Streit mit Suse schoß er auf sie. Fallada wurde in eine Anstalt gebracht und des Mordversuchs angeklagt. Da ihm verminderte Zurechnungsfähigkeit zugestanden wurde, kam er nicht in Haft, sondern in die »Geschlossene«. Hans Fallada schrieb ›Der Trinker‹, ein Bekenntnis der Angst und des Grauens vor sich selbst. In der Anstalt kam Fallada wieder zu sich. Er schöpfte Hoffnung. Nach seiner Entlassung war er fest entschlossen, Suse nochmals zu heiraten, die dazu bereit war. Als er Ursula Losch wiedersah, um sich von ihr zu verabschieden, war alles vergessen. Fallada verließ Carwitz. Er zog nach Feldberg. Heirat mit Ursula Losch am 1. Februar 1945 in der Meraner Straße, Berlin, der Wohnung der Familie Losch. Weil die gebetenen Trauzeugen nicht kamen, zertrümmerte Fallada ein Zimmer.

Kriegsende in Feldberg 1945. Nach dem Einmarsch der Russen wurde Hans Fallada befohlen, Kühe zu hüten. Als sich eine zurückgelassene SS-Uniform in seinem Garten fand, kam er in Haft. Im Verhör wurde Fallada erkannt und aufgefordert, zum Tag des Sieges eine Rede zu halten, und weil Fallada ganz wie gewünscht sprach, wurde er zum Bürgermeister des Dorfes ernannt. Die Feldberger begegneten ihm feindlich. Nach vier Monaten Getreide beschlagnahmen, Arbeiter beschaffen, Schiebereien bekämpfen, mit Strafen drohen, war Fallada mit den Nerven am Ende. Während er in der Heilanstalt von Neustrelitz lag, wurden sie ausgeplündert. Die meisten Möbel und Bücher, Schuhe, Kleider, Wäsche waren weg. Nach der Entlassung zogen er und Ursula Losch in die Meraner Straße nach Berlin. Die Wohnung aber war belegt, und nur mit Mühe bekamen sie darin ein Zimmer. Wochenlang verließen sie das Bett in der abgedunkelten Kammer nur, um vor allem Morphium zu ergattern. War dies nicht zu bekommen, warf sich Ursula Losch in Schale, um auf ihre Weise dafür zu sorgen oder Geld anzuschaffen, das nie reichte. Selbst nachdem Fallada bei einer Zeitung untergekommen war, wuchsen seine Schulden für Essen, offene Zechen, den Strom der Villa im Eisenmengerweg, die ihnen vermittelt worden war.

Hans Fallada im freien Fall. 1946 verbrachte er zumeist in Anstalten. Er galt längst als hoffnungslos süchtig. Ende des Jahres wurde Fallada in einer Bar aufgegriffen und mit Ursula Losch zwangseingewiesen, weil sie ihn mit einer Geschlechtskrankheit angesteckt hatte. Er bekam ein Zimmer für sich, sie wurde in den Saal für Prostituierte gelegt. Bei einem weiteren Klinikaufenthalt wurde er, in einem Rollstuhl sitzend, Medizinstudenten als Beispiel vorgeführt, was Rauschgift aus einem bekannten Schriftsteller mache. Auf die Demütigung folgte ein Schwächeanfall, und dennoch zwang er sich zäh weiter zu schreiben. ›Jeder stirbt für sich allein‹ war sein letzter Roman. Fallada wurde ins Krankenhaus Pankow überwiesen, doch er war am Ende. Verfallen, ausgehöhlt, ungepflegt, erfaßte er fast nichts mehr von dem, was um ihn vorging. Er sprach nur noch schleppend. Das Rauschgift, um das er bettelte, steckte Ursula Losch ihm weiter zu. Hans Fallada starb am 5. Februar 1947 in einer als Krankenhaus hergerichteten Schule in der Blankenburger Straße. Das Herz hörte erschöpft auf zu schlagen.

10° 20' 53" östlicher Länge, 52° 42' 20" nördlicher Breite

Arno Schmidt in Bargfeld

Hamburg-Hamm, Mietskaserne Ecke Rumpffsweg, Dobbelersweg. Die enge finstere Küche, in der er aufwuchs: Ein langer schmaler Raum mit einem zweitgeteilten Fenster am Ende der rechten Längswand. Nur weit aus dem Fenster gebeugt, war ein Fetzen Himmel zu sehen. Der unbebaute Hof unten mit Abfall und trüben Wasserlachen übersät. »Gegenüber dem Fenster, nur drei Meter entfernt, ragte steil und finster die fleckige wolkige Mauer des Nachbarhauses; rechts sah man, nach oben und unten ziehend, in einer noch näheren Wand eine lange Reihe kleiner, blasiger Speisekammerfenster.« Ihre Wohnung hatte zwei Zimmer, die Küche, kein Bad. Sie wuschen sich über einem eisernen Ausguß. Arno Schmidt, seine ältere Schwester, Mutter Clara und Vater Friedrich Otto schliefen in einem Zimmer. »Die Mentalität meiner Eltern war so gruselich, daß Wir die ›Gute Stube‹ vorn, (die mit dem Balkong), nie benützten! Wir hausten, jahraus=jahrein, nur in der Küche! (Mit Ausnahme der Tage vom 24. Dezember bis 1. Januar.)« Unter der Küchendecke zogen sich Leisten mit eingeschraubten Haken hin, wo die Leinen für die nasse Wäsche gespannt wurden, und weil er hoffte, dadurch besseren Radioempfang zu haben, ersetzte der Vater die Leinen durch Kupferdrähte. Kohleofen, Gaslicht, ein Gaskocher, ein Küchentisch, zwei Stühle, eine Truhe, ein Schrank. Die Möbel gebraucht gekauft und runtergewohnt, die Fenster mit Papier verklebt. Von außen wurde die Kohle zum Lagern auf den Dachboden gehievt. Er haßte die Küche, und schon beim Gedanken an Lungenmus oder Haschee aus Euter und Gedärmen wurde ihm auch später noch schlecht. Überhaupt, er haßte viel. Die Enge der Stadt, Kindheit, Vater, Mutter, Reisen vor allem, und Hochdruckwetter, das er nicht vertrug. Auf seinem Schreib-

Arno Schmidts Haus in Bargfeld

tisch in Bargfeld standen Barometer und Thermometer. Schwierige Schreibarbeiten begann er nur bei fallendem Luftdruck. Seinen Vater, den Polizeioberwachtmeister, konnte er nicht riechen. Arno Schmidt verabscheute dies Gemix aus Schweiß, Tabak, Schnaps, wie er schrieb. Als er 1928 starb, weinte Arno Schmidt ihm keine Träne nach. Er fühlte sich lebenslang durch seine Kindheit verletzt, und auch die Armut blieb ihm. Einem Bericht nach trug er bei einer Preisverleihung für sein Werk nur eine Jacke, aber kein Hemd. Den Jackenkragen hielt er mit der Hand verschlossen, damit jeder gleich sah, wie bedürftig er war. Er stellte seine Abgerissenheit zur Schau, denn er sah sie als Kennzeichen des wahren Genies, und er hielt sich für ein Genie. Bei einem üppigen Essen in einem Nobelrestaurant mit Heinrich Maria Ledig-Rowohlt fluchte Arno Schmidt auf den Verleger. Ein Genie wie er müsse in Armut leben, während der Verleger sich im Wohlleben suhle, wie man sehe. Ledig-Rowohlt wurde immer stiller und blasser. Arno Schmidt, 18. Januar 1914 bis 3. Juni 1979, ein Leben voller Widersprüche, ein gefährdetes Leben.

Arno Schmidt an seinem Schreibtisch, um 1960

Mit einem Jahr bekam er Keuchhusten, als er drei war, lag er mit Diphtherie auf den Tod, nach dem 1. Weltkrieg holte sich Arno Schmidt eine Vergiftung an Freibankfleisch. Sein Vater konnte Krankheiten nicht ausstehen und hielt ihn für ein Mamasöhnchen, schon weil er sich nie die Hosen zerriß. Arno Schmidt rächte sich an ihm – schreibend. ›Gadir‹: »Mein Vater brodelte wieder mir, dem Manne, verschwollene Befehle zu, drohte aus rohen Augen, wölbte den Mund zu fetten Soldatenflüchen; ich ging vor ihn hin, und hieb ihm eine ins rotunde Radaugesicht, daß er sofort schwieg, völlig verblüfft, war fertig, saß da, mit abgesägten Hosen.« Arno Schmidt hing an den Rockzipfeln der Mutter. Später verachtete er auch sie, die sich gegen den Vater nie aufgelehnt hatte, weil ihr nach dessen Tod hinterhergeredet wurde, sie halte sich Liebhaber. Arno Schmidt war eifersüchtig. Als er eingeschult wurde, wollte er ihre Hand nicht loslassen. Sobald sie ging, lief er ihr hinterher. Der Lehrer schickte ihn erst mal nach Hause. Wenn Arno Schmidt aber erzählte, er sei ungern in die Schule gegangen, habe sich gelangweilt, habe schon als Kind lieber Bücher gelesen, während die anderen herumtobten, die Lehrer seien Taugenichtse gewesen, er habe sich alles selbst beigebracht, dann schrieb er seine Lebensgeschichte um. Der Schriftsteller, der sich ohne Hilfe sein Schreiben selbst errungen hat, war eine seiner Rollen, und zu ihr gehörte, daß ein außerordentlicher Künstler in der Schule gefälligst schlecht zu sein hat. In Wirklichkeit war er immer einer der Klassenbesten. Weil er sich mit Laotse, Buddha, Mohammed beschäftigte, hatte er den Spitznamen »Allah« weg. Arno Schmidt erhob sich erst nachträglich zum früh erblühten, aber unverstandenen Schriftsteller. Sein Reifezeugnis vom 10. März 1933 trug die Bemerkung: Arno Schmidt will Bankbeamter werden.

1933 bis 1945, eine Zeit des Stillhaltens, eine Zeit des Stillstandes, des Atemholens, des Reifens. Lebensstationen: 1933 auf 1934 war er einige Wochen arbeitslos, dann als Lagerbuchhalter angestellt. Und wieder das erfundene Leben: Nach der Hochzeit seiner Schwester habe er sein Studium abgebrochen, ließ er im Nachhinein bekanntgeben, da sie einen jüdischen Kaufmann geheiratet hatte, sei er in die selbstgewählte Unscheinbarkeit ausgewichen, und es sei ihm unmöglich gewesen, zur Hitlerzeit als Schriftsteller aufzutreten. Doch weder ein Studium hat es gegeben noch den Zwang zur inneren Emigration, und die paar Gedichte, die er machte, überzeugten nicht. Immerhin glaubte er so fest an sie, daß er sie Hermann Hesse schickte. Arno Schmidt ärgerte sich über dessen flüchtige Antwort. Als »Bürgerheld«, als »steifnasiger Angestellter«, so sah sich Schmidt, der als Lagerbuchhalter Zahlenkolonnen in Tabellen eintrug, die er in Diagramme umsetzte. Nebenbei schrieb er, er las Unmengen, und am 21. August 1937 überraschte er alle mit seiner Heirat. Von Alice Murawski, die im gleichen Betrieb arbeitete, hatte keiner etwas geahnt. Umzug nach Greiffenberg. Seine schlesische Mutter hatte ein Haus geerbt, das sie verkaufte. Sie ging nach Quedlinburg, er bekam einen Teil des Geldes. Davon richteten sie sich in Greiffenberg die Wohnung ein, und Arno Schmidt erfüllte sich Bücherwünsche. Im gleichen Jahr diente er acht Wochen als Kanonier. Danach wurde er zweimal eingezogen, zweimal wieder entlassen. 1938 weil er krank, 1939 weil er überzählig war. Am 10. April 1940 mußte er endgültig einrükken. Kasernierung in Hirschberg, Übersetzerlehrgang in Halle, Versetzung nach Hagenau im Elsaß. Er schrieb ›Dichtergespräche im Elysium‹. Der Garten Eden für Schriftstellergenies wurde später als Mischung aus deutscher Mittelgebirgslandschaft, romantischer Kleinstadt und Bibliothekssaal bezeichnet, doch in den ›Dichtergesprächen‹ stellte Arno Schmidt eine Forderung auf, die er immer wieder vertrat: Geniale Dichter, und damit auch er selbst, schaffen Großes nur, wenn sie sorgenfrei leben können. Kurz: Dichterleben auf Staatskosten.

Weitere Stationen: 1942 Romsdalsfjord, Norwegen. Er saß in der Schreibstube, verachtete das Soldatenleben, gab sich aber dennoch zackig. Der öde Dienst ließ ihm Zeit für Erzählungen. Bis Kriegsende entstanden seine ›Juvenilia‹. Als er die letzte Geschichte seines »Jugendwerks« schrieb, war er dreißig. Er meldete sich freiwillig an die Front, um Heimaturlaub zu bekommen, und um seine Bücher vor der anrückenden Feindarmee zu retten, gab er sie zur Mutter nach Quedlinburg, die sie nach dem Krieg in kleinen Päckchen in den Westen schickte. Am 26. März 1945 wurde er an die Westfront befohlen. April bis Dezember Kriegsgefangenschaft bei den Briten. Weil Gefangene unter dreißig Jahren zu Schwerstarbeiten eingeteilt wurden, machte sich Arno Schmidt vorsichtshalber um vier Jahre älter. Arno Schmidt und Hitlerdeutschland: Von Untergrund, heimlicher Opposition, innerer Emigration nicht die Spur. Seine Zeit des Aufbegehrens kam nach dem Krieg, dann aber mit Macht. Er mußte nur, wie er schrieb, das Wehr hochziehen, um die angestaute Flut zu entlassen. Die Flut hieß bei ihm Abscheu vor den Menschen und Mißtrauen gegen das althergebrachte Schreiben. Zwölf Jahre hatten Wörter die Menschen verführt, das Schlimmste zu tun.

Arno Schmidts Schreiben sorgte erst mit der Zeit für Aufmerksamkeit. Ein Gemenge aus zertrümmerten Wörtern, Satzzeichen, mathematischen Zeichen, Umgangssprache, geschriebener Mundart, hohem Stil, Stakkato, graphischer Anordnung der Texte, Rastertechnik, unterschiedlichen Erzählsträngen in unterschiedlichen Spalten, und dazu ein Werk mit Gewicht. Der Karton mit dem Manuskript von ›Zettels Traum‹ wog einige Kilo. Seine Schreibweise macht das Lesen ausnehmend schwer, für das Verständnis von ›Zettels Traum‹ wurde eigens ein »Arno-Schmidt-Dechiffrier-Syndikat« gegründet. Für die einen sind seine Bücher, zumal die späten, schlicht unleserlich, für die anderen aber das Größte. Doch bei allem Streit: Arno Schmidt hatte Witz. Oft genug verbirgt sich hinter dem Wortwust ein unbändiges Lachen, und ist die Schreibweise erst gewohnt, so findet sich eine gut erzählte Geschichte nach der andern, und Arno Schmidt schrieb sie nicht allein, denn Alice Schmidt arbeitete mit an seinem Werk, gab Anregungen, tippte, schlug Wörter im voraus nach. Er feilte bei Übersetzungen dann oft nur noch an den Sätzen.

Nach Kriegsende zogen Alice und Arno Schmidt für vier Jahre in die britische Zone, nach Cordingen, in den Mühlenhof, in dem sie zusammen mit zwölf anderen Familien lebten. Sie bewohnten nur ein Zimmer. 12,50 Mark bezahlten sie dafür, für die Möbel 10 Mark. Das Zimmer war kalt, in der Ecke ein Holzbettgestell mit einer groben Decke, Pappkartons als Bücherregal, der Tisch aus einer alten Schultafel gezimmert. Alice und Arno Schmidt arbeiteten als Übersetzer für die Hilfspolizeischule in Benefeld. 1946 wurde sie aufgelöst. Für Arno Schmidt der Anlaß, nur noch zu schreiben. »Als man mich dann jedoch im Spätherbst 46 offiziell an das Polizeipräsidium in Lüneburg zu berufen vorhatte, habe ich diese Stellung sofort abgelehnt, mit dem Hinweis, daß ich nunmehr endlich versuchen wolle, mich als freier Schriftsteller zu etablieren.« In einem Schwung entstand ›Leviathan‹, die Geschichte eines Soldaten, der in einem Flüchtlingszug sitzt, die Ereignisse der Fahrt aufschreibt, von einer zerstörten Brücke aus dem stehenden Zug zuerst sein Heft in den Abgrund wirft, dann selbst hinterherspringt. Eine Geschichte aus den letzten Kriegstagen wie viele, die dennoch anders ist, denn der Soldat fühlt sich frei von jeder Schuld an den Greueln der vergangenen Jahre. Er hat seine Erfahrungen gemacht, und damit fertig. Sich selbst sieht er als geistig überlegenen Menschen, und so sah sich auch Arno Schmidt: überlegen, stolz auf sein Werk. Die Wirklichkeit: das Werk nicht beachtet, das Einkommen nicht gesichert, Schriftstellerarmut. Im Ausgleich dazu empfand sich Arno Schmidt als verkannt und angefeindet. Wie später in Bargfeld glaubte er, die Cordinger betrachteten ihn als Dorftrottel, als Verrückten, als Schande fürs Dorf. Doch nichts spricht dafür. Arno Schmidt hatte in Cordingen und Bargfeld einen guten Ruf. Und noch ein Ausgleich: Arno Schmidts Sucht nach Beachtung. Ein Freund, der ihn im Opel abholte, erzählte, Arno Schmidt habe gesagt, er solle langsam fahren, damit jeder sehen könne, daß er im Kapitän sitze.

15. September 1948: Erster Buchvertrag mit dem Rowohlt Verlag über die Erzählungen ›Leviathan‹, ›Enthymesis‹ und ›Gadir‹. Gleich darauf fing er ›Arno Schmidts Wundertüte‹ an, in der Erzählungen und die Übersetzung von Edgar Allan Poes ›The Fall of the House of Usher‹ stecken sollten. ›Brand's Haide‹ entstand, ›Massenbach‹ und ›Alexander‹. Der Verlag aber zögerte, Arno Schmidt war enttäuscht. Im Gespräch mit seinem Lektor trat er als zorniges Genie auf. Mit geballten Fäusten habe er ihm gegenübergesessen, erinnerte sich Kurt W. Marek, alias C. W. Ceram, habe auf den Verlag geschimpft, und wenn ›Leviathan‹ nicht so gut gewesen wäre, er hätte ihn hinausgeworfen.

Der neue Vertrag wurde vertagt. ›Leviathan‹ ging schlecht. Bis Anfang 1952 verkauften sich nur 600 Stück. Und auch in Cordingen wartete Ärger. In einem Streit um säumige Miete wurde Arno Schmidt zur Zahlung von 226,92 Mark verurteilt, die er nicht hatte. Die Pfändung ihres Tandems, das sie sich für kleine Reisen angeschafft hatten, wurde angedroht. Arno Schmidt gab an, das Rad für seine Arbeit zu brauchen. 3000 Kilometer sei er damit nach Hamburg, Bückeburg, Göttingen, Lüneburg und Celle geradelt, um an seiner Lebensbeschreibung Friedrich de la Motte Fouqués zu arbeiten. Arno Schmidt wurde noch einmal vom Verlag nach Hamburg eingeladen. Diesmal wurde der neue Vertrag geschlossen. ›Brand's Haide‹ wurde ausgekoppelt, die ›Wundertüte‹ erschien erst nach Arno Schmidts Tod. Die Verhandlungen waren schwierig gewesen. Arno Schmidt wollte das Schreiben aufgeben, doch er hatte Glück. Am 14. Januar 1951 wurde ihm ein Literaturpreis von 2000 Mark zuerkannt. Es war die Preisübergabe, bei der Arno Schmidt nur eine Jacke getragen haben soll. Fröstelnd und mit eisig verschlossener Miene nahm er ihn von Alfred Döblin entgegen.

Arno Schmidt arbeitete an ›Seelandschaft mit Pocahontas‹, ›Aus dem Leben eines Fauns‹, ›Das steinerne Herz‹, verdient war damit jedoch nichts, und um sich über Wasser zu halten, schuf sich Arno Schmidt ein eisernes Arbeitsgerüst. Sobald er am Schreibtisch war, hielt er die Uhrzeit des Beginns und des Endes der Schreibarbeit fest. Lesen, Spaziergänge, Nachdenken zählten nicht. Er schrieb wie mit der Stechuhr. Seine Schriftstellerarbeit wollte er als ganz normalen bürgerlichen Beruf betrachtet wissen, denn er fürchtete, keine angesehene, vernünftige Arbeit zu leisten. Er gab sich ein tägliches Pensum vor. »Ich ›trinke‹. – Zunächst, d.h. für 3–4 Stunden, Nes-Kaffee; dann, falls das ›Pensum‹ Weiterarbeit erheischt, Fusel. (Jedoch immer ›strategisch‹; richtig ›besoffen‹ bin ich nie.)« Schmidts wohnten unterdessen im hessischen Kastel in zwei durch einen Flur getrennten Parterrezimmern, und Kastel entsprach schon annähernd seinem Wunsch, einsam, abgelegen zu wohnen. Doch dafür fehlte Arno Schmidt weiter das Geld.

Er brauchte ein zweites Standbein und bat seinen Verlag um Übersetzungsaufträge, die er erhielt. Ein Zubrot, denn er wurde pauschal bezahlt. Der Fluch des Übersetzers: »›KEENE PRO-

Arno Schmidt an seinem Schreibtisch, um 1970

ZENTE!‹ Wirst pauschál=abgefundn.« Das änderte sich später, denn seine Übertragungen verkauften sich gut. 10 Prozent Beteiligung. Er entwickelte mit Alice Schmidt eine häusliche Übersetzungsfabrik, die jahrzehntelang lief und Geld aufs klamme Konto brachte. Doch nicht nur, denn Übersetzen gab ihm auch die innere Stütze, um seine Selbstzweifel im Zaum zu halten, denn seine Bücher waren Ladenhüter, und so sehr Arno Schmidt behauptete, auf die Meinung der Leser zu pfeifen, so sehr sog er doch jedes gute Wort über sein Werk auf. Nur wenige aber lasen Arno Schmidts Bücher. Ein Erfolg waren sie eher im literarischen Subventionsbetrieb. Großer Literaturpreis der Akademie der Wissenschaften und Literatur in Mainz, der Fontane-Preis, bei dem Günter Grass die Lobrede hielt, über den sich Arno Schmidt aufregte, weil er gar zu gönnerhaft sprach, Ehrengabe für Literatur des Kulturkreises der deutschen Industrie, Goethe-Preis der Stadt Frankfurt. Auch sein Hauptwerk ›Zettels Traum‹, riesenformatig, kiloschwer und teuer, Erstauflage 2000 Exemplare, verkaufte sich nicht binnen drei Monaten, weil es als gutes Buch, sondern weil es als Wertanlage gesehen wurde.

1952: ein drittes Standbein. Radio. Martin Walser lud ihn am 19. August 1952 zum Süddeutschen Rundfunk ein. Eine Sendestunde las Arno Schmidt aus ›Brand's Haide‹. Walser drängte ihn, doch Hörspiele zu schreiben, Arno Schmidt aber wollte lieber seine abgelehnten Manuskripte loswerden. Zwei davon hatte er vorsichtshalber gleich dabei. Doch nicht Walser, sondern Alfred Andersch kaufte sie ihm ab für 1500 Mark, zahlbar in sechs Monatsraten. Ein Glück. Ein weiteres Glück: Alfred Andersch hielt an ihm fest. Er gab ihm Hörfunkaufträge. Arno Schmidts ›Dialoge‹ entstanden für das Nachtprogramm des SDR. Am Ende seines Lebens behauptete Arno Schmidt, keine Freunde gehabt zu haben. Alfred Andersch aber war ein Freund. Doch bei allen Standbeinen spitzte sich der Existenzkampf noch immer weiter zu. Seine Manuskripte, darunter ›Seelandschaft mit Pocahontas‹, konnte er zunächst nicht unterbringen. Um der Enttäuschung Herr zu werden, wußte Arno Schmidt nur das Mittel, noch mehr zu arbeiten, und um die Arbeitsflut in den Griff zu kriegen, schrieb er seine Einfälle, Sätze, Stichworte auf Zettel, die er in Kästen ordnete. Zahl der Zettel nach Arno Schmidts Schätzung allein für ›Zettels Traum‹: 120 000. Über den Kampf ins Spiel: Langsam, ganz langsam eroberte er sich seinen Platz.

Doch 1955 kam erst noch ein Rückschlag. Für die nun doch erschienene, höchst sinnliche Liebesgeschichte ›Seelandschaft mit Pocahontas‹ wurde Arno Schmidt angezeigt. § 166: Gotteslästerung. § 184: Verbreitung unzüchtiger Schriften. Arno Schmidt: »Daß Christen und Nazis, also Thron & Altar, auf die

›Seelandschaft‹ schimpfen, habe ich nicht anders erwartet.« Er sah sich einem Kesseltreiben ausgesetzt, von unsichtbarer Flüsterpropaganda umgeben. Das Leben in Kastel wurde bedrohlich. Ohne wenigstens die Andeutung einer eigenen Insel, so Schmidt, vermöge er nicht mehr zu arbeiten. Noch nicht die Insel, aber doch ein Entkommen bot Darmstadt. Mit einem Lastwagen voll einfacher Möbel, Bücherkisten und Hausrat kamen sie an. Ein Bekannter, der Schriftsteller Ernst Kreuder, stänkerte, so hole man sich die Konkurrenz auf den Hals. Dafür wurden ihm beim Ausladen ein paar schwere Brocken aufgebrummt. Der Maler Eberhard Schlotter: »Am nächsten Tag zogen Arno, Lili und Purzel + die Schreibmaschine in die Gaststätte ›Felsenkeller‹ im Mühltal, eine Kneipe, in der Ernst Kreuder sein Bier trank. Einige Tage blieben sie dort, bis ich – der Zufall half mit – die Wohnung in der Inselstraße für 85,– fand und ungefragt für Schmidts mietete.« Die Stadt bezahlte ihm den Umzug, gewährte ein Darlehen, der Oberbürgermeister hieß ihn willkommen, der Kulturreferent überreichte ein Startgeld. Arno Schmidt fühlte sich dadurch bedrängt. Drei Jahre blieb er, die meisten Umzugskisten packte er gar nicht erst aus. Jegliche Berührung mit anderen, meinte Schmidt, setze seine Leistung herab und störe ihn auf Tage hinaus. In Darmstadt herrsche die widerlichste Cliquenwirtschaft, keifte er, und empfahl jedem Schriftsteller, die Dauergesellschaft von Kollegen zu meiden wie die Pest. Nur keine Schriftstellergruppen! »Sie verlottern meist total! Und sind am Ende ihrer ersten 2 Probejahre restlos fertig – nur mit einem Buch freilich nicht! – Haben nichts gearbeitet; nur genial gefaulenzt.« Arno Schmidt brauchte keine Stadt, keine Leute um sich, sondern seine einsame Insel.

Freilich, wenn man Geld hätte, so Arno Schmidt, er wüßte es schon richtig anzuwenden. Ein winziges Häuschen in der Heide, im Stall eine Isetta, eintausend erlesene Bücher dazu. Die Gelegenheit bot sich. Arno Schmidt, der Protestler, der gegen Adenauer, den Wirtschaftswundermief, den Koreakrieg, die Wiederbewaffnung Deutschlands lauthals Front gemacht hatte, wollte seine Ruhe. Weg von der Politik, raus aufs Land, hin zum nur noch Schreiben. »The Germany kann me furchtbar leckn!!« Erster Versuch: Lilienthal. Arno Schmidt bot sich als Kirchendiener an, um die billige Küsterswohnung zu kriegen. Dem Pfarrer war das nicht geheuer. Zweiter Versuch: Ein Haus am Ortsende von Bargfeld. Freier Blick über die Felder, der vorbeiführende Weg nur für Traktoren geeignet, bei Regen Gummistiefel erforderlich. Koordinaten: 10° 20' 53" östlicher Länge, 52° 42' 20" nördlicher Breite. »Das Grundstück liegt höher als die anderen Häuser des Ortes (da das Gelände nach O zu ansteigt); auf halb Sand = halb Ackerboden; sehr trocken (vor allem auch der Keller; dies wichtig, da, z. B. Schlotters oftmals den Keller voll Wasser haben.) Die Größe – 21 x 63,5 m = 1336 Quadratmeter – für uns massenhaft ausreichend; vom Zaun im ›Süden‹ betrachtet quite an estate.« Schwachpunkte des Hauses, so Arno Schmidt, kein Bad, kein Klo. Das Haus sollte 18 000 Mark kosten. Arno Schmidt war begeistert. Das hatte er gesucht.

»Fachwerk, Lehmziegel, mit Brettern verschalt / Baujahr 1948; ausgezeichnet erhalten / 1200 qm Land mit Obstbäumen / Lage: Osthaide, 30 km nordöstlich von Celle.« Unterzeichnung des Kaufvertrages am 13. November 1958. Preis 16 700 Mark. Ein Freund, Wilhelm Michels, gab ihm ein Darlehen von 11 500, den Rest brachte Arno Schmidt auf. Umzug nach Bargfeld am 26. November. Im Haus Nummer 37 mußten noch Bad und Toilette eingebaut werden, zehn Tage später dann der endgültige Einzug. Ein eigener Brunnen, Einsamkeit. Das Haus ein Rückzugsgebiet: Arno Schmidt schwärmte, und um die Schulden zu zahlen, warf er sich auf die Arbeit. Er übersetzte, schrieb Kurzgeschichten und Nachtprogramme wie am Fließband, begann einen neuen Roman. »Der Unterzeichnete hat, in den Tagen (und Nächten; zumal diesen letzteren – durchschnittliche Aufstehzeit 2 bis 3 Uhr morgens!) vom 31. 11. bis 19.12.1959 ein neues Buch, im Umfange von rund 400 Normalseiten zu Konzeptpapier gebracht. Der Titel lautet zur Zeit ›KAFF; auch MARE CRISIUM‹.« Die Arbeitswut aber hatte ihren Preis. Der Suff, erzählte Alice Schmidt, steigerte sich ins Gigantische. Beim Schreiben trank er Schnaps und wäre fast zusammengebrochen, und doch arbeitete er getrieben weiter, Zettelkasten für Zettelkasten. Er beschäftigte sich umfassend mit Karl May, über den er ›Sitara‹ schrieb, packte eine Gesamtübersetzung

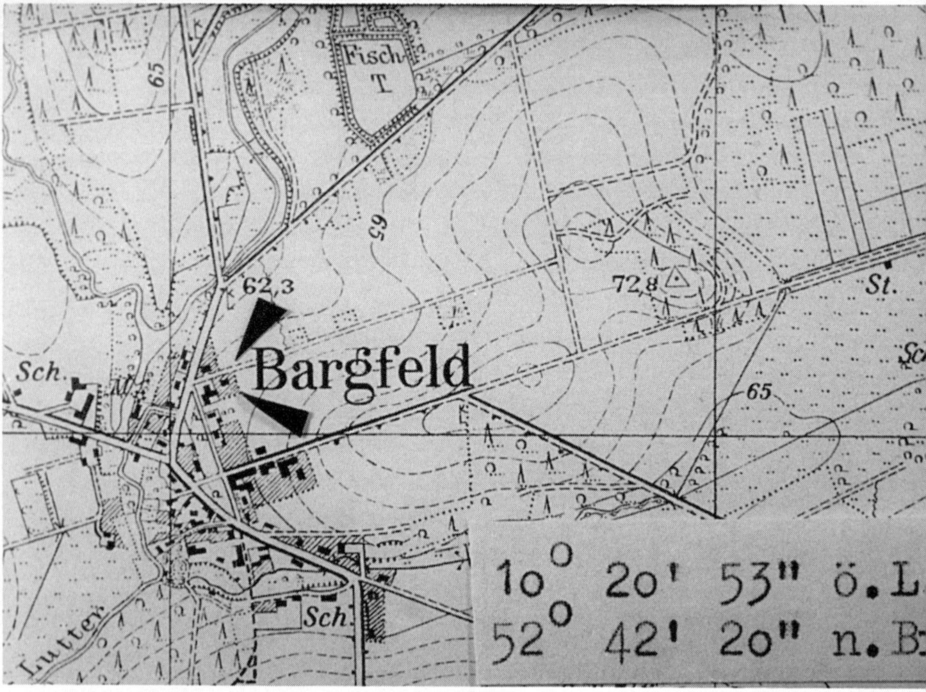

Postkarte Bargfeld

Edgar Allan Poes an, schrieb ›KAFF‹ fertig. Bargfeld versetzte ihn in Schaffenslaune. Die Schreibexplosion schleuderte ihn nach oben. »Von SITARA bis jetzt, staune!, dreizehnhundert, verkauft; (bisher waren's 4 Monate nach der Messe immer erst so 3 oder 400 – ich bitte um Gratulation).« Doch je höher die Honorare stiegen, desto tiefer grub er sich in Bargfeld ein, je bekannter er wurde, desto mehr verschloß er sich.

Die Moore, die feuchten Niederungen, die Heide, das Haus regte ihn an. Bargfeld bedeutete für ihn: Schreiben. Die ›Akte Bargfeld‹: »Gegen NO sogenannte ›Wilde Moore‹, d. h. solche, in denen Wanderer, ohne irgend Aufsehen zu erregen, versinken können (panzersicher!). In dieser Richtung kann man 50 km gehen, ohne irgend ein Haus zu erblicken!« Das Haus stand beim Kauf auf blankem Acker. Erst nach und nach pflanzte Arno Schmidt als Sichtschutz die Hecken und Bäume, die das Haus umschließen. Er kaufte weiteren Grund dazu, um sich einen Schutzgürtel zu schaffen. Er legte einen Garten an. Das Eingemachte steht noch immer im Keller. Seine Brille liegt auf dem Schreibtisch, ein Klemmbrett mit Zetteln daneben. Dazu Zettelkasten neben Zettelkasten. Den zur ›Schule der Atheisten‹ verbrannte er im Garten. Ein einfaches Haus, das er bescheiden einrichtete. Schreiben ging vor, für das er in Bargfeld die Ruhe fand. Zum ersten Mal in seinem Leben, so Arno Schmidt, könne er von seinem Platz am Schreibtisch aus den Mond aufgehen sehen. »Wenn ich also, im strapaziödesten Keinerlei des Vokabeljätens, dem Broterwerb, dem cash-as-cash-can, befangen, nach 14 Arbeitsstunden, aufblicke –: dann ist aus dem Wälderkranz eine dunkelgraue Rundum-Borte geworden.« Das Leben im Bargfelder Haus war unaufwendig. Die Küche war bescheiden. Lieblingsessen: Makkaroni mit geriebenem Schweizerkäse, dazu Frikadellen und gebratenes Ei, Fisch, Krabben in Gelee, als Nachspeise Pudding, als frisches Obst Birnen, als Kompott Kronsbeeren. »Kann Maggi blank trinken; unmöglich sind fettes Fleisch und Knoblauch; (er saß, aß, las).«

Die anfängliche Hochstimmung aber verflog. Gereiztheit machte sich breit und Panik. Arno Schmidt war fünfzig, was ihm fehlte, war nicht irgendein Werk, sondern das Werk. Er begann ›Zettels Traum‹, von dem er sich literarische Unsterblichkeit versprach, und bei der Arbeit an dem Buch löste er nach und nach alle Bindungen. Alles, was von außen kam, betrachtete er als Störung. Als ›Zettels Traum‹ erschienen war, hatte er landesweit für Gesprächsstoff gesorgt. Arno Schmidt war bekannt, doch gelesen wurde er weiter kaum. Warum? Lesebeispiel: »›FRANCIS‹ erinnerte alsogleich an ›friend + sis‹; (ob auch an ›French‹?). Ein ›SARGENT‹ war Er selbst, bei der Art'll'rie, gewesn. Und ›Osgood‹, (zu zerlegn in ›os‹ & ›gut‹) ist übervoll von ›lokkndn Bedeutungen‹; nämlich ›os & ›osculum‹ ist ›culus‹ + ›Mündchen & Kuß‹; ›gut‹ endlich, summiert ›God + good + Eingeweide‹.« ›Zettels Traum‹: Leckerbissen für die Feuilletons, schwer verdaulich für die Leser.

Das Buch war dennoch sein Sieg, das Fernsehen kam nach Bargfeld, es rauschte im Blätterwald, ein Billigraubdruck entstand, gegen den Arno Schmidt klagte, doch wie so oft, ist die Schlacht vorüber, wird sie gewonnen, macht sich Enttäuschung breit. Arno Schmidt, der sich so lange nach dem Ruhm gesehnt hatte, konnte ihn nicht genießen. Bargfeld, Arno Schmidts Elfenbeinturm, wurde sein Gefängnis. Den Schlüssel hatte er in der Hand, doch er drehte ihn nicht mehr um. »Das Tor ist verschlossen; die Kette davor –: Du kannsD nicht mehr hinaus; bist gefängn.« Er fühlte sich alleingelassen, und zugleich wollte er allein sein, und selbst das Leben mit Alice Schmidt ertrug er nicht mehr. Anfangs hatte Arno Schmidt seine Bibliothek in den beiden oberen Räumen des Wohnhauses. Die Bibliothek wuchs und wuchs. Aberhunderte von Bänden. Einer davon: ›Handbuch der Pilzkunde‹. Kommentar Arno Schmidt: »Man lebt nicht ungestraft ›auf dem Lande‹.« Alice Schmidt wohnte derweil unten. Nach einem Herzanfall Arno Schmidts tauschten sie. Alice Schmidt zog in den durch eine Falltür abgetrennten Oberstock. Zwischen beiden Stockwerken eine Wechselsprechanlage. 1973 wurde das Telefon nach oben verlegt, weil Arno Schmidt das Klingeln nicht mehr ertrug, Besucher, die sich noch zu ihm trauten, wurden nicht mehr ins Haus gelassen. Ein Wohnwagen vor dem Haus diente Alice Schmidt als Büro. Eine Haushälterin war ihr Kontakt zur Außenwelt. Arno Schmidts Eigenbrötelei wurde in seinen letzten Jahren fast unheimlich. Herzanfälle, 30 Tabletten am Tag, das Trinken. Um seine Bücher und Papiere vor Heidebränden und Brandstiftern zu sichern, plante Arno Schmidt 1977 einen Archivbau in Bargfeld mit feuersicheren Außenwänden und Sicherheitsglas. Er riß einen Schuppen am Haus dafür ab und erfüllte sich den Wunsch. Und noch ein Wunsch ging in Erfüllung – der nach einem Mäzen, der ihm eine monatliche Rente auszahlt. Jan Philipp Reemtsma unterstützte ihn großzügig. Nach 50 000 Mark Goethe-Preis, nach 70 000 Mark für ›Zettels Traum‹ nun das Reemtsma-Geld. Und doch: Einen beschaulichen Lebensabend gedachte er nicht

Arno Schmidt auf der Terrasse seines Hauses in Bargfeld

zu verbringen, hoffte vielmehr in seinen Stiefeln zu sterben, die Finger auf den Tasten seiner Schreibmaschine. Auch dieser Wunsch erfüllte sich nahezu. Sein Spätwerk: ›Abend mit Goldrand‹, ›Julia, oder die Gemälde‹. In der Nacht des 31. Mai 1979 erlitt er unerwartet einen Gehirnschlag. Er starb am 3. Juni 1979 im Krankenhaus Celle. Sein Grabstein in Bargfeld ist ein Findling. Arno Schmidt hatte ihn auf das Grundstück schaffen lassen. Seine Lederjacke und der Regenschirm hängen noch an der Garderobe, als ob er gleich wiederkäme.

Wie beglückt ist doch ein Mann, wenn er Gedichte machen kann

Wilhelm Busch in Wiedensahl

Er führte ein zurückgezogenes Leben, er schätzte die Einsamkeit, und weil er sich verbarg, wurde er oft totgesagt. Er blieb Junggeselle, seine Geburt hielt er für einen Fehler. Besucher wimmelte er ab, in den eigenen Schilderungen seines Lebens, ›Was mich betrifft‹ und ›Von mir über mich‹, erzählte er Schnurren und verklärte Geschichten, doch über sich selbst verriet er so gut wie nichts. Sein Geburtsort sei Wiedensahl im Hannoverschen, schrieb er, also diese Frage wäre erledigt. Wichtiges deutete er immer nur leise an, Ruhm nannte er Schwindelware, sein Schreiben Schnickschnack. Da er glaubte, über die Welt unnütz dicke Bücher zu schreiben lohne nicht, machte er Gedichte zu Bildergeschichten, mit denen er die Heuchelei mit spitzem Zeichenstift und noch spitzerer Feder aufspießte, wann immer er sie sah. Er sah sie oft. »Ein guter Mensch gibt gerne acht, | Ob auch der andre was Böses macht; | Und strebt durch häufige Belehrung | Nach seiner Beßrung und Bekehrung.« Die Welt betrachtete er kopfschüttelnd, stirnrunzelnd, und entsprechend schrieb er über sie. Bissig, spöttisch, verächtlich am Anfang, sanft lächelnd am Ende: Wilhelm Busch, 15. April 1832 bis 9. Januar 1908.

Vater, Mutter, Großmutter, die Geschwister lebten gedrängt im Haus in Wiedensahl, in dem er geboren wurde. Der Tag begann früh. »Mein gutes Großmütterlein war zuerst wach in der Früh. Sie schlug Funken am P-förmigen Stahl, bis einer zündend ins ›Usel‹ sprang, in die halbverkohlte Leinwand im Dekkelkästchen des Feuerzeugs, und bald flackerte es lustig in der Küche auf dem offenen Herde unter dem Dreifuß und dem kupfernen Kessel, und nicht lange, so hatte auch das Kanonenöfchen in der Stube ein rotglühendes Bäuchlein, worin's bullerte.

Wilhelm Buschs Elternhaus in Wiedensahl

Als ich sieben, acht Jahre alt war, durft ich zuweilen mit aufstehn; und im Winter besonders kam es mir wonnig geheimnisvoll vor, so früh am Tag schon selbstbewußt in dieser Welt zu

Geburtszimmer

sein, wenn ringsumher noch alles still und tot und dunkel war.« Die Großmutter spann, er las, bis sich Vater, Mutter, Mägde und Knecht an den Tisch setzten. Der Knecht schnitzte Flöten, spielte auf der Maultrommel, im Winter in der Stube, im Sommer im Garten. Das Gras im Garten stand hoch, die Erbsen noch höher. Der Garten war ein Abenteuer, und manchmal ein gefährliches. »Hinter dem strohgedeckten Hause, neben dem Brunnen, stand ein Kübel voll Wasser, und ich sah mein Schwesterchen drin liegen, wie ein Bild unter Glas und Rahmen, und als die Mutter kam, war sie kaum noch ins Leben zu bringen.« Seine

Mutter beschrieb er als still und fromm und fleißig, den Vater als »klein, kraus, rührig, mäßig und gewissenhaft; stets besorgt, nie zärtlich; zum Spaß geneigt, aber ernst gegen Dummheiten.« Die Stimmung im reetgedeckten Haus in Wiedensahl war herb. Sein Vater war Krämer, den Kramladen baute er umsichtig aus, vom Gewinn kaufte er Land, sie kamen zu bescheidenem Wohlstand, ein neues Haus wurde angebaut, das alte diente als Wirtschaftsgebäude, und wie so oft: Wilhelm Busch und seine Geschwister sollten es mal besser haben. Nach drei Jahren Dorfschule in Wiedensahl wurde er weggeschickt, um mehr zu lernen.

»Als ich neun Jahre alt geworden, beschloß man, mich dem Bruder meiner Mutter in Ebergötzen zu übergeben. Ich freute mich drauf; nicht ohne Wehmut.« Am Abend vor der Reise plätscherte Wilhelm Busch mit der Hand in der Regentonne vor dem Haus, über der ein Strauch mit weißen Rosen hing, und sang traumverloren traurig vor sich hin. Drei Tage dauerte die Reise mit dem Pferdewagen, drei Jahre sah er das Haus in Wiedensahl nicht wieder. Als er dann endlich einmal nach Hause kam, lief er schüchtern seiner Mutter entgegen. Er erkannte sie gleich, aber sie kannte ihn nicht, als er an ihr erst mal vorbeiging. Wilhelm Busch war enttäuscht: Er wurde spröde und blieb verschlossen, auch dann, wenn er sich verliebte. War er verliebt, getraute er sich fast nie, seine Liebe einzugestehen. Gestand er sie ein, sprach er nur vage von ihr. Zu sehr fürchtete er, abgewiesen zu werden. Er hielt scheu Abstand zu jedem und allem, doch das kam seinem Schreiben, Malen, Zeichnen zugute. Nur wer aus gehöriger Entfernung beobachtet, sieht alles scharf – auch sich selbst. Seine eigenen Fehler nahm er augenzwinkernd aufs Korn. Er sei ein Dichter, schrieb er, also eitel. »Die Selbstkritik hat viel für sich. | Gesetzt den Fall, ich tadle mich, | So hab ich erstens den Gewinn, | Daß ich so hübsch bescheiden bin; | Zum zweiten denken sich die Leut, | Der Mann ist lauter Redlichkeit; | Auch schnapp ich drittens diesen Bissen | Vorweg den andern Kritiküssen; | Und viertens hoff ich außerdem | Auf Widerspruch, der mir genehm. | So kommt es denn zuletzt heraus, | Daß ich ein ganz famoses Haus.«

Mehr Zuneigung als in Wiedensahl fand er nahe Göttingen im Pfarrhaus von Ebergötzen beim Onkel, dem Pastor Georg Kleine, der ihn unterrichtete. »Ein stattlicher Mann, ein ruhiger Naturbeobachter und äußerst milde; nur ein einziges Mal, obwohl schon öfters verdient, gab's Hiebe; mit einem trocknen Georginenstengel; weil ich den Dorftrottel geneckt.« Wilhelm Busch hatte ihm Kuhhaare in die Pfeife gestopft und sie höflich angeboten. Dieser rauchte sie bis auf das letzte Haar, ohne auch nur eine Miene zu verziehen. Wilhelm Busch wurde wenig geprügelt, auch zu Hause nicht. Einmal aber doch, nachdem er auf dem Dachboden in Wiedensahl das Pulverfaß geöffnet hatte, einen aufgebohrten Kirchenschlüssel mit dem Pulver füllte und Böllerschüsse abgab. Überall sonst jedoch wurden gern Maulschellen verteilt von Eltern, Lehrern oder Meistern. »Druff hat aber diese Regel: | Prügel machen frisch und kregel | und erweisen sich probat | Ganz besonders vor der Tat.« Wilhelm Busch dagegen begriff früh, daß Schläge ebensowenig eine Hilfe sind wie halbherzige Ermahnungen aufgeblasener, selbstgerechter Erwachsener. »Das ist Debisch sein Prinzip: | Oberflächlich ist der Hieb. | Nur des Geistes Kraft allein | Schneidet in die Seele ein.« Meister Druff und Rektor Debisch scheitern in ›Abenteuer eines Junggesellen‹, weil sie eines nicht sind: ein Vorbild. Letztlich aber, davon war Wilhelm Busch zutiefst überzeugt, könne nichts den Menschen zum Guten bringen, weder Hiebe noch schöne Worte, und damit auch nicht seine Bildergeschichten, mit denen er die Finger auf viele Wunden legte. »Das Gute – dieser Satz steht fest – | Ist stets das Böse, was man läßt.« Wer glaube, der Mensch sei gut, der sehe nur nicht genau hin. Allenfalls mag gelingen, ihn in Schranken zu halten, mehr aber nicht. Wilhelm Busch war ein Schwarzseher. »Vergebens predigt Salomo. | Die Leute machen's doch nicht so.«

Er zumindest hatte ein Vorbild: Pastor Georg Kleine. Dessen Unterricht in Ebergötzen und in Lüthorst am Solling, wohin er versetzt wurde, reichte von Französisch und Englisch, Musik und Naturwissenschaften bis zur Imkerei, von der Wilhelm Busch so angetan war, daß er später daran dachte, nach Brasilien auszuwandern, um Bienenzüchter zu werden. Er förderte ihn, weil er ihn forderte. Der gläubige Pastor erzog einen Freigeist. »Der Lehrer der Dorfjugend, weil nicht der meinige, hatte keine Gewalt über mich – solange er lebte. Aber er hing sich auf, fiel herunter, schnitt sich den Hals ab und wurde auf dem Kirchhof dicht unter meinem Kammerfenster begraben. Und von nun an zwang er mich allnächtlich, auch in der heißesten Sommerzeit, ganz unter der Decke zu liegen. Bei Tage ein Freigeist, bei Nacht ein Geisterseher.« Georg Kleine gab ihm das Schreibgerüst mit, von ihm lernte er, erste Reime zu basteln, zu malen und zu zeichnen. Er brachte ihm die Kunst des Hinsehens bei, und weil er ihn wißbegierig machte, verschlang Wilhelm Busch reihum alle Bücher, die im Pfarrhaus waren, selbst die, die er noch nicht verstand. Die Bücher erweckten in ihm die Lust, so Wilhelm Busch, trotz der vielen Schlupflöcher »in der Gehirnkammer Mäuse zu fangen«, und der Pfarrer ließ ihm genug Luft, sich herumzutreiben. Im Mühlbach von Ebergötzen fing er Fische mit der Hand, er baute Vogelfallen, und der Müllerssohn Erich Bachmann wurde sein lebenslanger Freund. So sehr Wilhelm Busch in der Welt herumreiste, einmal im Jahr besuchte er ihn. Beim Rumpumpeln des Mühlwerks und dem Rauschen des Wassers schlafe er so gut. »Wir gingen vors Dorf hinaus, um zu baden. Wir machten eine Mudde aus Erde und Wasser, die wir ›Peter und Paul‹ benannten, überkleisterten uns damit von oben bis unten, legten uns in die Sonne, bis wir inkrustiert waren wie Pasteten, und spülten's im Bach wieder ab.« ›Max und Moritz‹ lassen grüßen.

Wiedensahl, Ebergötzen, Lüthorst: »So findet doch derjenige, dem's taugt, daselbst um so wahrscheinlicher die Gelegenheit, sich in aller Stille ein wenig die Seele zu schneuzen.« Die Dörfer seiner Kindheit füllten sein Gedächtnis mit den merkwürdigsten Gestalten, die überall in seinen Zeichnungen versteckt sind. »Dies liebe, trauliche, teilweise grauliche, aber durchaus putzwunderliche Polterkämmerchen der Erinnerung, voll scheinbar welken, abgelebten Zeugs; das dennoch weiter wirkt, drückt, zwickt, erfreut«: Der kranke Handwerksbursche, der zum Sterben in einen Graben gelegt und vom Fuhrmann beim Leichenbeschauer versilbert worden war, das »Puckelriekchen«, das alle Tage am Spinnrad saß, um sich dereinst ein ehrliches Begräbnis mit schwarzlackiertem Sarg leisten zu können, die bettelte, nicht »kaputtgeschnitten« zu werden, weil sie sich schämte, so klein, mager und bucklig wie sie war, der alte »Danne«, der Bettelvogt mit seinem kurzen, zweischneidigen Spieß, der die Bettler zum Dorf hinausjagte, der nachts im Pferdestall, tags im Bauerngarten hinter dem Haus schlief und furchtbar schnarchte und pfiff, weil er vergaß, ein neues Gebiß zu kaufen. Besonders beeindruckt war Wilhelm Busch vom Dorfwirt von Ebergötzen, der bis zu den Augen und Fingernägeln behaart war, immer in gelblichgrüner Joppe und blauen Hosen und stets in Hausschuhen herumlief, keinen Satz zu Ende sprach. Ein starker Schnupfer und geschmackvoller Blumenzüchter, der gleich dreimal verheiratet war und auf dessen Klavier im Wirtshaus Wilhelm Busch klimpern durfte. »Kein Ort ist mir so vertraut wie Ebergötzen.«

1846 mußte er ihn verlassen. Er zog mit Pastor Kleine nach Lüthorst. Im Jahr darauf erfüllte Wilhelm Busch widerspruchslos den Wunsch des Vaters, Maschinenbauer zu werden. Er schrieb sich an der Technischen Hochschule in Hannover ein, sein tadelloses Betragen wurde gelobt, doch das Rechnen fiel ihm anfangs schwer, so sehr er sich auch darum mühte. Weit besser war er im Zeichenunterricht, und die Ränder seiner Hefte quollen über von seinen Karikaturen der Lehrer. Zum Zeichnen war er aufgelegt, zur Politik nicht, die ihn mit sechzehn erstmals streifte. 1848: Revolution. »Im Jahr 48 trug auch ich mein gewichtiges Kuhbein, welches nie scharf geladen werden durfte, und erkämpfte mir in der Wachtstube die bislang noch nicht geschätzten Rechte des Rauchens und des Biertrinkens.« Wilhelm Busch wurde Kettenraucher. Zweimal starb er beinahe an einer Nikotinvergiftung. Die Abneigung gegen Politik behielt er bei. Er gab sich, wie er schrieb, nur so viel mit ihr ab, um ungefähr zu wissen, was los war. Seinen eigenen Aufstand unternahm er 1851. Der sonst so folgsame Wilhelm Busch, der aus Ebergötzen den Eltern immer brav von seinen Fortschritten geschrieben hatte, kehrte Hannover den Rücken und machte sich nach Düsseldorf davon. Die Kunstakademie hatte ihn angenommen. Seinem Vater war die brotlose Kunst höchst bedenklich, aber er un-

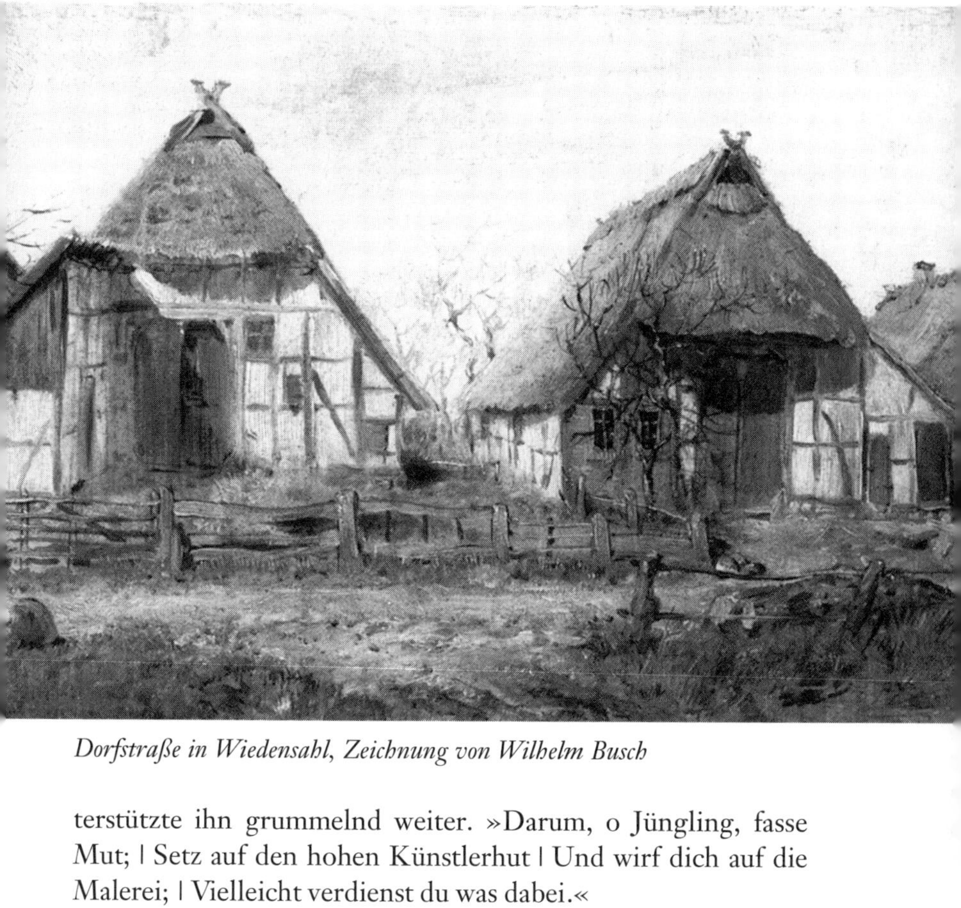

Dorfstraße in Wiedensahl, Zeichnung von Wilhelm Busch

terstützte ihn grummelnd weiter. »Darum, o Jüngling, fasse Mut; | Setz auf den hohen Künstlerhut | Und wirf dich auf die Malerei; | Vielleicht verdienst du was dabei.«

Düsseldorf war eine Enttäuschung. Der Zeichenbetrieb brachte Wilhelm Busch keine Anregung. Er lernte Kunsthandwerk, in der Kunst aber kam er nicht weiter, doch um die Eltern nicht vor den Kopf zu stoßen, schlug er sich durch. Er gab sich eine Verfassung: Morgens halb sieben aus den Federn, zur Not früher, das fade Aktzeichnen auf keinen Fall versäumen, abends Kunstgeschichte. Um nicht zu streng mit sich zu sein, war der

Sonntag frei, gutes Essen war erlaubt, ein Pfeifchen zwischendurch. »Es wird mit Recht ein guter Braten | Gerechnet zu den guten Taten.« Als Strafe für jeden Verstoß legte er moralischen Katzenjammer fest. Ein Jahr hielt er aus, dann wechselte er an die Königliche Akademie von Antwerpen. Der 26. Juni 1852, schrieb Wilhelm Busch, sei sein zweiter Geburtstag, sowohl als Mensch als auch als Maler. Rubens, Teniers, Frans Hals – das war Malerei, wie er sie noch nie gesehen hatte. Die alten Meister begeisterten ihn, zugleich zeigten sie ihm seine Grenzen auf. Wilhelm Busch wurde ein Maler, der an sich zweifelte. In all seinen Jahren signierte er nur wenige Blätter, die er für gelungen hielt, malte er, dann häufig auf schlechtem Papier, das meiste zerriß er.

Wilhelm Busch steckte in einer Sackgasse. Er entschied, nach Wiedensahl zurückzukehren, doch er wurde aufgehalten. Er erkrankte gefährlich an Typhus, das Geld ging ihm aus, aber seine Wirtsleute pflegten ihn trotzdem wochenlang. Zum Abschied schenkten sie ihm drei Orangen und eine rote Jacke, dann brach er auf. Lieber als in Wiedensahl bei den Eltern war er in Lüthorst beim Onkel, der ihm keine Vorwürfe machte wegen seiner Bummelei. Er sammelte Märchen, schrieb Sagen auf und Lieder, und zeichnete, was ihm vor Augen kam, doch sein Vater wurde zusehends wütender auf den Faulpelz. Kam er nach Wiedensahl, wurde der Ton im Elternhaus derb, und auch das eigene schlechte Gewissen trieb ihn zu Entscheidungen. Wilhelm Busch entschloß sich zur Münchner Kunstakademie. Der Onkel bekniete den Vater, ein letztes Mal Geld herauszurücken, seine Mutter steckte ihm heimlich Erspartes zu: 1854 kam Wilhelm Busch in München an. Wieder wurde er ernüchtert. Dasselbe blutleere Zeichnen, dasselbe seelenlose Nachmalen wie schon in Düsseldorf, dasselbe Kunstpublikum, dem die ausgestellten Bilder gleichgültig waren. Was zählte, war das gesellschaftliche Ereignis. Wilhelm Busch, ›Maler Klecksel‹: »Mit scharfem Blick, nach Kennerweise, | Seh ich zunächst mal nach dem Preise, | Und bei genauerer Betrachtung | Steigt mit dem Preise auch die Achtung.« Weil ihm das alles gar zu öde war, schloß er sich dem Künstlerverein Jung-München an, in dem er Freunde fand wie seinen späteren Verleger Otto Bassermann. Doch außer mit ihnen zu rauchen, zu trinken, über Kunst zu streiten, zu wandern, Fasching zu feiern oder sie so ätzend zu zeichnen, daß sie ihm zujohlten, tat er nichts. Noch immer gedachte er Maler zu werden, doch erfolglos wie er war, plagte ihn die eigene Unsicherheit. Immer wieder kroch er in Lüthorst unter. Wiedensahl war ihm zu ungemütlich. Weit über ein Jahr bummelte er, schrieb ein Lustspiel, machte selbst bei Liebhaberaufführungen mit, entwarf die Theaterzettel. Erst 1858 war er wieder in München.

Diesmal riß er sich mehr zusammen. Er malte, zeichnete den menschlichen Körper bis zum Überdruß, und an einem der Gelageabende der Jung-Münchner traf er den Verleger Caspar Braun, der auf Anhieb in Wilhelm Busch den begabten Karikaturisten erkannte. Er schlug ihm vor, für seine berühmten satirischen Wochenschriften ›Die Fliegenden Blätter‹ und ›Münchener Bilderbogen‹ zu zeichnen. »So nahmen denn bald die kontinuierlichen Bildergeschichten ihren Anfang, welche, mit der Zeit sich unwillkürlich erweiternd, mehr Beifall gefunden, als der Verfasser erwarten durfte.« Wilhelm Busch verdiente mit seiner Kunst erstmals Geld. Er zeichnete und zeichnete, dann schrieb er erste Gedichte unter seine Bildergeschichten. »Oh, wie beglückt ist doch ein Mann, | Wenn er Gedichte machen kann!« Er war noch immer ständig knapp bei Kasse, doch nun verbrachte er die Sommer nicht mehr nur in Lüthorst, sondern auch wieder bei den Eltern in Wiedensahl. Richtig schämen mußte er sich nun nicht mehr. Aus ihm war leidlich was geworden, und nach und nach kehrte er München den Rücken. Er zog ganz nach Wiedensahl, schrieb und zeichnete für die Dresdner ›Bilderpossen‹ die Geschichten ›Der Eispeter‹, ›Katze und Maus‹, ›Krischan mit der Piepe‹, ›Hänsel und Gretel‹, und weil sie sich schlecht verkauften, bot Wilhelm Busch gutmütig an, noch eine Arbeit unentgeltlich zu liefern. Das wurde dankend abgelehnt. Ein Fehler. Caspar Braun in München war da schlauer. Er kaufte die Geschichte, für die er Wilhelm Busch einmalig mit 1000 Gulden abfand, stückelte sie nicht für seine Wochenschriften, sondern gab sie 1865 als Buch heraus: ›Max und Moritz‹.

Witwe Bolte, die armen Hühner, Lehrer Lämpel, »Wehe, wehe, wehe! Wenn ich auf das Ende sehe!!«, »Dieses war der erste Streich, | Doch der zweite folgt sogleich.«, »Max und Moritz gar nicht träge, | Sägen heimlich mit der Säge, | Ritzeratze! voller Tücke, | In die Brücke eine Lücke. –«, Meister Böck, Onkel Fritze und die Maikäfer, der Zuckerbäcker, Bauer Mecke, Meister Müller, dessen Mühle die Lausbuben am Ende zerhackt, »Gott sei Dank! Nun ist's vorbei | Mit der Übeltäterei!!«: ›Max und Moritz‹ wurde sein bekanntestes Buch. Reich wurde er damit nicht. Über die vereinbarten 1000 Gulden hinaus, der Jahresverdienst eines Handwerksmeisters, bekam er nichts. Er blieb der arme Schlucker mit wenig Aussichten, dem im Jahr vor ›Max und Moritz‹ die Hand eines jungen Mädchens, um das er angehalten hatte, rundweg verweigert wurde, weil er nichts besaß. Dies blieb sein einziger ernsthafter Versuch zu heiraten, obwohl er sich nach Zuneigung sehnte, doch um nicht noch mal zurückgewiesen zu werden, richtete er sich lieber allein in seinem Leben ein. »Er kennt kein weibliches Verbot, | Drum raucht und dampft er wie ein Schlot.« Die Frauen herrschsüchtige Kratzbürsten, die Männer kleinlaute Pantoffelhelden: In seinen Bildergeschichten ›Die Brille‹, ›Die fromme Helene‹, ›Herr und Frau Knopp‹ überzog Wilhelm Busch die Ehe mit schadenfrohem Spott, doch nicht ohne heimliche Wehmut. Von beidem hatte er reichlich. Für Maria Anderson hatte er den Spott, seine Wehmut galt Johanna Keßler, Mutter zweier Töchter, Gattin eines reichen Bankiers. »Man ist oft gerührt und galant, ohne betrunken zu sein.«

Als er seinen Bruder Otto Busch in Frankfurt besuchte, der Hauslehrer der Familie Keßler war, traf er auf Johanna Keßler. Sie sammelte Kunst. Das erste prächtige Gemälde, das er malen würde, wollte sie kaufen, doch Wilhelm Busch malte nie große Stücke. Er blieb bei kleinen, die er zur Not besser verbergen konnte. Er besuchte Johanna Keßler häufiger, zog nach Frankfurt, nahm sich ein Atelier. 1869 bis 1872: Gute Jahre mit reicher Ernte. ›Schnurrdiburr oder die Bienen‹, ›Der heilige Antonius von Padua‹, ›Die fromme Helene‹, ›Pater Filucius‹ entstanden, doch mehr als Freundschaft verbat sich Johanna Keßler, die Wilhelm Busch mal »verehrte Frau« mal »liebs guts Ungeheuer« nannte. Sie blieb für ihn unerreichbar. Er fühle sich wie ein Eskimo, schrieb er ihr, der sich wünsche, tief unter der Schneekruste hinter dem Nordpol zu sitzen, um Lebertran zu trinken, denn dann könnte er sich wärmen, woran er wolle. 1872 ging er nach Wiedensahl zurück, er schrieb ihr weiter, dann verstummte er.

Statt dessen schickte er Briefe an Maria Anderson, nachdem 1874 sein erster Gedichtband herausgekommen war. ›Kritik des Herzens‹ war ein Fehlschlag. Seine Leser liebten seinen hintersinnigen Witz, seinen Hohn, die Ausfälle gegen die Kirche, die er in ›Der heilige Antonius von Padua‹ und ›Pater Filucius‹ heftig angegriffen hatte. Seine Gedichte dagegen kamen nicht so recht an. Maria Anderson war eine der wenigen, die sie lobte. Sie schrieb ihm eifrig, doch je öfter Briefe kamen, um so tiefer verkroch sich Wilhelm Busch. Um ihn zu halten, sprach Maria Anderson vorsichtig nur von geistiger Liebe, die ihm recht war. Zu sehr schmerzten noch die verbrannten Finger. Als sie aber immer mehr drängelte, war Schluß für Wilhelm Busch. Er wurde grob und gröber, bis er dann doch herablassend zustimmte, sie zu sehen. Ihr einziges und letztes Treffen. Sie kam angereist, er erwartete sie im Bahnhof, sie plauderten, dann ließ er sie stehen.

»Man hat den Autor für einen Bücherwurm und Absonderling gehalten.« Das erste zu Unrecht, so Wilhelm Busch, das zweite eher zu Recht, denn er sonderte sich ab. 1881 besuchte er München ein letztes Mal. Er hatte sich im Künstlerverein Allotria mit Franz von Lenbach angefreundet, mit Hermann Levi, dem Dirigenten Richard Wagners, und Friedrich August von Kaulbach, und sich Abend für Abend herumgetrieben. »Man fetiert mich mehr, als ich's verdiene, und noch keinen Abend bin ich leider so früh nach Hause gekommen, daß nicht der Herr Portier bereits im tiefsten Schlummer gelegen hätte.« Doch das ständige Ausgehen, die ausgiebigen Feiern waren ihm zuviel geworden. »So viel bei soviel Lärm, und wär's auch noch so schön, macht mich unruhig und verlegen, und ich fühle dann so recht deutlich, wie weit ich mich aus dem Geknuff der Welt ins ›Land der Fabel‹

zurückgezogen habe. Zu weit vielleicht.« Er lebte lieber im abgelegenen Wiedensahl. »Das Gewurl der Stadt, die Gesellschaften, Kneipereien, das nächtliche Hocken werden mir zuletzt immer peinlich. Rück ich dann wieder in mein gutes, einsames Wiedensahl, so fühl ich: nur hier ist meine angestammte und angewöhnte Heimstätte – um die mich freilich wenige beneiden werden. Was schadt's?« Er verreiste jedes Jahr, doch immer war er froh zurückzukommen. »So schau ich denn nun wieder mit leidlicher Seelenruh durchs alte Fenster und die alten entblätterten Obstbäume, welche im Winde rischeln und rascheln, ins weite Feld hinaus bis an den Wald.« Immer wieder malte er das Dorf, am Dorfleben selbst nahm er nicht teil. Die Kirche betrat er nur selten, ging er in ein Gasthaus, dann meist in den umliegenden Dörfern. Er brauchte eine leidlich gemütliche Ecke, wie er meinte, zum Schreiben und Zeichnen. »Wie wohl ist dem, der dann und wann | Sich etwas Schönes dichten kann!« ›Abenteuer eines Junggesellen‹, ›Die Haarbeutel‹, ›Fipps der Affe‹ kamen heraus, und selbst die alten ›Bildergeschichten‹ wurden wieder aufgelegt. »Fast alle hab ich, ohne wem was zu sagen, in Wiedensahl verfertigt. Dann hab ich sie laufen lassen auf den Markt, und da sind sie herumgesprungen, wie Buben tun, ohne viel Rücksicht zu nehmen auf gar zu empfindsame Hühneraugen.« Wilhelm Busch nahm sich die Reichen zur Brust, die Speichellecker, Lügenbolde, Spießer, Lobhudler, doch er beschrieb sie sanfter als zuvor. Das Geifernde in seinen Geschichten legte er ab, um mit einem Lächeln desto sicherer bloßzustellen. Maler und Dichter, und damit sich selbst, nahm er dabei nicht aus.

1883 beschrieb und zeichnete er mit ›Balduin Bählamm, der verhinderte Dichter‹ einen anständigen Bürger, der sich als Künstler sieht, um seinem bedeutungslosen Leben den Anschein des Besonderen zu geben, und umgekehrt 1884 mit ›Maler Klecksel‹ einen unbegabten Pfuscher, der malt, um in der gutbürgerlichen Welt geachtet zu werden. Beide buhlen um Anerkennung. Anders Wilhelm Busch. Der Ruhm, der ihm von überall zufloß, bedeutete ihm nichts. Er ging ihm aus dem Weg, streifte lieber durch die Wälder oder saß im Garten. Er grub, jätete, stocherte, handhabte die Gießkanne, besah sich täglich alles, was wuchs. Mit jedem Kohlkopf, mit jeder Rose, jeder Gurke sei er bestens bekannt, sein Hang zur Einsamkeit werde, wie er schrieb, wie seine Glatze immer größer. Nach seiner Rückkehr nach Wiedensahl hatte er zunächst bei seinem Bruder Adolf Busch und dessen Frau Johanne im Haus der verstorbenen Eltern gelebt, doch sie verstanden sich nicht. Ein Streit um das Erbe klang nach. Wilhelm Busch zog daher in das Wiedensahler Pfarrhaus zu seiner Schwester Fanny Nöldeke, die den Dorfpastor geheiratet hatte. Als er starb, richteten sie sich im Pfarrwitwenhaus ein, und Wilhelm Busch hatte, was er so noch nie gehabt hatte: eine Familie. Er erzog seine drei Neffen, sie führte den Haushalt und sorgte dafür, daß er darin die Stille und gelassene Ruhe bekam, die er zum Schreiben brauchte. »Der grüne Kachelofen ist schön warm, die Zigarette dampft. Nur vor Dämmerung schlürfe ich ein Stündchen über das Feld und durch den Wald; heute wie gestern und morgen wieder so.« Ganz einfach war das Leben mit ihm nicht. Zuweilen war er griesgrämig, zuweilen reizbar wie bei seinem letzten Besuch in München, als er die Vorstellung eines Hypnotiseurs mit Zwischenrufen störte und sich danach noch heftig stritt. Übersinnliches hielt der erwachsene Wilhelm Busch für Humbug. »Falls es in meinem Hause spuken sollte, würd' ich dem Dienstpersonal bei Tag und Nacht ein peinliches Mißtrauen widmen.« Stimmen aus dem Jenseits kümmerten ihn nicht, das Jenseits aber schon. Der Magen machte ihm zu schaffen, Schmerz und Tod beschäftigten ihn zusehends – und die Steuer. Ganze Nächte habe er durchgesessen und Zinstabellen gerechnet, bis ihm der Schweiß an den Ohren heruntergelaufen sei, und habe doch nichts zuwege gebracht. Er wollte mit all dem nichts mehr zu tun haben. Seine Welt war die Welt der Phantasie, und darin wollte er nicht gestört werden. Um sich nicht länger herumärgern zu müssen, bot Wilhelm Busch 1896 seinem Verleger an, ihm sämtliche Rechte an allem abzutreten, was er bisher geschrieben. Otto Bassermann kam nach Wiedensahl und ermahnte Wilhelm Busch, sich dann aber nicht zu beschweren, falls er damit viel Geld verdiene. Wilhelm Busch bekam 50 000 Mark und beschwerte sich danach dann doch.

Seine Bildergeschichten verkauften sich wie eh und je, seine reifen Erzählungen waren dagegen Ladenhüter. In ›Eduards Traum‹, besonders aber in ›Der Schmetterling‹ ließ er sein Leben durchblicken: Wie er einst selbst, so läuft der Bauernjunge Peter mit dem Netz in der Hand von zu Hause fort, um einem bunten Schmetterling hinterherzujagen, den er nie fängt. Er irrt ziellos umher, wird betrogen, verliebt sich unsterblich, doch vergeblich in eine schöne Hexe, verliert alles und kehrt mit Hexenschuß und nur noch einem Bein ins Elternhaus zurück. Dort wohnen längst andere, doch unbekümmert stellt er sich als »Fritz Fröhlich« vor und verbringt zufrieden seine alten Tage als freundlich aufgenommener »Humpelfritze«. »Und so leb ich denn allhier als ein stilles, geduldiges, nutzbares Haustier. – Schmetterlinge beacht ich nicht mehr. – Oben im alten Giebelstübchen hab ich mir eine gemütliche Werkstatt eingerichtet.« Ganz so fröhlich und zufrieden war Wilhelm Busch nicht. Altersschwermut machte ihm zu schaffen.

Seiner eigenen schönen Hexe, Johanna Keßler, hatte er dreizehn Jahre nicht mehr geschrieben, 1891 aber söhnten sie sich aus, und seitdem schickten sie sich wieder Briefe, doch seine Altersschwermut konnte auch sie ihm nicht austreiben. Wiedensahl war ruhig geworden, die Söhne seiner Schwester waren ausgeflogen, und als einer von ihnen, Otto Nöldeke, Pfarrer in Mechtshausen wurde, lud er seine Mutter und den Onkel ein, doch bei ihm zu leben. Wo seine Schwester sei, da sei auch er, so Wilhelm Busch kurz und trocken. Sie tauschten Wiedensahl mit Mechtshausen. 1898 zogen sie um, Wilhelm Busch vor allem auch, weil die Spannungen zwischen ihm und seinem Bruder Adolf Busch immer weiter angewachsen waren. Beim täglichen Gang zur Wiedensahler Post mied Wilhelm Busch die Dorfstraße, um nur nicht seiner Schwägerin zu begegnen.

»Während gänzlicher Windstille saß ich ein Stündchen drauß vor der Tür und rauchte mein Pfeifchen und betrachtete die stummen, schwarzen Gestalten der Bäume.« Wilhelm Busch tat in Mechtshausen alles, um nicht entdeckt zu werden. Die Bauern ahnten nicht, wer der alte Herr war, Briefe, die ihm aus Wiedensahl nachgeschickt wurden, beantwortete er, ohne die neue Adresse anzugeben. Als sein siebzigster Geburtstag nahte, war das Geheimnis aber nicht mehr zu wahren. Feiern wurden vorbereitet, die Zeitungen schickten ihre Leute – Wilhelm Busch floh zu seinem Neffen Hermann Nöldeke nach Hattorf. Am 15. April 1902, abends zehn Uhr, atmete er erleichtert auf, nun könne ihm wohl nichts mehr passieren. Zwei Wochen blieb er fort. Als er zurückkam, erwarteten ihn Aberhunderte von Glückwünschen, Schinken, Pumpernickel, siebzig Flaschen Pfälzer Wein von Otto Bassermann, ein Telegramm des Kaisers, und für ›Max und Moritz‹ wurden ihm als Geschenk des Verlags 20 000 Mark angewiesen, die er zwei Krankenhäusern in Hannover spendete. Vor lauter Bedankungsschreiben wurden ihm die Finger krumm. Danach kam die Stille zurück und die Traurigkeit. Wilhelm Busch war alt geworden. Gesund wie er war, besuchte er noch immer einmal im Jahr Freunde und Bekannte, saß und trank mit ihnen bis in die späte Nacht. Doch er wußte, seine Zeit läuft ab. 1904 erschien seine Gedichtsammlung ›Zu guter Letzt‹, dann kam fast nichts mehr. »Denn hinderlich, wie überall, | Ist hier der eigne Todesfall.« Er nahm Abschied, doch so sehr ihn lange Jahre der Tod erschreckt hatte, nun erwartete er ihn gelassen. Er löste sich vom Leben. »Was soll ich viel sagen? – Ich stehe auf der Grenze von Hier und Dort, und fast kommt es mir vor, als ob beides dasselbe wäre.« Am 6. Januar 1908 fühlte er sich schlecht, am Tag darauf wurde eine Herzschwäche festgestellt, zwei Tage später war er tot.

Schild des Wilhelm-Busch-Museums

Ich wollte es auch einmal so gut haben, wie andere Menschen

Gotthold Ephraim Lessing in Wolfenbüttel

Das Jahr 1772. James Cook brach zu seiner zweiten Weltumsegelung auf, die ihn nach Tahiti führte, Wasserstoff und Stickstoff waren entdeckt, in Frankreich wurde die Inquisition aufgehoben, Novalis wurde geboren, Haydn schrieb die ›Abschiedssinfonie‹, Lessing saß seit zwei Jahren als herzoglicher Bibliothekar in Wolfenbüttel und ärgerte sich. 600 Taler das Jahr waren ihm zugesagt worden, dazu freie Wohnung und Holz. Des Herumziehens müde, hatte er das Angebot angenommen. Er wollte seine Ruhe und mit sicherem Auskommen seine Schulden begleichen, doch Lessings Geld kam nur schleppend. Wolfenbüttel war ein Nest, das Schloß verwaist, und weil es leerstand, war Lessing darin eine Zimmerflucht als Wohnung zugewiesen worden. Fünf Räume im zweiten Stock, acht Fenster zum Schloßplatz hin, voll herzoglicher Möbel, überaus geräumig und eben deswegen unbequem und kalt. Lessing verfluchte das Schloß mitsamt dem Herzog, der ihn nach Wolfenbüttel gelockt hatte. Als 1772 Lessings ›Emilia Galotti‹ in Braunschweig erstmals aufgeführt wurde, war er selbst nicht dabei. Er schützte Zahnschmerzen vor, und er wußte, warum. Das Stück um Fürstenwillkür und höfische Verschlagenheit war ein Skandal.

Schreibe wie du redest, so schreibst du schön, forderte Lessing und Lessing schrieb ganz so, wie er war. Griffig und elegant, leichthändig und gescheit, volkstümlich und gelehrt, und dabei doch mit unbeugbarem Stolz. Lessing teilte in seinen Kritiken derbe Schläge aus, Schimpf und Schande schleuderte er auf seine Gegner und verspottete sie mit teuflischem Witz. Lagen sie am Boden, reichte er ihnen die Hand. Er schrieb Sätze scharf wie Degenklingen, geschmeidig und tödlich. Er haßte und liebte inbrünstig, seine Sehnsucht nach Freiheit war unbändig. Lessing

Das Lessinghaus in Wolfenbüttel

war redlich bis zur Sturheit, unverzagt und leidenschaftlich, er begrub sich unter Büchern und war doch Salonlöwe und Weltmann, er kannte die Weinhäuser, war ein Glücksspieler. Gotthold Ephraim Lessing: Philosoph und Stückeschreiber, Theologe und Mediziner, Journalist und Kritiker, erst unverbesserlicher Junggeselle, dann sorgsamer Ehemann. So kluge, so gebildete Menschen gebe es viele, sagte Goethe über ihn, aber wo sei ein solcher Charakter. Herder nannte ihn einen Wahrheitssucher, Wahrheitskenner, Wahrheitsverfechter, Heinrich Heine meinte, Lessing habe alles für die Wahrheit tun können, nur nicht lügen, und daß der witzigste Mensch in Deutschland zugleich der ehrlichste gewesen sei. Hatte Lessing Wahrheiten gefunden, wich er nicht zurück, und was er fand, schrieb er auf. »Sieh überall mit deinen eigenen Augen. Verunstalte nichts: beschönige nichts.«

Lessing, geboren am 22. Januar 1729, war ein Neuerer. Vollender der Aufklärung wurde er genannt. Die ›Hamburgische Dramaturgie‹ wurde zum Lehrbuch für Theater und Theaterkritik, mit ›Laokoon oder über die Grenzen von Malerei und Poesie‹ wandte er sich gegen die Ansicht, die bildende Kunst sei Maßstab der Dichtung, mit ›Briefe, die neueste Literatur betreffend‹ stritt er für Shakespeare und gegen das steife französische Hoftheater. Dessen überlebte Einheit von Ort, Zeit und Handlung eines Stücks an einem Tag gab er auf. Ziel seiner Stücke: Reinigung der Leidenschaften, nicht mehr Furcht und Entsetzen, sondern Mitleid erregen, die Menschen bessern. Deshalb waren seine Helden Bürger, nicht Fürsten, und waren sie Fürsten, so zeigte er sie als Menschen. Wahres Mitleid bekommt nur der, den man kennt. Lessing schrieb mit ›Miß Sara Sampson‹ das erste bürgerliche Trauerspiel. Der Bürger wurde tragödienfähig. Vor Lessing undenkbar. Goethe lernte von Lessing, Schiller lernte von ihm. Er selbst wollte eigentlich nur das Leben lernen, wie er seinem Vater schrieb, und der war entsetzt.

Johann Gottfried Lessing, Pastor in Kamenz, schrieb Gedichte und Lieder, übersetzte theologische Schriften aus dem Französischen und Englischen, doch aus Kamenz kam er nicht weg. Er mußte für seine Familie sorgen, und den Traum eines Gelehrtenlebens hatte er für sich aufgegeben. Für die Fürsten die Pracht des Barock, für die Schulmeister und Pfarrer ein karger Tisch. Gehorsam gegenüber dem Herrn mußte er sein, dafür wurde er mäßig bezahlt. Wenigstens in seinen Predigten verschaffte er sich Luft. Er war hitzig, donnerte jähzornig von der Kanzel. Das Aufbrausende hatte sein Sohn von ihm. Für seine Kinder tat Johann Gottfried Lessing, so viel er konnte. Was dem Vater verwehrt war, sollte Gotthold an seiner Statt erreichen, und das möglichst bald, um nicht mehr aus dem Familienbeutel zu zehren.

Lessing war wissensdurstig, und schon als Kind bestand er darauf, mit Büchern neben sich gemalt zu werden. Um ihn auf eigene Füße zu stellen, brachte Johann Gottfried Lessing seinen zwölfjährigen Sohn 1741 in St. Afra in Meißen unter, einer der besten Schulen. Er sei ein Pferd, das doppeltes Futter haben müsse, so sein Schulleiter, was anderen zu schwer sei, falle ihm kinderleicht. Gotthold Ephraim Lessing war scharfsinnig, gewitzt, er lernte rasch und schlug genauso gern über die Stränge. Als sein jüngerer Bruder Theophilus ebenfalls in St. Afra antrat, wurde ihm geraten, er solle so fleißig, aber nicht so naseweis wie Gotthold sein. Lessing durfte St. Afra vorzeitig verlassen, um zu studieren. Als Pfarrerssohn mit wenig Geld blieb ihm nur die Theologie, und wieder half der Vater. Er verschaffte dem Siebzehnjährigen 1746 ein Stipendium.

In Leipzig hörte Lessing von Mathematik bis Chemie, Medizin und Sprachen alles, nur für die Theologie begeisterte er sich nicht, eher schon beschäftigten ihn Tanzen und Fechten. Vor allem aber das Theater schlug ihn in Bann. Seine letzten Groschen gab er dafür aus. Er trieb sich zwischen den Kulissen herum, Molière und Voltaire waren seine Hausgötter. Als die Eltern davon hörten, befahlen sie Lessing nach Hause. Die Mutter sei todkrank, sie wolle ihn noch einmal sehen. Im eiskalten Winter 1747 auf 1748 reiste er in der Kutsche nach Kamenz. Halberfroren kam er an, die Mutter aber war ganz munter, und weil sie ein schlechtes Gewissen hatten, erlaubten sie ihm zögerlich, die Theologie aufzugeben. Er durfte Medizin studieren, was er von

Ostern 1748 an in Leipzig mit wenig Einsatz tat. Das Theater hatte ihn wieder, besonders weil die Truppe der Neuberin seine erste Komödie, ›Der junge Gelehrte‹, aufführte. Gleich schrieb er das nächste Stück, ›Der Misogyn‹. Lessing selbst war kein Frauenfeind. Die Damen lagen ihm immer zu Füßen, und als die bankrotte Schauspieltruppe nach Wien floh und ihn mit ihren Schulden sitzenließ, für die er leichtsinnig gebürgt hatte, überlegte er, ob er ihnen hinterher sollte, der reizenden blutjungen Friederike Lorenz wegen. Er blieb in Leipzig, und im Sommer 1748 stahl er sich vor den Gläubigern nach Berlin davon.

Auf dem Weg, in Wittenberg, brach er krank zusammen, erst im November traf er in Berlin ein. Lessing war so am Boden, daß er sich erst nicht unter die Leute traute. Er wohnte beim Zeitungsschreiber Christlob Mylius, in dessen dürftiger Bleibe, die so ärmlich und heruntergekommen war wie er selbst. Für anderthalb Groschen aß er in einer Garküche. Mylius, der ihn bei der ›Berlinischen Privilegierten Zeitung‹ unterbrachte, war trotz ständigen Geldmangels ein Lebemann, und Lessing lebte arm, aber fröhlich mit. Er stritt in Kaffeehäusern und Weinstuben über Gott und über die Welt, schrieb Lustspiele wie ›Der Freigeist‹ oder ›Die alte Jungfer‹, aber auch das Stück ›Die Juden‹, mit dem Lessing begann, was er in ›Nathan der Weise‹ beendete: das Eintreten für die Menschlichkeit.

Erstmals richtig bekannt wurde Lessing mit dem Stück ›Samuel Henzi‹ über den 1749 hingerichteten Schweizer Bürger, der seine Stimme gegen den Stadtadel erhoben hatte. In Bern war eine Verschwörung aufgedeckt worden, die keine war. Gerechtigkeit wollten sie, ein besseres Leben für alle, auch für die Armen. Allein das schon galt als Verschwörung. Der vermeintliche Anführer, der Pfarrerssohn und Schriftsteller Samuel Henzi, wurde gefoltert, aber er gestand nicht. Die Verschwörer wurden trotzdem hingerichtet. Weil der Pfarrer auf dem Blutgerüst ergriffen schwieg, betete Henzi für sich und die anderen, als die Hand des Henkers zitterte, sprach er seinen letzten Satz: In dieser Republik sei alles schlecht, selbst die Henker. Zweimal mußte der zuschlagen, dann erst fiel Henzis Kopf. Ein Sturm der Entrüstung tobte durch die Stuben der Gelehrten in Europa, und Lessing wurde ihr Wortführer. ›Samuel Henzi‹ war unerhört. Weder Götter noch Fürsten sind seine Helden, sondern Aufrührer gegen die Obrigkeit. Das Stück wurde nie fertig, doch was daraus laut wurde, hatte die Gebildeten aufhorchen lassen, und sie hörten ihm weiter zu.

Lessing wurde bei der Zeitung Nachfolger von Mylius, er schrieb Zeitungskritiken, die Gedichtsammlung ›Kleinigkeiten‹ von 1751 wurde sein erstes veröffentlichtes Buch, und er übersetzte Voltaire, den er verehrte, doch nie kennenlernte. Lessing kannte Voltaires Sekretär, dem er beim Sortieren der Druckbögen einer Schrift Voltaires half, die noch geheim war. Aus fehlerhaften und verschmierten Bögen stellte sich Lessing eine Ausgabe für sich zusammen, die er sorglos verlieh. Sie geriet unter die falschen Augen, und Lessing wurde des Betrugs beschuldigt. Er floh nach Wittenberg, setzte kurz sein Medizinstudium fort und entschied sich endgültig, als freier Schriftsteller zu arbeiten. 1752 kam Lessing nach Berlin zurück, als Gras über alles gewachsen war. Er hatte es sich mit Voltaire verscherzt und so zugleich mit Friedrich II., der Lessing beständig nur »le singe«, der Affe, nannte, und doch wurde Berlin das Sprungbrett für seinen Aufstieg.

Ganz nach oben brachte ihn 1755 ›Miß Sara Sampson‹: Ihr Vater, William Sampson, gestattet Mellefont, bei dem er Schulden hat, Zutritt zu seinem Haus. Mellefont ist der eigenen Zügellosigkeit und seiner Geliebten Marwood überdrüssig. Mit Sara Sampson hofft er auf ein neues Leben. Er verführt und entführt sie, um sie zu heiraten. Die Marwood will ihn zurückgewinnen, als ihr dies mißlingt, vergiftet sie Sara. Mellefont ersticht sich. ›Miß Sara Sampson‹ war ein Trauerspiel, aber eben ein bürgerliches. Ohne Macht, ohne Beteiligung an der Herrschaft, begann das Selbstbewußtsein des Bürgertums auf der Bühne zu erwachen, dafür hatte Lessing gesorgt. Wenigstens auf ihr wurden Bürger nun dem Adel gleichgestellt. Achtunddreißig Jahre später beendete die im selben Jahr 1755 geborene Marie Antoinette ihr Leben unter der Guillotine.

Noch aber weinten Bürger und Adel einträchtig über Sara Sampsons Schicksal. Überhaupt wurde gern und viel geweint. Auf der Bühne, in Büchern und Gedichten herrschte die Empfindsamkeit. Lessing war weniger zimperlich. Er schrieb mit spitzer Feder gegen, so Lessing, diesen Unsinn, Bombast und Pöbelwitz an. Seine berühmten Kritiken waren oft mehr Hinrichtung als Besprechung. Wer schreiben konnte und Geist hatte, den ehrte er, die anderen stampfte er genüßlich in Grund und Boden. Gottsched, der für das französische Theater stand, nahm er auseinander und später den schwülstigen Pastor Lange, weil der seinen geliebten Horaz so albern übersetzt hatte. Das mehrte sein Ansehen und zugleich die Furcht vor ihm. Klopfte er an eine Tür, hieß es nur: Lessing kommt! Doch von Ruhm und Ehre konnte Lessing nicht leben. Er brauchte Geld. Hatte er welches, gab er großzügig einem Bettler oder schickte es nach Kamenz zu den Eltern, damit die Brüder studieren konnten, und um Geld zu verdienen, verabredete Lessing mit dem Kaufmann Christian Gottfried Winkler, ihn 1756 auf eine Reise zu begleiten. Geplant waren drei Jahre, doch die Reise endete bereits in Amsterdam. Der Siebenjährige Krieg war ausgebrochen, Winkler eilte besorgt um sein Geschäft zurück, und so lange wie der Krieg dauerte, prozessierte Lessing um das vereinbarte Reisehonorar. Am Ende bekam er die Hälfte. 1757 verbrachte Lessing in Leipzig, 1758 kehrte er nach Berlin zurück. ›Briefe, die neueste Literatur betreffend‹ entstanden, er übersetzte ›Das Theater des Herrn Diderot‹, verfaßte ›Philotas‹, schrieb ›Fabeln‹, und doch schränkte ihn in Berlin die Fron des täglichen Schreibenmüssens für Zeitungen und die Arbeit an den Übersetzungen für seinen Geschmack zu sehr ein. Lessings Freiheitsliebe war dafür zu groß, und weil er nur zu gern Schwarz mit Weiß vertauschte und Grau nicht kannte, verschwand er Hals über Kopf aus dem Trott. 1760 ging er abschiedslos auf und davon. Er verließ Berlin, ohne auch nur die Miete zu zahlen, und nahm Dienst beim General Tauentzien in Breslau. Er wurde sein Sekretär.

Lessing erledigte, was anfiel, daneben hatte er Zeit, die er beim Hasard verbrachte. Lessing, der sonst beim Schach saß, wurde und blieb ein süchtiger Spieler, der setzte und gewann, setzte und verlor, bis ihm der Schweiß ausbrach. Immerhin war manchmal genug übrig, um Bücher zu sammeln. Lessing zog in den Siebenjährigen Krieg, nahm an der Belagerung von Schweidnitz teil, las und schrieb im Feldlager. Fünf Jahre diente er. Als er krank wurde und dem Tod gerade noch von der Schippe sprang, beschloß er, daß es so nicht weitergehen konnte. Zum dritten Mal Berlin. 1765 kehrte er dorthin zurück. Um seine Spielschulden zu bezahlen, mußte er die teuer erstandenen Bücher wieder losschlagen. Es war nicht das einzige Mal, daß er Bücher verkaufen mußte. Im Gepäck aber hatte er die Entwürfe zu ›Laokoon‹ und ›Minna von Barnhelm oder Das Soldatenglück‹. Zwei Jahre blieb er, dann war Lessing Berlin wieder leid. Er hatte ein Angebot aus Hamburg: 800 Taler das Jahr, falls er an das noch zu gründende Nationaltheater käme.

Bibliothek in Wolfenbüttel

Drei Jahre, 1767 bis 1770, lebte Lessing in Hamburg. Er war Dramaturg, hauseigener Kritiker, und faßte seine Kritiken, die sich mit Grundlegendem zu Tragödie und Komödie beschäftigten, in der wegweisenden ›Hamburgischen Dramaturgie‹ zusammen. Das Hamburger Theater aber war mehr eine Versuchsbühne, eigenständige deutsche Theaterstücke gab es nur wenige. Noch beherrschte Frankreich die Szene, und über den Weg zum deutschen Schauspiel wurde gestritten. Zu viele Köpfe leiteten das Theater, das Haus hatte Schauspieler, doch keine Schauspielkunst, das Publikum wollte lieber Altbackenes sehen, und so scheiterte der Traum vom ersten deutschen Nationaltheater genauso wie die Druckerei und Verlagsbuchhandlung, die Lessing mitbegründete, um Autoren und Verleger gleichermaßen am Gewinn zu beteiligen. Zu viele Raubdrucker machten ihnen das Leben schwer. Lessings Wunsch, unabhängig zu sein, sich und die Familie in Kamenz abzusichern, scheiterte. Eines aber gelang in Hamburg: die erste Aufführung des Lustspiels ›Minna von Barnhelm‹.

Minna von Barnhelm sucht und findet ihren Verlobten Major Tellheim, der nicht aus dem Siebenjährigen Krieg zurückgekommen ist, zufällig in einem Berliner Gasthaus. Der zum Krüppel geschossene Tellheim hat sich verkrochen, weil er, unschuldig der Bestechung angeklagt, unehrenhaft vom König entlassen worden ist. Tellheim, ohne Geld und ohne Ehre, will die Verlobung lösen. Minna greift zur List: Sie sei enterbt, weil sie zu ihm halte. Der redliche Tellheim borgt, löst den Verlobungsring aus, den sie verpfändet hat, will Minna beistehen und heiraten. Nun weigert sie sich und je mehr sie sich weigert, desto mehr müht sich Tellheim. Am Ende gewährt ihm der König Gnade. Minna hat ihren Tellheim wieder. ›Minna von Barnhelm‹ ist ein Lustspiel mit Diener, Kammerkätzchen, Irrungen, Wirrungen, und doch mehr als das. Tellheim, Minna, Diener und Dienerin sind keine hölzernen Komödienfiguren. Sie sind Menschen aus Fleisch und Blut, mit Sorgen, mit guten Eigenheiten und schlechten. Ebenfalls neu: Jeder spricht die Sprache seines Standes. Und noch eins: Tellheim bekommt nicht sein Recht, sondern Gnade. Der König entscheidet willkürlich, wie es ihm gerade paßt, und der König war Friedrich der Große. Das Lustspiel wurde so zur Anklage, und Lessing klagte weiter an, mit ›Emilia Galotti‹, das in Wolfenbüttel entstand.

Das Angebot war aus Braunschweig gekommen. Der Herzog bat ihn, seine berühmte Bibliothek am einstigen herzoglichen Hof in Wolfenbüttel zu leiten, und Lessing drückten die Hamburger Schulden. Am 7. Mai 1770 trat Lessing daher den Dienst an und zog ins verödete Schloß von Wolfenbüttel ein. Der Hof war 1753 nach Braunschweig verlegt worden, und um die Mätressen, die Feste, das gute Leben zu bezahlen, verkaufte der Herzog seine Landeskinder als Soldaten. Der Verkauf brachte Geld, wurden sie verstümmelt, blieben sie in Übersee, für tote Soldaten kassierte er ein Kopfgeld. Weil der Herzog feierte, führte Lessing ein kümmerliches Leben. Seine Bezüge blieben aus, flossen sie, so flossen sie spärlich, derweil sich Lessing durch die Bibliothek wühlte, die gleich gegenüber dem verlassenen Schloß lag und in der Lessing im Winter fror, weil sie nicht geheizt werden konnte. Dennoch grub er ihre verborgenen Schätze aus, machte sie bekannt und unterstützte gewissenhaft Gelehrte in aller Welt.

In Braunschweig aber erinnerte sich der Hof, daß Lessing einer war, der schreiben konnte. Die Herzogin drängte ihn, ihr doch ein Stück zu bringen, und Lessing setzte sich hin in seinem Schloß und schrieb, auch weil er von seinem Verleger einen satten Vorschuß dafür bekommen sollte. Die Geschichte ging Lessing schon lange durch den Kopf, und am 13. März 1772, dem Geburtstag der Herzogin, kam ›Emilia Galotti‹ auf die Braunschweiger Bühne. Das Trauerspiel war heikel: Ein Prinz begehrt die Tochter Odoardo Galottis, die einen anderen heiraten will. Der Prinz läßt Emilia Galotti entführen, ihr Bräutigam wird ermordet. Die Gräfin Orsina, die verstoßene Geliebte des Prinzen, durchschaut ihn. Sie will sich an ihm rächen, verrät Odoardo Galotti das Komplott, der berichtet seiner Tochter. Um der drohenden Schande zu entgehen, zwingt Emilia ihren Vater, sie zu töten. Ende und Aus, doch ein Prinz als Mörder, lieber sterben, als sich einem Fürsten fügen, war ein zu starkes Stück, und so wurde Lessing weiter hingehalten mit Zahlungen, die nicht kamen.

Nach vier Jahren war Lessing mürbe, er fühlte sich stumpf und trocken an Geist und Sinnen, wie er schrieb, schwankte zwischen Zorn und Niedergeschlagenheit, und wenn er es gar nicht mehr aushielt, nahm er seinen Spazierstock und wanderte ins nahe Braunschweig, um Lotterie zu spielen und Freunde zu treffen. Er wünschte sich nach Hamburg zurück, das ihm fehlte, denn Hamburg stand auch für Eva König. Als er sie kennenlernte, war sie mit dem Seidenhändler und Tapetenfabrikanten Engelbert König verheiratet. Vier Kinder hatte sie, Lessing war der Taufpate des jüngsten. Ihr Mann war nach Italien gereist, hatte seine Familie der Obhut Lessings empfohlen und war in Venedig gestorben. Mittellos war sie nicht, aber die Fabriken in Wien und das Vermögen waren bedroht. Lessing kümmerte sich wie versprochen, sie kamen sich näher, und seit 1771 waren sie verlobt, doch weil Eva König nicht an ihr Geld kam und Lessing viel zu wenig verdiente, verzögerte sich ihre Heirat. Sie blieb in Hamburg, er war in Wolfenbüttel. Sie schrieben sich von ihren Krankheiten, auf welche Zahlen sie bei der Lotterie setzten und ein wenig auch von Liebe, aber sie sahen sich nicht. Für drei Jahre lebte Eva König dann in Wien, um zupackend ihre Streitigkeiten zu regeln. 1775 brach Lessing zu ihr auf und wunderte sich.

Aus ihm war eine Berühmtheit geworden. Maria Theresia empfing ihn, Kaiser Joseph sah die ›Emilia Galotti‹ und merkte an, er habe noch bei keinem Trauerspiel so viel gelacht. Lessing sollte ganz nach Wien, aber aus den Verhandlungen wurde nichts, und ebensowenig aus einem Mannheimer Ansuchen, und als sein Fürst versprach, ihn nun doch ordentlich zu bezahlen und ein eigenes Haus stellte, blieb er in Wolfenbüttel. Schon wollte er heim, da erreichte ihn der Befehl, den braunschweigischen Prinzen auf eine unliebsame, wirre und allzu lange Reise nach Italien zu begleiten. Seit Jahren hatte Lessing dorthin gewollt, und nun, da er keine Lust mehr dazu hatte, mußte er aufbrechen. Danach erst durfte Lessing nach Wolfenbüttel zurückkehren. Eva König und drei der Kinder kamen nach. Ihr Ältester lebte in Heidelberg. Am 8. Oktober 1776 heirateten sie bei Hamburg. Viel hatte Lessing immer noch nicht. Er konnte sich nicht einmal einen neuen Rock zur Hochzeit leisten, doch immerhin stand eine Wohnung für sie in Wolfenbüttel bereit, bis das ihnen versprochene Haus bezogen werden konnte.

Lessing wechselte aus dem ungeliebten Schloß ins Haus des Buchhändlers Johann Heinrich Meißner am Schloßplatz in die Beletage, die Lessing mitsamt Möbeln angemietet hatte. Ein

Jahr, bis Weihnachten 1777, mußten sie darin bleiben, denn noch war das ihnen zugewiesene Haus belegt, und sein Bewohner weigerte sich, auszuziehen. 1777 war ein gutes Jahr für Lessing. Sein glücklichstes, wie er bekannte. Um zu sparen, ersteigerte er die Möbel, die sie brauchten, und obwohl ihm die Köchin mit dreißig Talern eigentlich zu teuer war, stellte er eine an. Zu acht lebten sie im ersten Stock. Die Köchin, Aufwartefrau, ein Diener, die Kinder und sie selbst. Er gab sich mit den Kindern ab und ließ sich von ihnen gern beim Spiel das Geld abknöpfen. Sie führten ein gastfreies Haus. Hungrige Bibliotheksbenutzer brachte er kurzerhand mit, ohne sie groß anzukündigen. Er aß dann Eier und Schinken, falls das Essen nicht reichte. Lessing war kein Feinschmecker, er zog gestandene Hausmannskost vor. Über Linsen mit Speck konnte er sich freuen. »Des Abends gegen neun Uhr gab es, auch wenn Freunde zugegen waren, nur eine warme Schüssel; und zwischen zehn bis elf Uhr ging es nach Bürgermanier zu Bett.« Ein Besucher schwärmte, daß er unversehens so vertraut mit ihm geworden, daß er vergessen, wen er vor sich habe, und sofern noch mehr Wohlwollen als bei ihm anzutreffen sei, dann nur bei seiner Frau. Da die ein Kind von Lessing erwartete, war höchste Zeit für den Umzug.

Sein neues Haus, ebenfalls am Schloßplatz, stand ab Juli 1777 endlich leer. Ein großzügiges Haus, eher ein kleines Schloß. Drei Flügel, nur ein Geschoß, das Mansardendach ausgebaut, ein Innenhof mit Beeten und Wegen, ein Garten mit Obstbäumen, und die Bibliothek nur zwanzig Schritt vom Seiteneingang entfernt. Das Haus mußte erst noch hergerichtet werden. 1000 Taler wurden für Maurer, Zimmerleute, Tischler, Glaser, Schlosser und Maler ausgegeben. Eva Lessing kümmerte sich darum, gab Anweisungen, richtete alles ein. Das Haus sollte schön werden für sie, die Kinder, für Lessing. Die Zimmer im rechten Flügel gehörten ihm, um abgeschirmt von Hauslärm und Kindern arbeiten zu können. Ein kleiner Saal war da, der als Speisezimmer gedachte Gartensaal in der Mitte, an den sich Eva Lessings Kammer anschloß. Im linken Flügel Küche und Wirtschaftsräume, die Kinder schliefen in der Mansarde. Häusliches Glück ganz allein, Zurückgezogenheit und Ruhe nach all den rastlosen Jahren ohne Geld, immer in Schulden, waren für Lessing greifbar nah. Doch alles kam anders. In den Tagen vor Weihnachten 1777 zogen sie ein, obwohl der Ofensetzer noch nicht fertig war. Am ersten Weihnachtsfeiertag brachte Eva Lessing einen Sohn zur Welt. Lessing taufte ihn Traugott, nach zweien seiner verstorbenen Brüder. Ein schlechtes Vorzeichen. Drei Tage später war der Sohn tot.

Verzweiflung, Leere, stummer Schmerz. Was Lessing nicht aussprechen konnte, schrieb er hin. »Ich verlor ihn so ungern, diesen Sohn! denn er hatte so viel Verstand! – Glauben Sie nicht, daß die wenigen Stunden meiner Vaterschaft, mich schon zu so einem Affen von Vater gemacht haben! Ich weiß, was ich sage. – War es nicht Verstand, daß man ihn mit eisernen Zangen auf die Welt ziehen mußte? daß er sobald Unrat merkte? – War es nicht Verstand, daß er die erste Gelegenheit ergriff, sich wieder davon zu machen? – Freilich zerrt mir der kleine Ruschelkopf auch die Mutter mit fort! – Denn noch ist wenig Hoffnung, daß ich sie behalten werde. – Ich wollte es auch einmal so gut haben, wie andere Menschen. Aber es ist mir schlecht bekommen.« 10. Januar 1778: Eva Lessing starb erschöpft am Kindbettfieber, Lessing saß am Sterbebett. Als die Kinder ihn bei der Leiche betend fanden, nahm er ihnen das Gelübde ab, ihrer Mutter nachzueifern. »Meine Frau ist tot: und diese Erfahrung habe ich nun auch gemacht. Ich freue mich, daß mir viel dergleichen Erfahrungen nicht mehr übrig sein können.« So ruhig, so zufrieden, so glücklich in den eigenen vier Wänden, werde ihn keiner mehr je finden, schrieb er, mit ihm sei es vorbei.

Drei weitere Jahre lebte Lessing in dem Haus mit Fritz und Malchen, der Stieftochter, die ihm den Haushalt führte, und von der böse Zungen sagten, Lessing habe ein Verhältnis mit ihr. »War er im Kreise des Hauses, so zeigte er sich als zärtlichster Familienvater.« Er zerstreute sich, so gut er eben konnte. Sein Schachtisch stand im Haus, der Spazierstock hing an der Wand, er empfing Besucher, im Gartensaal wurde gegessen, nach Tisch

Kaffee getrunken und Tabak geraucht. Am Nachmittag dann ein Spaziergang um den Schloßwall. Mit einem Wagen ausfahren mochte er nicht. »Wie man ihn im Hause über Leiden niemals klagen hörte, wie ihn die Seinigen auch niemals verdrießlich gesehen haben, so ließ er auch bei Tische niemals über das Essen einen Tadel laut werden. Vielmehr war er seelenvergnügt und konnte auch wohl recht herzlich lachen«, erzählte später seine Stieftochter. »Ein Gläschen Wein bot er seinen Gästen gern, ohne im Genuß desselben jemals das Maß zu überschreiten. Die beste Würze des Mahles war ein heiteres Tischgespräch, an welchem auch, selbst in Gegenwart gelehrter Männer, die Familie teilnehmen konnte.« Manche Gäste blieben länger als gedacht. Eines Tages stand einer, der sich Könemann nannte, vor der Tür. Er war so abgerissen wie der Hund, den er bei sich hatte. Er behauptete, ein Buch fertig schreiben zu wollen, bat Lessing um Brot und eine Kammer. Ein Scharlatan, doch Lessing nahm ihn auf, und Könemann schnorrte sich auf seine Kosten durch. Nach ihm kam Alexander Daveson aus Braunschweig, ein Kunsthändler und Schriftsteller, und weil er in Not geraten war, lud Lessing ihn ein und gab ihm die vorderen Räume.

Nach Eva Lessings Tod bezog Lessing ihr Sterbezimmer mit Blick auf den Garten. Seine Einsamkeit darin teilte er nur mit seiner Katze. Sehr früh am Morgen stand er auf, er arbeitete, dann weckte er die Kinder. Den Vormittag verbrachte er im Schlafrock auf seiner Studierstube, empfing Besucher oder arbeitete in der Bibliothek. Der Tag war geregelt. Halb eins war Essenszeit. Lessing kam immer pünktlich, doch als einst seine Frau damit anfing, das Essen auf die Minute zu richten, war ihm das denn doch zuviel. Malchen Lessing: »Seine häusliche Einrichtung zeigte Eleganz ohne Verschwendung, der größte Schmuck darin war Sauberkeit und Ordnung. Dies gilt namentlich auch von seinem Arbeitszimmer. Welch eine niederschlagende Nachricht für alle diejenigen, welche glauben, daß ein großer Gelehrter nur im schmutzigen Chaos seiner Studierstube gedeihen könne!«

Lessings Schwermut beherrschte in seinen letzten Jahren das Haus. Aufbrausend war er zu Hause selten. »Freundlich, wie Lessing gegen die Seinigen war, erwies er sich auch gegen seine Domestiken. Seine Kinder erinnern sich nur eines einzigen Falles, daß ihn die Heftigkeit übermannte, und er die Magd mit einem Backenstreiche züchtigte, weil sie sich, während der letzten Krankheit seiner Frau, im Abholen der Medizin, Saumseligkeit hatte zuschulden kommen lassen. – Aufwartung bedurfte er wenig, und sein Bediente hatte daher äußerst faule Tage bei ihm.« Er war gebrochen, aber noch war er nicht am Ende. Er wurde krank, litt an Brustwassersucht, und doch saß er in der Stube und schrieb, denn trotz Trauer und Leid war Lessing streitbar wie je, und so stritt er sich mit dem Hamburger Hauptpastor Johann Melchior Goeze, einem eifernden Gegner, der ihm gleichwertig zurückgab. Lessing hatte die ›Fragmente eines Ungenannten‹ als angeblichen Bibliotheksfund herausgegeben. Verfasst hatte sie der verstorbene Hermann Samuel Reimarus, Lessings Freund, der gewissenhaft und kenntnisreich die Auferstehung Christi und die Aussendung des Heiligen Geistes bezweifelte. Er leugnete das Eingreifen Gottes in die Geschichte. Das rief den Pastor Goeze hervor, dem nachgesagt wurde, er zerre seine Schäflein an den Haaren in den Himmel. Goeze schrieb gegen Lessing an, daß die Fetzen flogen, 1778 setzte Lessing ihm den ›Anti-Goeze‹ entgegen, und mit der Schrift uferte der Streit aus, an dem sich alle Welt beteiligte. Lessings Herzog aber sah schon eine Glaubensspaltung heraufdämmern, und so verbot er Lessing, weiter Goeze niederzuschreiben, und das, obwohl er ihm einst zugesagt hatte, sich in keine seiner Schriften einzumischen. Verbot des ›Anti-Goeze‹. Lessing mundtot.

Lessing war am Boden, doch einmal noch stand er auf. Im Streit um die Wahrheit wechselte er nur die Waffen und holte zum letzten und bedeutendsten Schlag aus. 1779 erschien ›Nathan der Weise‹, und mitten in das Spiel um den Juden Nathan, den christlichen Tempelherren und Saladin, den Moslem, hatte Lessing die entscheidende Ringparabel eingeflochten. »Ich muß versuchen, ob man mich auf meiner alten Kanzel, auf dem Theater wenigstens, noch ungestört will predigen lassen.« Nathan erzählt: Ein Reicher habe einen Ring besessen und befohlen, daß auf immer nur der Sohn ihn erbe, der sich als der Würdigste erweise. So wurde der Ring von Geschlecht zu Geschlecht weitergegeben, bis einst ein Vater drei Söhne hatte, die vollkommen gleich an Tugend waren. Jeder begehrte den Ring, der Vater aber ließ zwei weitere Ringe anfertigen und gab auf dem Sterbebett jedem der Söhne einen der Ringe, die nicht zu unterscheiden waren. Nach dem Tod des Vaters behauptete jeder Sohn, er besitze den wahren Ring. Und so blieb offen, wer der rechtmäßige Erbe sei. Gleiches gelte für den Glauben. Ein jeder möge seinen Glauben für den wahren halten, aber bis ein Weiser den Streit entscheiden könne, mache den Wert des Glaubens allein die Toleranz, das Fühlen, Denken und Handeln der Gläubigen aus.

Die Geschichte des Rings, das Eintreten für Menschlichkeit und gegenseitige Achtung war Lessings Erbe. ›Nathan der Weise‹ wurde am 14. April 1783 in Berlin aufgeführt, doch da war Lessing bereits zwei Jahre tot. Am 1. Februar 1781 war er in seiner Braunschweiger Wohnung, die er sich bei der Kirche St. Marien genommen hatte, um ab und zu in Braunschweig sein zu können und in Wolfenbüttel nicht vollends zu versauern. Er speiste bei Hofe, am nächsten Tag war er bei der Herzogin. Am 3. Februar 1781 litt Lessing unter Atemnot. Er wurde in seine Stube im ersten Stock beim Weinhändler Angott am Ägidienmarkt gebracht. Er schien sich zu erholen, empfing Besuche, las. Er werde vielleicht in seiner Todesstunde zittern, aber vor seiner Todesstunde werde er nicht zittern, hatte Lessing einst gesagt, und er hielt sich dran: Der Lohnlakai, den er auf seine letzten Tage hatte, mußte an Lessings Sterbetag eine Leiche herrichten. Lessing ließ ihm zweimal ausrichten, er solle sich gefälligst beeilen, fertig zu werden, um sich auch um seine kümmern zu können. Diese Szene sei aus, sagte er noch ganz am Ende. Lessing starb am Abend des 15. Februar 1781.

Im Garten stehlen sie mir den Salat

Eduard Mörike in Cleversulzbach

Das Pfarrhaus in Cleversulzbach bei Nacht: Gespenstische Berührungen, seltsame Geräusche, unheimliches Geklapper. Eduard Mörike, Tagebuch, 19. bis 30. August 1834: »Ein Fallen und Rollen, wie von einer kleinen Kugel unter meiner Bettstatt hervor, das ich bei hellem Wachen und völliger Gemütsruhe mehrmals vernahm, und wovon ich bei Tage trotz allem Nachsuchen keine natürliche Ursache finden konnte.« Nachts schreckte er auf mit dem Gefühl, ein fester, harter Körper liege auf der blanken Haut seiner Hüfte. Mörike blieb gelassen. Er wurde neugierig. »Als eben die Mutter durch den Hausöhrn ging, vernahm sie ein dumpfes, starkes Klopfen an der hintern Haustür, die auf ebenem Boden in den Garten hinausführt. Ihr erster Gedanke war, es verlange noch jemand herein; nur war das Klopfen von einem durchdringenden Seufzer gefolgt, der sogleich eine schauderhafte Idee erweckte. Man riegelte unverzüglich auf und sah im Garten nach, ohne irgendeine menschliche Spur zu entdecken. Auch Karl (mein älterer Bruder) dessen Zimmer zunächst an jener Tür ist, sowie Clärchen (meine Schwester) und die Magd hatten das Klopfen gehört.« Eines Nachts lief Clara zitternd mit stockendem Atem aus der Schlafstube. Sie war erwacht, weil sie von einem Unsichtbaren in den Arm genommen worden war.

Im Sommer 1834 waren sie im Pfarrhaus eingezogen. Bald danach begann das Rumoren. »Die Geisterindizien dauern fort, und zwar jetzt in verstärktem Grade.« Das Pfarrhaus war nicht geheuer, besonders im Herbst und Winter. Eduard Mörike glaubte, der Geist des zu Cleversulzbach verstorbenen Pfarrers Rabausch gehe um. Erst die Morgendämmerung vertrieb das Poltern bis zur nächsten Nacht. »Vom Berge was kommt dort um Mitternacht spät | Mit Fackeln so prächtig herunter? | Ob das wohl zum Tanze, zum Feste noch geht? | Mir klingen die Lieder so munter. | O nein! | So sage, was mag es wohl sein? | Das, was du siehest, ist Totengeleit, | Und was du da hörest, sind

Nächtliche Traumerscheinung, Zeichnung von Mörike

Klagen.« Eduard Mörike war empfänglich für das Geisterhafte, das er in Gedichten wie ›Die Geister am Mummelsee‹ beschrieb. Sein bekanntestes gelang ihm mit zwanzig: ›Der Feuerreiter‹. »Sehet ihr am Fensterlein | Dort die rote Mütze wieder? | Nicht geheuer muß es sein, | Denn er geht schon auf und nieder. | Und auf einmal welch Gewühle | Bei der Brücke, nach dem Feld! | Horch! das Feuerglöcklein gellt: | Hinterm Berg, | Hinterm Berg | Brennt es in der Mühle!« Eduard Mörike beendete seine Aufzeichnungen zum Spuk im Pfarrhaus 1841. Eine Erklärung fand er nie.

Das Pfarrhaus bei Tag: Die Pfarre war arm, das Kirchdorf abgeschieden, das Pfarrhaus neben der Kirche mit dem alten Turmhahn geräumig, aber bescheiden, der Keller des Pfarrhauses feucht, nur drei der Zimmer zu heizen. Die Pfarre war mit einer Kasse ausgestattet, einem Kasten für die Kirchenbücher, einem Amtssiegel und mehr nicht. Bei der Kirche der Friedhof, auf dem Schillers Mutter begraben liegt, dazu ein Garten, in dem Gemüse gezogen wurde für das karge Essen. Nachts schlichen sich die Bauern ein. »Im Garten stehlen sie mir den Salat.« Eduard Mörike nahm das mit einem Lachen. Ohne eigene Pfarrgemeinde war er seit Jahren als Vertreter von Pfarrern im Land, als Pfarrvikar, herumgeschickt worden, und nachdem er sich am 26. April 1834 für Cleversulzbach beworben hatte, war er selbst erstaunt, seine erste Pfarre auch zu bekommen. Er galt als »faules Luder«. So oft wie möglich ließ er sich beurlauben, ganze Tage verbrachte er im Bett, auch wenn ihm nichts fehlte, und ab und an ließ er sich aufgesetzte Sonntagspredigten schicken, um sie nicht selbst schreiben zu müssen. »Was die Handschrift anbelangt, so haben ja die Diebe gute Augen.« Gottesdienst, Buchführung, die Kinder unterrichten, mitten in der Nacht Sterbenden beistehen oder Schwerkranken Trost spenden, Taufen, Beerdigungen strengten ihn an. Eduard Mörike gemütlich auf einer Bank vor dem Haus sitzend, behaglich ein Pfeifchen schmauchend, seelenvolle, beschauliche oder schaurige Gedichte schreibend, die Bienlein summen, ringsum Wiesen, satte Felder, Weinberge, ein lichter Wald: so putzig zipfelmützig war das Leben des Eduard Mörike nicht. Er hatte lange geschwankt, ob er überhaupt Pfarrer werden solle, was er mitbrachte, waren Schulden und eine enttäuschte Liebe. »Laß, o Welt, o laß mich sein! | Locket nicht mit Liebesgaben, | Laßt dies Herz alleine haben | Seine Wonne, seine Pein!«

Eduard Mörike war als siebtes von dreizehn Kindern am 8. September 1804 in Ludwigsburg geboren worden. Sein Vater war Arzt. »Mein Vater wünschte nicht, daß einer seiner Söhne seinen Beruf ergreife und man war, besonders auf den Wunsch eines verehrten Oheims, schon ziemlich übereingekommen mich dem geistlichen Stande zu widmen.« Sein Weg war damit vorgegeben. In Schwaben Pfarrer zu werden hieß, das strenge Landexamen zu bestehen und sich in den Niederen Theologischen Seminaren von Urach oder Maulbronn auf das Seminar in Tübingen vorzubereiten, doch 1815 geriet Eduard Mörike ins Trudeln. Der Vater erlitt einen Schlaganfall. »Mit diesem Tage begann das Glück unseres Hauses in mehr als *einem* Betrachte zu sinken.« Drei Jahre wurde der Vater gepflegt, dann starb er. Danach kam Eduard Mörike in das Haus seines Onkels am Büchsentor nach Stuttgart. Die weitverzweigte, alteingesessene, einflußreiche Familie fing ihn auf, und er bereitete sich weiter auf das Landexamen vor – das er nicht bestand. 1818 wurde er dennoch mit Rücksicht auf den Tod des Vaters in Urach aufgenommen.

Urach bedeutete graue Anstaltskleidung, ständig unter Aufsicht, weggeschlossen von der Welt, lernen, schlafen, lernen, schlafen, dazwischen Gottesdienste, Gebetsstunden, Andachten. Eduard Mörike wurde in der Schule schlecht und schlechter. Ständig war er krank. Kaum daß er angekommen war, lag er für Wochen mit Scharlach auf der Krankenstube. Zurück blieb eine Augenschwäche. Er mußte fortan eine Brille tragen. Eduard Mörike schleppte sich lustlos durch. Das Beste an Urach waren die Freunde, die er fand, darunter Wilhelm Hartlaub, Wilhelm Waiblinger und Johannes Mährlen, den er neidisch bewunderte, als er sich aus der »Vikariatsknechtschaft« befreite. »Daß Du, Canaille, nun geborgen bist, kann ich aber doch nicht recht leiden; weil ichs nicht auch bin; weil ich, wie ein miserabler Hund hinter Deiner carrière brillante herwinsele.« Eduard Mörike zweifelte von Anfang an, ob er zum Pfarrer tauge, und die Zweifel stiegen.

Er brachte Urach hinter sich, doch auch das Leben am Tübinger Stift war hart. Die Eingänge gesichert, ungeheizte Schlafsäle für sechs bis zehn Leute. Beim Essen, das aus einem Kloster gebracht wurde, durfte keiner unentschuldigt fehlen. Ein Vorleser begleitete das Essen mit Gebeten. Von früh morgens bis zum Abend Gelehrtenplackerei: Latein, Griechisch, Hebräisch, Bibelkunde. Danach durften sie hinaus. Um zehn mußten sie zurück sein, doch auch in den Kneipen wurden sie überwacht. Tübingen war wie ein Dorf, und alles drang zu den Lehrern durch. Die Bürger beäugten das Treiben der Studenten mißtrauisch, unter die sich die Stiftler mischten. Kein Wunder. Abenteuerlich gekleidet zogen sie übermütig frech von Kneipe zu Kneipe. Schulterlange Haare, Knebelbart, die Hosen möglichst bunt. Bürgerhüte waren verpönt. Sie trugen lieber aberwitzige Kappen, den türkischen Fez oder Turbane, und immer dabei: eine lange Pfeife, Degen und Messer. Oft endeten diese betrunkenen Umzüge in wüsten Prügeleien.

Wie schon in Urach war Eduard Mörike keine Leuchte. Seine Auffassungsgabe galt als gering, sein Urteilsvermögen als wenig klar. Nach einer Predigt, die er halten mußte, war das Urteil vernichtend: mittelmäßig, unangemessen ausgeführt, unangenehm vorgetragen. Mit der Hausordnung stand er auf Kriegsfuß. Seine Strafen für Herumtreiberei, Verspätung, Tabakrauchen oder ungehörige Kleidung läpperten sich. Eduard Mörike gehörte zu den meistbestraften Zöglingen am Stift, doch das ließ ihn kalt. Das Stift fiel ihm auf die Nerven. Lieber ging er in die Gartenlaube auf dem Österberg, in der sich abends Stiftler heimlich trafen, und von Zeit zu Zeit kam der geisteskranke Hölderlin von seinem Turm am Neckar zu ihnen hinauf. Eduard Mörike liebte das Bechern mit den Freunden. Das Fahnenschwenken aber, Burschenschaftsgehabe, Freiheitsschwärmen, Predigen des Aufstandes gegen die Fürsten lag ihm nicht. Am 28. November 1822 war er in das Stift eingetreten, zwei Jahre zuvor war Karl Ludwig Sand hingerichtet worden, der glaubte, mit der Ermordung Kotzebues die Revolution in Deutschland auszulösen. Die Fürsten hatten zurückgeschlagen, die Burschenschaften waren verboten. Überall herrschte Gesinnungsspitzelei, doch je schärfer die Verfolgungen wurden, desto mehr kamen spannende Geheimtreffen in Schwung, bei denen auch in Tübingen um so stärker gehetzt wurde, je mehr die Unterdrückung wuchs. Die Stiftler waren keine Ausnahme, doch nur wenige wagten auch zu handeln. Ihre eisenfresserischen Reden gegen die Machthaber waren eher ein

Spundloch, um sich Luft zu schaffen in der Enge. Eduard Mörike hatte ein anderes: das Schankmädchen Maria Meyer, seine geheimnisvolle Peregrina, die große Leidenschaft seines Lebens, die er nach gut einem Jahr mutlos wieder aufgab.

»Krank seitdem, | Wund ist und wehe mein Herz. | Nimmer wird es genesen!« Die meisten Briefe, die sie betrafen, hat Eduard Mörike verschwinden lassen, in den erhaltenen anzügliche Stellen herausgeschnitten, alle Andenken an sie vernichtet und ansonsten beharrlich geschwiegen. Im Frühjahr 1823 hatte er sie als Neunzehnjähriger bei einem Besuch in Ludwigsburg kennengelernt. Der Wirt des Gasthauses, in dem sie bediente, hatte sie einst auf der Landstraße ohnmächtig auf einem Steinhaufen liegend gefunden, sie aufgeladen und mitgenommen. Eine beeindruckende Schönheit, belesen, geheimnisvoll, an jedem Finger einen Verehrer. Sie behauptete, vor dem Kloster geflohen zu sein. Eduard Mörike, noch angeschlagen von einer ersten, gescheiterten Liebschaft, stand Hals über Kopf in Flammen. Er mußte nach Tübingen zurück, doch sie schrieben sich, Ende des Jahres aber war sie spurlos verschwunden. In Heidelberg tauchte sie wieder auf. Sie war als Landstreicherin verhaftet worden. Wie in Ludwigsburg fand sie Hilfe, bis sie sich bald wieder davonmachte. Mörike sah in ihr eine heilige Sünderin, doch weniger die Heilige als die Sünderin zog ihn an. Der künftige Pfarrer war zutiefst von seinen verbotenen Gefühlen erschreckt. Er ließ sie fallen. »Die Liebe, sagt man, steht am Pfahl gebunden, | Geht endlich arm, zerrüttet, unbeschuht.« Am 10. Juli 1824 erhielt Eduard Mörike einen Brief, der besagte, Maria Meyer sei in Tübingen. Sie hatte ihr Spiel gespielt: Zusammenbruch vor der Stadt und mitleidige Helfer. Sie wollte zu Mörike, der auf ihren letzten Brief nicht mehr geantwortet hatte. Eduard Mörike aber weigerte sich, sie zu sehen. Maria Meyer verließ die Stadt, doch nicht seine Gedanken. Die Peregrinagedichte entstanden bald darauf. Die Zigeunerin im ›Maler Nolten‹ ist ihr nachgebildet. Was blieb, war Wehmut. »Doch weh! o weh! was soll mir dieser Blick? | Sie küßt mich zwischen Lieben noch und Hassen, | Sie kehrt sich ab, und kehrt mir nie zurück.« Kurz darauf brach

Eduard Mörike zusammen. Er zog sich in die Krankheit zurück, wie immer, wenn er in ernste Schwierigkeiten geriet.

Eduard Mörike reiste erschöpft nach Stuttgart. Dort traf ihn der nächste Schlag. Der sehnlichste Wunsch seines geliebten Bruders August Mörike war, Arzt zu werden. Das alte Verbot des Vaters aber stand dagegen, und auch Eduard Mörike unterstützte ihn nicht. Am 25. August 1824 starb August Mörike. Selbstmord wurde vermutet. Eduard Mörike war erschüttert, er gab sich die Schuld, und inmitten seiner Wirren begann er endgültig zu schreiben. Schreiben als Ausweg. Ein Trauerspiel hatte er begonnen, das er verbrannte, die ersten Gedichte auf Peregrina waren entstanden, und als er für seine letzten beiden Stiftsjahre nach Tübingen zurückkehrte, schuf er sich ein Traumland: »Du bist Orplid, mein Land! | Das ferne leuchtet.« Weite Strände, klare Wasser, sanfte Nebel, doch auf der sonnenbeschienenen Insel blüht die Gewalt. Der König ist einsam, seit tausend Jahren darf er nicht sterben. Die grausame Fee Thereile hält ihn in ihrem Bann und am Leben. Eduard Mörike war nie harmlos, wo er sich harmlos gab. Im Herbst 1826 legte er seine letzten Prüfungen ab. Tübingen war überstanden.

Er wurde als Pfarrgehilfe nach Oberboihingen geschickt, dann nach Möhringen. Im Dorf war er bald bekannt wie ein bunter Hund. Er war mit einem guten Dutzend Vögeln ins Pfarrhaus eingezogen, einen zahmen Star nahm er auf seine Spaziergänge mit, doch hinter dem fidelen Schein brodelte der Zweifel, auch in Köngen bei Nürtingen, seiner nächsten Pfarre. »Meine ganze innere Verfassung in jener Übergangsperiode, der bisher mühsam unterdrückte Zweifel, ob ich denn auch wirklich zum Geistlichen tauge, dabei ein angegriffener Gesundheitszustand, drängte notwendig zu dem Entschluß, auf einige Zeit dem kirchlichen Dienst zu entsagen.« Käme er nur heraus aus der Stickluft, dann wolle er sich umtun und sich regen und Tinte aus allen Poren spritzen. »Dies sag ich«, schrieb er, »im Gefühl eines Kerls, dem der Steiß brennt, sich auf eine größere Bahn zu stürzen.« Seine Gesundheit hatte er vorgeschoben, um nicht gleich wieder woanders antreten zu müssen, acht Wochen war ihm freigegeben worden. Mörike machte fast ein Jahr daraus. Er bemühte sich, vom Schreiben zu leben, bezog am 1. November 1828 zwei Zimmer in der Stuttgarter Sophienstraße, durfte sogar für 50 Gulden im Monat Erzählungen zur Zeitung bringen, setzte sich hin und schrieb. »Die erste Wurst aber, so ich von dem Geld aß, schmeckte mir schon nicht recht und eh vierzehn Tage vergingen hatt ich das Grimmen als läge mir Gift im Leibe.« Das Schreiben unter Zwang war ihm zu viel. »Ich sah – oder vielmehr der Kerl in mir, der sich auf den E. Mörike besser versteht, als ich selber, sah voraus, ich würde von dem Erzählungenschreiben bald Bauchweh bekommen, ärger als je vom Predigtmachen.«

Stuttgart, Nürtingen, München, Buchau am Federsee, Scheer an der Donau: Sein freies Jahr war ein zielloses Jahr. Auch eine Liebelei war nur ein schnell vergangener Lichtblick. »Die Lieb, die Lieb hat alle Stund | Neu wunderlich Gelüsten; | Wir bissen uns die Lippen wund, | Da wir uns heute küßten. | Das Mädchen hielt in guter Ruh, | Wie's Lämmlein unterm Messer; | Ihr Auge bat: nur immer zu, | Je weher, desto besser!« Eduard Mörike war alles andere als verhuscht oder verklemmt. Er nutzte das Jahr, um Gedichte zu schreiben. ›Septembermorgen‹: »Im Nebel ruhet noch die Welt, | Noch träumen Wald und Wiesen.« ›Um Mitternacht‹: »Gelassen stieg die Nacht ans Land, | Lehnt träumend an der Berge Wand.« ›In der Frühe‹: »Kein Schlaf noch kühlt das Auge mir, | Dort gehet schon der Tag herfür | An meinem Kammerfenster.« Eduard Mörike, der Besinnliche, der Beschauliche, als der er geschätzt wird. Doch zwischen all den vielen Bäumen, bunten Wiesen, schönen Blumen spitzt immer wieder auch ein anderer Mörike hervor. ›Erstes Liebeslied eines Mädchens‹: »Greif ich einen süßen Aal? | Greif ich eine Schlange?« Eduard Mörike, der Sinnliche. »Es beißt sich, o Wunder! Mir keck durch die Haut, | Schießt's Herze hinunter! | O Liebe, mir graut! | Was tun, was beginnen? | Das schaurige Ding, | Es schnalzet da drinnen, | Es legt sich im Ring. | Gift muß ich haben! | Hier schleicht es herum, | Tut wonniglich graben | Und bringt mich noch um!« Eduard Mörike konnte, wollte, mußte schreiben, doch vom Schreiben leben, war ihm nicht möglich. Zu aufreibend. Zu anstrengend. Das Jahr war vorbei, er kehrte zum ungeliebten Pfarramt zurück. »Ich für meine Person weiß nichts, als bei der Kirche bleiben.«

Kirche und Pfarrgarten in Plattenhardt, Zeichnung von Mörike

Mörike Anfang 1828: »Alles, nur kein Geistlicher!« Mörike Ende 1828: »Vivat Vicariat!« Der Umschwung kam nicht überraschend. »Wie Schuppen fiels mir von den Augen, *daß ich alle jene Pläne, die mein ganzes Herz erfüllen* auf keinem Fleck der Welt (wie nun eben die Welt ist!) sicherer und lustiger verfolgen kann als in der Dachstube eines württembergischen Pfarrhauses. Mich soll gleich der Teufel holen wenn das mein Ernst nicht ist.« Gesagt, getan. Eduard Mörike kam zuerst nach Pflummern, und am 19. Mai 1829 wurde er Pfarrverweser in Plattenhardt, und Plattenhardt war für Mörike Luise Rau. Nach dem Tod des dortigen Pfarrers, Gottlieb Friedrich Rau, war der Witwe erlaubt worden, mit ihren Kindern noch einige Zeit im Pfarrhaus zu wohnen. Eines der Kinder war Luise Rau. 14. August 1829: Verlobung Eduard Mörikes. Er steckte ihr die schönsten Liebesbriefe zu, überraschte sie bei ihrer Morgenwäsche und fand selbst beim Bügeln ihre roten Lippen stets gefällig, wie er schrieb. Für Eduard Mörike war sie ein Biedermeierengel, mal reizend schüchtern, mal aufbrausender Feuerkopf. Andere sahen das anders. Luise Rau: taubenhaft, aber leider gar zu einfältig.

Doch auch Luise Rau bekam nicht, was sie in ihm sah: ein gemütliches, sicheres Leben als Pfarrersfrau. Eduard Mörike war noch immer nur ein Pfarrgehilfe, der nach Belieben versetzt

Die Vikarstube in Owen, Zeichnung von Mörike

wurde. Owen, Eltingen, Klambach, Weilheim, nochmal Owen, Öthlingen, 1832 dann Ochsenwang, in dem Mörike zwei Zimmer im Schulhaus zugewiesen wurden. Eine kleine, heizbare, nicht unfreundliche Stube, so Mörike, und eine noch kleinere, dumpfe Schlafkammer. Zum Heiraten aber fehlte das Geld. Pfarrgehilfen wurden schlecht bezahlt. Zudem zog er vor, über Gedichten statt über Predigten zu brüten, er kränkelte vor sich hin, und mit der alten Krankheitsausrede verschaffte er sich eine Freistellung nach der anderen. An ein Fortkommen, an eine eigene Pfarre gar, war so nicht zu denken. Luise Rau wurde enttäuscht und enttäuschter, für Eduard Mörike dagegen gehörten die Jahre mit ihr zu den schaffensfreudigsten. ›Maler Nolten‹ kam heraus, worin Mörike sein eigenes Leben einflocht. Der Roman vom Aufstieg und Fall des Malers Nolten ist durchsetzt mit lang zuvor geschriebenen Gedichten wie ›Der Feuerreiter‹ oder ›Die Geister vom Mummelsee‹ und neuen dazu wie ›Er ist's‹: »Frühling läßt sein blaues Band | Wieder flattern durch die Lüfte; | Süße, wohlbekannte Düfte | Streifen ahnungsvoll das Land.« Erfolgreich war er damit nicht. Eduard Mörike wurde gelobt, aber nicht gelesen. Zehn Jahre nach dem Erscheinen des ›Maler Nolten‹ war noch nicht einmal die Hälfte der Ausgabe verkauft, und selbst Luise Rau wußte nicht, was sie an ihm hatte. Sie stritten immer häufiger, denn Eduard Mörike war ihr nicht besonders treu. Sein letzter Brief an sie: 8. August 1833. »Ich bin seit Wochen wie ein gehetztes Wild, unstet, fast heimatlos, uneins mit mir selbst und möchte mein Schicksal mit Füßen zertreten.« Ständig herumgeschickt, wenig Aussicht, eine Pfarrstelle zu bekommen, sein Schreiben kaum beachtet, das alles hatte Wirkung gezeigt, bei ihm und bei ihr. 20. Dezember 1833: »Es hat sich aber inzwischen eine für mein ganzes Leben wichtige Katastrophe eingeleitet, deren schmerzhafte Entwicklung alles Übrige bei mir verschlang.« Sie trennten sich. Doch nicht nur Eduard Mörike hatte eine üble Zeit. Die Pariser Julirevolution von 1830 wirkte auch auf Württemberg. Die Verfolgungen aufrührerischer Köpfe waren härter geworden. Sein Freund Rudolf Lohbauer floh in die Schweiz, ein anderer, Ernst Friedrich Kauffmann, wurde unter Anklage gestellt, sein Bruder Karl Mörike war auf die Festung Hohenasperg in Haft geschickt worden. Eduard Mörikes Weg aber führte nicht in Haft und Flucht, sondern endlich ins Pfarramt. Aufbegehrt hat er nie.

»Zu Cleversulzbach im Unterland | Hundertunddreizehn Jahr ich stand, | Auf dem Kirchenturm ein guter Hahn, | Als ein Zierat und Wetterfahn. | In Sturm und Wind und Regennacht | Hab ich allzeit das Dorf bewacht.« Sommer 1834: Im Pfarrhaus ging der Poltergeist seufzend um, und auch Eduard Mörike stöhnte, denn sein Pfarramt hielt ihn in Atem. Einer Pfarre vorzustehen, bedeutete nicht nur das ungeliebte Predigen, Betstunden halten, Beichte abnehmen, die Kassenbücher führen, die täglichen Sorgen der Dörfler teilen, die Aufsicht über den Dorflehrer, auf Sitte, Zucht und Ordnung der Bauern achten. Über alles mußte er pflichtergebenst seinen Vorgesetzten berichten. Der Pfarrer war der Vertreter des Landesherren, dem er Rechenschaft schuldete über das Betragen der Gemeinde, über Einnahmen und Ausgaben. Regelmäßig wurde er überprüft. Er mußte die Bücher vorlegen und wurde über sein eigenes Verhalten streng befragt. Verfehlungen wurden zuerst ihm angelastet: Als in seinen Cleversulzbacher Jahren eine wandernde Puppenspielertruppe ins Dorf kam, mußte sie bei Eduard Mörike vorsprechen. Er bestimmte, was gespielt werden durfte. Die Stücke mußten den sittlichen und politischen Vorstellungen der Obrigkeit entsprechen. Mörike ließ nur wenige Aufführungen im Wirtshaus zu, weil er befürchtete, die Bauern würden bloß die Gelegenheit nutzen, ausgiebig zu zechen.

Das Pfarrhaus war nicht der erhoffte stille Winkel. Schon im ersten Cleversulzbacher Winter litt Eduard Mörike, und diesmal wirklich. Er rang mit dem Tod, war nahe dran, wie er schrieb, aus dem Land der Lebendigen abzusegeln. Er klagte über Brustschmerzen, Lähmungen, seine Augen quälten ihn. Behandelt wurde er in den Cleversulzbacher Jahren von dem Arzt Karl-Ludwig Elsäßer aus dem nahen Neuenstadt, der ihn mit Wasserkuren, Blutegeln, Schwefelpulver immer wieder auf die Beine brachte. Zu Justinus Kerner nach Weinsberg schickte er seine Aufzeichnungen ›Der Spuk im Pfarrhause zu Cleversulzbach‹, denn auch Justinus Kerner glaubte an Geister. Besessene heilte er durch Handauflegen, doch mehr noch durch geduldiges Zuhören, und so auch Mörike, der bei ihm seine Sorgen loswurde, von denen er reichlich hatte. Sein Bruder Adolph wurde immer mal wieder in ein Arbeitshaus verfrachtet und setzte sich später ins Ausland ab, Mörike mußte die Mutter und die Schwester versorgen, die bei ihm lebten und den Haushalt führten, dazu seinen Bruder Karl, der als ehemaliger Sträfling nirgends genommen wurde. Als er dann doch unterkam, warf er die Stelle hin, zog wieder ins Pfarrhaus. Bereits vor Cleversulzbach hatte sich Eduard Mörike für ihn in erhebliche Schulden gestürzt. Zehn Jahre brauchte er, um sie mit Zins und Zinseszins abzutragen. Cleversulzbach war kein Zuckerschlecken, wenn er auch seine Klagen übertrieb, denn das Pfarramt ließ ihm Freiheit genug, besonders nachdem er einen Pfarrgehilfen bekommen hatte, dem er aufbrummte, was nur ging. Er selbst verkroch sich hinter turmhohen Kissen im Bett, schützte eingebildete Krankheiten vor, machte ellenlange Spaziergänge, werkelte im Garten. Seine Pflichten erfüllte er nur unwillig, und nach der ersten schweren Krankheit kümmerte er sich lieber um die Salatköpfe. Ein Pfarrer aber mußte seinen Gehilfen aus eigener Tasche zahlen, und die leidlich bestallte Pfarrstelle reichte dafür nicht. Doch weil Freunde für ihn sammelten und seine Vorgesetzten einen Zuschuß gewährten, schlängelte er sich durch und warf sich auf das Schreiben. Am Ende seiner Cleversulzbacher Zeit stand er allein bei Wilhelm Hartlaub mit 1000 Gulden in der Kreide, der lieh und schwieg. »Ich sitze viel im Garten unter dem grünen Schirm, ein Buch vor mir, in das ich zwei Minuten hineinsehe, um alsbald wieder in meine eigenen Grillen zu verfallen.«

Aus Mörikes Mergentheimer Haushaltsbüchlein, Oktober 1846

1836 entstand die Novelle ›Der Schatz‹, ein erster Band mit Gedichten erschien 1838, eine Sammlung seiner Dichtungen 1839, darunter ›Der letzte König von Orplid‹. ›Die Regenbrüder‹ kam heraus. Seine ›Classische Blumenlese‹, eine Oper, die vertont wurde, und das Singspiel ›Das Fest im Gebirge‹ entstanden, dazu immer mehr und noch mehr Gedichte. Ein Wörterbuch, das er in Cleversulzbach fand, das Leben in und um das Pfarrhaus regte ihn an oder seine geliebten Beete, der Wetterhahn auf dem Glockenturm der Kirche, das Grab von Schillers Mutter auf dem Friedhof, neben der er die eigene Mutter bestattete, als sie 1841 starb. »Nach der Seite des Dorfs, wo jener alternde Zaun dort | Ländliche Gräber umschließt, wall ich in Einsamkeit oft.« Doch Eduard Mörike schrieb nicht nur Ernstes, Schauriges oder sanft Schönes. Allein die Namen seiner Gestalten sprechen für sich: Liebmund Maria Wispel, die Elfe Silpelit oder der Riese Suckelborst, der dem Teufel in der Unterwelt den Schwanz ausreißt, um ihn als Lesezeichen für ein scheunentorgroßes Buch zu benutzen. Jahre später verklärte Eduard Mörike in ›Ach nur einmal noch im Leben‹ Cleversulzbach zu seiner schönsten Zeit, in der er ein Gartenbüchlein anlegte und einen Storchenkalender und selbst dem Einmachen von Gurken ein Gedicht abgewinnen konnte. »Merke noch: die Senfkukumern | Werden auch in Ewigkeit | Weder schimmeln, noch verlummern | Wenn man sie so zubereit.« Dennoch: Nach neun Jahren als schwäbischer Landpfarrer fühlte er sich matt und aufgerieben. Eduard Mörike reichte seinen Abschied ein, und wie alle Beurlaubungen für Kuren oder Reisen wurde auch er ihm gewährt. Sie waren froh, ihn los zu sein. Am 19. September 1843 verließ er das Dorf auf immer. Pfarrer wurde er nie wieder. Für die nächsten acht Jahre setzte er sich aufs Altenteil.

Eduard Mörike war mit neununddreißig ein durchaus rüstiger Rentner, der mit seiner Schwester Clara für ein halbes Jahr zur Erholung nach Wermutshausen ging, dann nach Schwäbisch Hall wechselte. Im Frühjahr 1845 zog er nach Bad Mergentheim ins Haus des bettlägerigen Oberstleutnants von Speeth. Bad Mergentheim war schlicht billiger. Mörike bezog 280 Gulden Ruhegeld, und um nur ja nichts zu verschwenden, wurde ein Haushaltsbuch geführt, das er mit drolligen Zeichnungen versah. Milch und Wecken stehen täglich drin, Brot nur alle drei Tage. Für seine Bücher bekam er ab und zu Geld geschickt, für die ›Idylle vom Bodensee‹ wurde ihm ein Preis zuerkannt, die Versteigerung seines Cleversulzbacher Hab und Guts hatte 250 Gulden gebracht, doch das alles reichte hinten und vorne nicht. Oft genug mußte Eduard Mörike Schulden machen, schon weil er seinen Brüdern immer wieder borgte. Bad Mergentheim aber hielt dennoch ein Glück für ihn bereit: Margarethe von Speeth, die katholische Tochter seines Vermieters. Als ihr schwerkranker Vater starb, hatte Eduard Mörike versprochen, sich ihrer anzunehmen. »Mich befängt ein Liebeszauberschwindel.« Sein Taumel jedoch gefiel seiner Schwester nicht. Gutmütig glaubte Mörike an ein freundschaftliches Leben zu dritt, und jahrelang mühte er sich zäh, den schönen Schein zu wahren, doch Clara Mörike fühlte sich zurückgesetzt. Die ganzen Jahre hatte sie ihm zur Seite gestanden, ihr eigenes Glück für ihn geopfert. Sie sah sich beiseite geschoben. Noch aber gab sie nicht auf. Als Eduard Mörike seine Margarethe am 25. November 1851 heiratete, zog sie mit ihnen nach Stuttgart.

In Bad Mergentheim hatte sein Dichten gestockt. Zu sehr plagte ihn die Sorge ums Geld, zu arg schwelte der Zank zwischen Schwester und Geliebter, zu oft lag er darnieder. Stuttgart bot einen Ausweg. Mörike konnte heiraten, weil er als Nachfolger Gustav Schwabs als Literaturlehrer an das Katharinenstift für höhere Töchter berufen worden war, und wie frisch belebt gelang ihm auch sein Schreiben wieder besser. ›Das Stuttgarter Hutzelmännlein‹ entstand, in das die ›Historie von der schönen Lau‹ und dem Blautopf eingestreut ist. Das Märchen vom Hutzelmännlein, das dem Schustergesellen Seppe Glücksschuhe und das nachwachsende Hutzelbrot schenkt, mit denen sich der Geselle auf die Suche nach seinem Glück begibt, machte Eduard Mörike bekannter als seine Gedichte, obwohl selbst Iwan Turgenjew seinen ›Alten Turmhahn‹ auswendig lernte. Seinen eigentlichen Ruhm begründete Mörike jedoch erst 1855 mit ›Mozart auf der Reise nach Prag‹. Er schildert einen Tag im Leben des Wolfgang Amadeus Mozart, der nach Prag fährt, um die erste Aufführung seiner Oper ›Don Juan‹ zu sehen. Mozart hält auf einem Schloß, die Adeligen feiern ihn. Er ist berühmt, doch über seine sprühende Lebensfreude breitet sich schon der Schatten seines frühen Todes. Als er ›Dein Lachen endet vor der Morgenröte‹ spielt, kriecht den Zuhörern die Kälte ins Mark. »Ein Tännlein grünet wo, | Wer weiß, im Walde; | Ein Rosenstrauch, wer sagt, | In welchem Garten? | Sind erlesen schon, | Denk es, o Seele, | Auf deinem Grab zu wurzeln | Und zu wachsen.« Auch Mörike hatte den Gipfel seines Ruhms erreicht. Von nun an ging's bergab.

Für ›Mozart auf der Reise nach Prag‹ prasselte die Anerkennung auf ihn nieder. Ernennung zum Professor, Orden, Empfang beim König, die Königin kam zu ihm in die Schule, häkelte und hörte zu. »Bei all dem hatte ich wahrhaftig und habe noch jetzt die Empfindung als liege ein seltsamer Irrtum zu Grund. Wenn ich das Wenige, was von mir ausgegangen ist ansehe so weiß ich wirklich nicht, wie ich zu dieser Auszeichnung komme.« Doch es blieb beim durchlauchtigsten Schulterklopfen, seine Bücher verkauften sich nach wie vor mehr schlecht als recht. Mörike war eine Berühmtheit nur für Kenner geworden. Storm und Hebbel schrieben ihm, Turgenjew und der Maler Moritz von Schwind besuchten ihn, doch um nicht »totbesucht« zu werden, zog sich Mörike zurück. Immer häufiger verließ er Stuttgart, um sich unerkannt in Lorch oder Bebenhausen zu erholen. Eduard Mörike wurde geehrt – und verstummte. Zwanzig Jahre lang, bis zu seinem Tod, schrieb er so gut wie nichts mehr von Bedeutung.

Die alte Faulheit brach sich Bahn, und auch der Streit zwischen Clara und Margarethe Mörike entflammte lichterloh. 1855 war seine Tochter Fanny geboren worden, 1857 seine zweite Tochter Marie, doch Clara Mörike beharrte auf ihrem älteren Vorrecht. Sie beschimpfte Margarethe, daß sie froh sein könne, bei ihnen aufgenommen worden zu sein, und verstieg sich zu einer Benimmregel, nach der sich die Schwägerin zu richten habe. Clara stand auf verlorenem Posten. Als alte Jungfer war sie abhängig vom Geld Eduard Mörikes, wurde als Kindermädchen und Hauswirtschafterin ausgenutzt. Ihr Zimmer in der Wohnung in der Stuttgarter Kanzleistraße, das sie mit den Nichten teilen mußte, diente zugleich als Eßzimmer. Ihr Toilettentischchen hinter einem Wandschirm war ihr einziges Reich. Als sich aber ein Verehrer für Clara fand, wendete sich das Blatt. Eduard Mörike war er nicht gut genug, er wollte Clara behalten und wies ihn ab. Danach plagte ihn das schlechte Gewissen. Clara bekam Oberwasser, bis Margarethe sich wieder ins rechte Licht rückte. Über Jahre ging das so. Und Mörike? Er hielt sich raus, ließ sich verwöhnen, spielte den Hahn im Korb, und half alles nichts, wurde er krank, doch spurlos ging der Wettstreit nicht an ihm vorüber. Theodor Storm, der ihn besuchte, schilderte ihn als vorzeitig erschlafft und verfallen. Kur folgte auf Kur, Erholungsreise auf Erholungsreise, Mörike wurde bei vollen Bezügen von seinem Schulamt entbunden, und doch rieb ihn das häusliche Gezerre auf. Erst 1873 war der Kampf um ihn beendet. Margarethe Mörike gab auf. Die Ehe war gescheitert, sie zog aus. Clara hatte gewonnen, doch nur, um an seinem Krankenbett zu wachen. Die eingebildeten Krankheiten waren den wirklichen gewichen. Keine Lust auf Essen, Müdigkeit, heftige Brustschmerzen, die er mit Morphium bekämpfte. Am 4. Juni 1875 starb er nach qualvoller Nacht um 8 Uhr morgens, zwei Tage darauf wurde er begraben. Gottfried Keller schrieb einen Nachruf. Nur wenige Zeilen ist er lang: »Wenn sein Tod nun seine Werke nicht unter die Leute bringt, so ist ihnen nicht zu helfen, nämlich den Leuten!«

Die schwarze Tiefe, die den Tod verkündet

Conrad Ferdinand Meyer in Kilchberg

Heute ist die Campagne von Albert Ott, neben der Graf Platerschen, in Kilchberg unser Eigentum geworden. Möge Gottes Segen darüber walten.« Am 17. Januar 1877 gehörte das Ottsche Gut am Zürichsee Conrad Ferdinand Meyer. Ein einfaches Haus, ein Bauernhaus. Über dem Türstock das Jahr 1785. Er baute aus und um, im Frühjahr zog er ein mit seiner Frau, Louise Ziegler, mit Katze und Hund. »Man schellt am Gittertor, da, wo es ›Meyer-Ziegler‹ heißt. Alsbald erheben 2 Hunde, ein mächtig großer Bernhardiner, ein Prachtexemplar, und ein kleines Köterle ein Mordsgekläffe, – ersterer reißt wütend an seiner Kette, der andere springt das eiserne Gitter hinan, – da erscheint – ein Diener. Nicht in Livrée natürlich, das ist gegen Schweizer-Gefühl, – aber mit der ganzen grinsenden Artigkeit eines sehr wohldressierten Dieners.« Das Haus lag am See, im Garten standen Apfelbäume, Pappeln, ein Nußbaum, Trauerlinde, Trauerweide, eine Magnolie, ein Maulbeerbaum. Die Trauben der Weinberge, die zum Gut gehörten, verkaufte er. Ein Achtel des gekelterten Weins behielt er für sich. »Stellen Sie sich aber unter meinem Haus keine Villa vor, es ist ein notdürftig restauriertes Bauernhaus mit vielen Winkeln und Treppen. Aus meinem Garten habe ich alle Treibhäuser u. Topfpflanzen entfernt, ich will nur Bäume u. Gras.« Als er das Rebguthaus fertig hatte, ließ er ein Wappen anbringen. Für seine Familie einen Hirsch, für die seiner Frau einen Ziegel. Sein Wahlspruch: »Cum deo«, mit Gott. »Mit Weib und Kind an meinem eignen Herd | In einer häuslich trauten Flamme Schein | Dünkt keine Ferne mir begehrenswert« Conrad Ferdinand Meyers Haus in Kilchberg war seine lebensnotwendige Zuflucht. Die Welt sollte draußen bleiben. Er ertrug sie nicht.

Conrad Ferdinand Meyers Haus in Kilchberg

Jahr für Jahr kaufte Conrad Ferdinand Meyer Grund hinzu, wurden umliegende Häuser angeboten, erwarb er auch sie, um Lärm und Leute fernzuhalten. »Aus Lust am Besitz habe ich es wahrlich nicht getan, sondern allein um meinem Gute seinen Wert und mir Stille und Ruhe zu erhalten.« Aus einem der aufgekauften Häuser in der Nähe, dem ›Roten Haus‹, machte er ein Heim für arme, alte, kränkliche Frauen aus dem Dorf. Eine Besucherin: »Es ist ein förmliches Armenhaus, das Meyer da gegründet und unterhält. Das ist doch nicht übel: 9 Alte und 2 Dienerinnen; das ist Almosen im großen Stil.« Die Alten nannte er seine Musen. Zwei Jahre, nachdem sie eingezogen waren, wurde seine Tochter Camilla geboren. Das Haus, sein Kind, der Nachbar ein Graf, das weitläufige Grundstück, er ein erfolgreicher Schriftsteller, sie eine vermögende Frau: Er sei mit Gott und der Welt zufrieden, schrieb er, hier wolle er, ohne weitere Wanderung, seine Kleider verschleißen. Das Anwesen wuchs. Anbauten kamen dazu, für Conrad Ferdinand Meyer ein großzügiges Arbeitszimmer im neugebauten Teil, das er selten benutzte. Er schrieb lieber in seinem alten. Geldsorgen hatte er nicht, im Gegenteil, er brauchte einen Vermögensverwalter. Er sei so glücklich, in seinen Verhältnissen frei zu sein, aber selbst die Verwaltung seines Geldes sei ihm zuviel, so Conrad Ferdinand Meyer am 18. Mai 1887, er würde gewiß Dummheiten machen. Es liege seiner Natur so völlig fern.

Conrad Ferdinand Meyers Natur: Grund und Boden, der Erfolg beim Schreiben, der Reichtum waren schöner Schein und weiter nichts. Im Haus am See trieb Conrad Ferdinand Meyer in seinen letzten Jahren Schwermut und Trübsinn entgegen, die sein ganzes Leben immer wieder überschattet hatten. Entscheidend dafür: der frühe Tod des Vaters 1840. Conrad Ferdinand Meyer war damals vierzehn, und er wurde ein Sorgenkind. Wutausbrüche wechselten mit Weinkrämpfen oder tiefem Schweigen. Mit den Jahren zog er sich mehr und mehr zurück, bis er nur noch nachts ausging, bei geschlossenen Läden in seiner Stube brütete, wahllos alles durcheinander las, nur noch wenige traf, keinem mehr die Hand gab. Kam ihm im Garten einer entgegen, machte er sofort kehrt, konnte er nicht mehr ausweichen, lief er ins Haus zurück. Elisabeth Meyer über den jungen Conrad Ferdinand Meyer: »Mein armer Sohn ist immer beinahe im gleichen Zustande, eine schwermütige Anlage und eine unbezwingbare Unfähigkeit, eine regelmäßige Arbeit zu übernehmen, beibehaltend. Er ist traurig, oft für seine Gesundheit besorgt, dazu geneigt, sich als Gegenstand des Übelwollens der andern zu glauben und bisweilen Hirngespinste dieser Art in seinen Gedanken schmiedend. Er leidet, daß er kein Ziel und keine Karriere hat und keinen Entschluß fassen kann. Seltene Spaziergänge, das Lesen und einige Studien füllen seine Zeit aus, ohne seinem Leben den geringsten Erfolg zu geben. Auch kann ich sagen, daß ich von ihm nichts mehr in dieser Welt erwarte.«

Die Geschwister Betsy und Conrad Ferdinand Meyer, um 1855

Entscheidend für ihn genauso: die Mutter. Scheu, zart, feinsinnig, zugleich strenggläubig, bedacht, bürgerlichen Anstand zu wahren, voller Pflichtgefühl und Furcht, vor Gott zu versagen, in der Ehe noch munter und zärtlich, danach mehr und mehr trübsinnig und lebensängstlich. Nach dem Tod ihres Mannes ließ sie einem Bild, das sie mit fünfzehn Jahren zeigte, eine Nonnentracht hinzumalen, die der Wollkutte glich, die sie als Witwe trug. Unglück betrachtete sie als Strafe für ihre Schwächen, Fröhlichkeit als Zügellosigkeit. Der Freude am Leben verweigerte sie sich, statt dessen forderte sie Demut und Entsagung von sich und ihren Kindern. Fleiß, Tüchtigkeit, Aufstieg, Erfolg zählten, Kunst galt ihr als sittlich anrüchig, als Teufelswerk, sofern sie nicht der Erbauung diente. Conrad Ferdinand Meyers aufkeimende Begabung bedeutete ihr wenig. Sie sah ihn als Gescheiterten, als verlorenen Sohn, mit dem sie geschlagen war. Sie nannte ihn stets nur ihren armen Conrad. Sie versuchte, ihn auf ihre Bahn zu drängen, doch ihre gutgemeinte Sorge erdrückte ihn. Bösartig war sie nicht, wenigstens am Anfang nicht, denn hingebende Nächstenliebe war für sie selbstverständlich. Einen geistig Zurückgebliebenen, Antonin Mallet, der seit Jahr und Tag friedfertig bei ihnen lebte, in der Küche mithalf, im Haus, im Garten, behandelte sie freundlich und mit aller Rücksicht. Nachdem er bettlägerig geworden war, pflegte sie ihn, opferte, selbst bereits geschwächt, ihren Schlaf, um sein Leiden zu lindern. Als er unerwartet starb, gab sie sich die Schuld an seinem Tod. Der Sohn, aus dem nichts wurde, Mallets Sterben: Sie war davon überzeugt, als heillose Sünderin endgültig von Gott verlassen worden zu sein. Einlieferung in die Heilanstalt von Préfargier. Selbstmord am 27. September 1856. Sie ertränkte sich.

Und ebenfalls entscheidend für sein Leben: Betsy Meyer, seine jüngere Schwester. Sie begleitete ihn, sie hielt zu ihm, förderte sein Schreiben. Sie war handfester als er, lebenstüchtiger. Die Spannung zwischen Bruder und Mutter glich sie aus, so gut das ging. Sie wurde seine einzige wirkliche Liebe. Betsy Meyer über Conrad Ferdinand Meyer: »Mit seinen hohen, unsicheren Maßstäben stand er den kleinen Zielen, Mitteln und Wegen des alltäglichen Treibens fremd und verständnislos gegenüber. Er zerstieß sich die Flügel an den engen Rahmen und kleinen Fensterscheiben des bürgerlichen Daseins.« Sie linderte die Düsternis, die sein Leben verdunkelte, doch ganz vertreiben konnte sie den Trübsinn nicht. Er kämpfte gegen die lastende Traurigkeit an, er überwand sie, doch im Alter kehrte sie wieder. Conrad Ferdinand Meyer starb verwirrt am 28. November 1898. Als seine Tochter Camilla den Freitod wählte, war er schon lange tot. Auch sie ertränkte sich.

Conrad Ferdinand Meyer wurde am 11. Oktober 1825 in Stampfenbach geboren. Von 1830 an wohnten sie im Zürcher ›Grünen Seidenhof‹. Der Vater, Ferdinand Meyer, war angesehen und wohlhabend, er gehörte zum Zürcher Rat. Er war mit seinem Sohn gereist, gewandert, auf Berge gestiegen. Sie besuchten das Glarnerland, waren über den Klausen nach Uri gegangen, hatten die Rigi bestiegen, fuhren den Walensee hinauf, nahmen über Ragaz, Chur, Thusis die Via Mala nach Splügen, dann den Paß nach Chiavenna. Auf den Reisen erzählte er ihm die Geschichten und die Geschichte des Landes. Bleibende Erlebnisse. Seinem Vater verdankte er seinen Hang zur Geschichte. Jahre später kehrte Conrad Ferdinand Meyer immer wieder in die Berge zurück, um zu schreiben: ›Jürg Jenatsch‹, der Roman über den glaubenskämpferischen Pfarrer, der zum kühlen Machthaber wird, der Graubünden in den Religionskriegen vor Österreich und Spanien rettet, der seinen Verbündeten, den französischen Heerführer, verrät, weil der das Land weiter besetzt halten will, der seinen Glauben verrät, weil er mit den feindlichen Katholiken die errungene Freiheit bewahren kann, der ermordet wird, bevor er sich zum Tyrannen aufschwingt, ist eine »Bündnergeschichte«. »Ich bediene mich der Form der historischen Novelle einzig und allein, um meine Erfahrungen sowie meine eigenen Anschauungen darin unterzubringen.« Die Geschichten des Conrad Ferdinand Meyer spielen in der Vergangenheit, mit der er seine Gegenwart beschreibt.

Solange der Vater lebte, herrschte Heiterkeit im ›Grünen Seidenhof‹. Sein Tod änderte alles. Ferdinand Meyer entstammte einer engen Verwandtenehe. Er war wenig widerstandsfähig. Mit einundvierzig starb er an der Schwindsucht. Für Conrad Ferdinand Meyer eine tiefgreifende Erschütterung. Die Mutter wurde nicht mit ihm fertig. Er wurde aufsässig, und anders als die Schwester stemmte er sich trotzig gegen ihre Glaubenswut. Ein Onkel prügelte ihn dafür windelweich. ›Die Leiden eines Knaben‹ schildern die Schläge. Conrad Ferdinand Meyer war nach den Prügeln lange wie gebrochen. Er wurde schlecht in der Schule, deren Lehrer zum Leidwesen der Mutter aufständisches Gedankengut verbreiteten. Die Revolution von 1848 warf ihre Schatten auch auf die Schweiz voraus. Conrad Ferdinand Meyer war begeistert. Dem Volk die Macht übergeben, die Herrschaft der alteingesessenen Familien zerstören, wie die Burschenschaftler auftreten, Bier kippen, raufen, Freigeisterei statt Glauben: Elisabeth Meyer schickte ihren Sohn 1843 vorsichtshalber

Familie Meyer auf der Terrasse in Kilchberg

nach Lausanne zu dem Historiker Louis Vulliemin, einem Freund ihres verstorbenen Mannes, der sich um ihn kümmerte. Für Conrad Ferdinand Meyer eine Atempause. Ihrer Aufsicht entkommen, lebte er auf.

Er fühlte sich heimisch, lernte, las Molière, Alfred de Musset, George Sand. Mit dem Maler Paul Deschwanden, der mit ihm in der Pension Petit-Chateau wohnte, freundete er sich an. Bald sah sich Conrad Ferdinand Meyer als Dichter, erste unbeholfene Verse entstanden, die ihm aus seiner Trostlosigkeit halfen. Er faßte wieder Tritt. 1844 aber mußte er nach Zürich zurück, um die Schule abzuschließen, und das alte Lied begann. »Wie erbärmlich war ich nicht in Zürich daran!« Seine Mutter, die sich selbst immer tiefer in ihre Bedrückung verstrickte, nörgelte, tadelte ihn bei Mißerfolgen, doch immerhin schaffte er die Schule. Ihr zuliebe schrieb er sich danach lustlos für die Rechtswissenschaft ein. Den Gedanken aber, Künstler zu werden, hatte er nicht aufgegeben. Er nahm Malunterricht, bis er feststellte, daß sein Talent dafür nicht reichte, und um zu prüfen, ob wenigstens seine Gedichte Aussicht auf Erfolg hatten, schickte Elisabeth Meyer sie an den befreundeten Dichter Gustav Pfizer. Sein Antwortschreiben hängte sie ungeöffnet an den Weihnachtsbaum. Der Brief enthielt keine Aufmunterung, sondern den Rat, das Dichten aufzugeben. Ein verhängnisvoller Schlag. Die Mutter glaubte von da an nicht mehr an den Sohn, dessen Leben sich weiter verfinsterte. »Die Wahrheit ist ein scharfes Schwert, | Das mitten in die Seele fährt, | Der Zauber weicht, es flieht der Schein, | Die Luftgebäude stürzen ein.« Elisabeth Meyer, geplagt und umgetrieben vom eigenen Leid, war nach dem Tod ihres Mannes in das ›Schmidtenhaus‹ gegenüber dem ›Grünen Seidenhof‹ gezogen, 1845 ging sie nach Stadelhofen. Doch der Versuch, mit dem Wechsel der Umgebung der eigenen und der Verdüsterung des Sohnes engegenzutreten, mißlang. Im weitläufigen Haus in Stadelhofen schloß sich Conrad Ferdinand Meyer ein. Seine selbstgewählte Flucht in die Einsamkeit wurde zur Dunkelhaft. Conrad Ferdinand Meyer, ›Die Leiden eines Knaben‹: »›Du hast Mühe zu leben?‹ ›Ja.‹«

Sieben Jahre dämmerte er vor sich hin, gequält vom Widerwillen gegen sich selbst, vom Ungenügen, einen ordentlichen Beruf zu ergreifen, von der Furcht, die Erwartungen nicht zu erfüllen, nicht, wie alle aus der Familie vor ihm, Rang und Namen zu erringen. »Was mich niederwarf und aufrieb, war die Mißachtung, das Fürkrankgelten, in der ich lebte.« Manchmal brach er aus. Er stieg auf Berge, doch immer allein und ohne dafür ausgerüstet zu sein. Kam er ins Haus zurück, waren seine Kleider zerfetzt. Nachts ruderte er auf den See hinaus, schwamm bis zur Erschöpfung. Beides ein Spiel mit dem Tod, den er dumpf andeutete, bevor er ging. Mutter und Schwester warteten immer ängstlicher auf ihn. Tagsüber schlief er oder verkroch sich hinter seine Bücher, er entwarf Trauerspiele und weitschweifige Erzählungen, verlor sich in der Vorstellung, Dichter zu werden, stürzte sich auf das Studium der Geschichte. Das Essen rührte er oft nicht an, niemand durfte sein Zimmer betreten, und zugleich litt er am Wahn, daß er gemieden werde, weil er aus dem Mund stinke. Er führte in Stadelhofen das Leben eines Mönches hinter Klostermauern, das er später in seinen Dichtungen so eindringlich beschrieb. Conrad Ferdinand Meyer wurde ein Einsiedler, der bei Mädchen noch gehemmter war als ohnehin schon. Faßte er Zuneigung, bekam er nichts als Körbe. Die Bindung an seine Schwester dagegen vertiefte sich bedenklich. Lange später beschrieb er beides. Seine sinnliche Not in ›Die Hochzeit des Mönchs‹, die Geschwisterliebe in ›Die Richterin‹. Betsy Meyer, die sonst alles mit ihm erarbeitete, zeigte er ›Die Richterin‹ erst, als sie fertig war. Er habe keine Wahl, schrieb Meyer, das Buch müsse sein, mit ihm habe er Stellung genommen zu den unaufhörlichen stillen Angriffen. ›Die Richterin‹ – eine Abrechnung.

Im Stadelhofener Haus wurde alles immer noch schlimmer. Conrad Ferdinand Meyer belauschte ein Gespräch seiner verzweifelten Mutter. Elisabeth Meyer: »Er begräbt sich selbst. Er ist für dieses Leben nicht mehr da.« Sie sprach von ihm wie von einem Toten. Ein Schock, denn so sehr er sich gegen sie wehrte, so sehr warb er um ihre Zuneigung. Conrad Ferdinand Meyer und Elisabeth Meyer: eine Haßliebe. 1852 brachte sie ihn mit seiner Zustimmung in die Heilanstalt von Préfargier bei Neuenburg. Wieder entkam er ihrer Umklammerung. Der Anstaltsleiter James Borrel war fromm, deshalb hatte sie ihren Sohn zu ihm gebracht. Er glaubte, Conrad Ferdinand Meyers Krankheit wurzle in Unglauben, selbstgefälliger Ruhmsucht, gottlosem Vertrauen in die eigene Begabung. Heilung versprach er sich von der Rückbesinnung auf Gott und dem Eingehen auf die von ihm geforderten Pflichten. Conrad Ferdinand Meyer ließ sich widerstrebend überzeugen, er gab das Dichten auf und beteuerte, sich um ein bürgerliches Leben zu bemühen, doch die

Selbstzweifel blieben. »So sehr ich auch manchmal völlig elend bin, hauptsächlich wegen meiner miserabeln Stellung in dieser Welt, und dann wegen meiner alle möglichen Stimmungen durchlaufenden Nervosität, so friste ich mich doch so ziemlich, obgleich ich die Zukunft nicht ohne deutliches Grauen betrachte.« James Borrel sah in Conrad Ferdinand Meyer aber nicht nur einen Fall. Er zog ihn freundlich an den Familientisch, an dem auch seine Schwester saß, die Conrad Ferdinand Meyer pflegte. Er überwand seine Verschlossenheit, umwarb sie überströmend. Auch sie war ihm zugetan, kümmerte sich mehr um ihn als um ihre anderen Kranken, die sie für ihn dennoch nicht im Stich ließ. Sie schrieben sich noch lange nach der Zeit in Préfargier. Einen Besuch Cécile Borrels in Zürich vereitelte die Mutter. Sie war eifersüchtig.

Anfang 1853 wurde Conrad Ferdinand Meyer entlassen. Um nicht nach Hause zu müssen, zog er in Neuenburg mit Rücksicht auf die Mutter zu Charles Godet, doch der fanatische Glaubenseiferer, der ihn mit den alten Vorwürfen überhäufte, widerte ihn an. »Im Mittelalter hätte der Mann seinen Scheiterhaufen angezündet, so gut, wie einer.« Im Frühjahr floh Conrad Ferdinand Meyer nach Lausanne. Louis Vulliemin nahm ihn wieder auf und half ihm auf die Beine. Er brachte ihn an der Blindenschule als Geschichtslehrer unter, verschaffte ihm den Auftrag für eine Übersetzung und eine Stellung als Sekretär der »Allgemeinen geschichtsforschenden Gesellschaft der Schweiz«. Conrad Ferdinand Meyer trat ins Leben zurück. Seine Stützen Cécile Borrel und Louis Vulliemin bewahrten ihn davor, wieder ganz in die Fänge der Mutter zu geraten. Doch je weiter er sich von ihr entfernte, je selbständiger er wurde, desto mehr ging ihr auf, daß sie sich an ihrem Sohn versündigt hatte. Der Gedanke trieb sie vollends in den Irrsinn. Am 31. Dezember 1853 kehrte Conrad Ferdinand Meyer nach Zürich zurück. Er hatte sich gefangen. Er behandelte seine Mutter zuvorkommend, denn er hatte begriffen, wie sehr sie selbst bedroht war, doch ihr Verfall war nicht mehr aufzuhalten. Sie mißachtete alle seine Fortschritte. Als das Geld für seine Übersetzung eintraf, nannte sie das Buch nur halb gelungen. Nach dem Tod ihres Schützlings Antonin Mallet wurde diesmal sie in die Anstalt von Préfargier gebracht. Sie kam nicht wieder.

Der Tod der Mutter war seine Befreiung, der Tod Antonin Mallets sein Glück. Mallet hatte der Familie ein Vermögen hinterlassen, das sie aller Sorgen enthob und Conrad Ferdinand Meyer vom Zwang zu arbeiten befreite. Der Weg zur Dichtung war offen, das Tor zu ihr hieß Rom. Conrad Ferdinand Meyer war 1857 zuerst nach Paris gereist, in der Absicht, sich juristisch zu bilden, einen bescheidenen Posten zu ergattern oder doch wenigstens das Vermögen angemessen zu betreuen, aber dann hatte er Tag für Tag lieber in der Bibliothèque Sainte-Geneviève am Pantheon gelesen, in dessen Nähe er wohnte, er war in die Museen gegangen, hatte die Stadt durchstreift. Anfangs war er beglückt, doch nicht lange. Zwei Jahre wollte er bleiben, nur drei Monate wurden daraus. Conrad Ferdinand Meyer vermißte seine Schwester. So sie nur ledig bleibe, schrieb er ihr, so wolle er sich ein ruhiges Leben an ihrer Seite als die größte Seligkeit ausgebeten und bestellt haben. Es wäre der Himmel. 1858 brachen beide nach Italien auf. Conrad Ferdinand Meyer in Hochstimmung: Er witzelte über den päpstlichen Prunk, den Gesang der Kastraten, berauschte sich an den Bauten, doch vor allem an Michelangelo. Was von ihm zu sehen war, suchte er auf. Michelangelo Buonarotti gab ihm den Glauben wieder, daß er doch für die Kunst geboren war.

Wieder in Zürich, mühte er sich weiter vergebens, einen bürgerlichen Beruf zu ergreifen. Die Vorwürfe der Mutter saßen tief. Nebenbei aber schrieb er Gedichte. 1860 bot er eine erste Sammlung an, darunter das Gedicht ›Springquell‹, das er zweiundzwanzig Jahre lang immer wieder umarbeitete, bis ›Der römische Brunnen‹ daraus wurde. Conrad Ferdinand Meyer: Der Meister der Form. »Aufsteigt der Strahl und fallend gießt | Er voll der Marmorschale Rund, | Die, sich verschleiernd, überfließt | In einer zweiten Schale Grund; | Die zweite gibt, sie wird zu reich, | Der dritten wallend ihre Flut, | Und jede nimmt und gibt zugleich | Und strömt und ruht.« Die Sammlung wurde abgelehnt, doch Conrad Ferdinand Meyer ließ sich nicht mehr gänzlich entmutigen und er hatte eine Verbündete: seine Schwester. 1863 reiste Betsy Meyer mit einem Packen Gedichte zu Gustav Pfizer nach Stuttgart. Er hielt sie noch immer für unbedeutend, doch er versprach zu helfen, und Betsy Meyer verließ Stuttgart erst, nachdem sie eine Druckzusage hatte. Beim Verlag Metzler brachte sie die Gedichte unter. Conrad Ferdinand Meyer mußte kräftig bezahlen und sie gründlich umarbeiten, bis 1864 ›Zwanzig Balladen von einem Schweizer‹ erschienen. Seinen Namen zu nennen, getraute er sich nicht. Zu sehr fürchtete er, gekränkt zu werden.

Die Anerkennung für seine Gedichte war verhalten, und doch spornten sie ihn an. Er schrieb Gedichte für Zeitungen und Zeitschriften, die ›Zwanzig Balladen‹ kamen nochmals heraus. Noch immer fehlte ihm eine breite Aufmerksamkeit, aber er habe, wie er schrieb, eine Stufe eingehauen, in die sich der Fuß setzen lasse, und er fand die Stoffe, die seinen Ruhm begründeten. Sein Selbstvertrauen wuchs, sein Leben veränderte sich. Dauernd, fast getrieben, zog er um. Noch hatte er seine weltferne Zuflucht nicht gefunden. Hatte er bisher mit seiner Schwester im Haus ›Zum Mühlebach‹ in der Feldeggstraße, und danach, weil die Wohnung zu feucht war, im ›Schabelitzhaus‹ in der Tannenstraße gewohnt, so mietete er 1868 den ›Seehof‹ in Küsnacht. Er lud ein und er wurde eingeladen, besonders von François und Eliza Wille, auf deren Gut Mariafeld bei Meilen. Mariafeld gegenüber, auf der Halbinsel Au, spielt die Novelle ›Der Schuß von der Kanzel‹. ›Romanzen und Bilder‹ erschienen, doch sein Durchbruch wurde das Versepos ›Huttens letzte Tage‹: Auf einer Insel fühlt Hutten seinen bevorstehenden Tod. Er verbringt seine letzten Tage in der Stille mit den Gedanken an sein kämpferisches Leben. Die Erinnerungen des Todgeweihten eingebettet in die Geschichte der Reformation, Hutten als unbeugsamer Freiheitskämpfer trafen den Nerv. Bismarckdeutschland hatte Frankreich besiegt, und die vaterländische Begeisterung machte 1871 aus ›Huttens letzte Tage‹ einen auch für Conrad Ferdinand Meyer unerwarteten Erfolg. Niemand bezweifelte mehr, daß aus Conrad Meyer der Dichter Conrad Ferdinand Meyer geworden war.

Jahr für Jahr erschien ein neues Werk. 1872 schloß er ›Engelberg‹ im ›Seehof‹ in Meilen ab, dessen zweiten Stock er mit Betsy Meyer bewohnte, und unter den Kastanien am See begann er seine erste Novelle ›Das Amulett‹, die 1873 herauskam. Im Jahr darauf folgte ›Jürg Jenatsch‹. Betsy Meyer hatte an seinen Werken mitgearbeitet, ihn beraten, doch das Leben mit seiner Schwester ging zu Ende. 1874 der Einschnitt: Der selbstbewußt gewordene Conrad Ferdinand Meyer verlobte sich mit der vermögenden Louise Ziegler, die er am 5. Oktober 1875 heiratete. Er habe eine Million erheiratet, wurde gemunkelt. »Ein vollständiges Zusammenpassen der Neigungen und Charaktere läßt mich den in meinen Jahren schweren Schritt mit Leichtigkeit und Gewißheit tun.« Während ihrer Hochzeitsreise richtete ihnen Betsy Meyer eine Wohnung im Hause Wangensbach in Küsnacht ein, sie selber blieb in Meilen. Nach seiner Rückkehr kam Conrad Ferdinand Meyer fast täglich zu ihr, um weiter mit ihr zu arbeiten, doch Betsy Meyer sah tiefer als er. Die schwelende Eifersucht Louise Meyers entging ihr nicht.

Erfolgreicher Dichter, verheiratet, reich. Um sich endgültig als angesehener Bürger auszuweisen und die Vergangenheit beiseite zu wischen, fehlte nur noch das standesgemäße Haus. Januar 1877: Kauf des Ottschen Gutes in Kilchberg. »Ich trage meine eigene Erde an den Stiefeln.« Mit dem Blick über den See zu den nahen Alpen hatte Conrad Ferdinand Meyer seine Heimat gefunden. »Das Haus ist geräumig aber alt. Die Aussicht geradezu die schönste am Zürichersee. Ein großer Baumgarten, z. ersten Mal ein eigener, unbetretbarer Boden.« In den ersten Jahren übersah er, daß seine Schwester sich von ihm entfernte. Zu sehr hielt ihn die Plackerei des Umbauens in Atem, zu sehr genoß er sein Ansehen als Schriftsteller, Theater, Konzerte im nahen Zürich, in dem er den Ehrendoktor bekam, Hausmusiken und Besuche, zu sehr freute ihn, endlich eine Ecke für sich gefunden zu haben, trotz des Ärgers über Bauleute, Murks und Pfusch. Verdruß jage Verdruß, die Arbeiter seien lässig, Ott habe alles verlottern lassen, und manche schöne Stimmung und Stunde gehe einem Gutsbesitzer verloren, klagte er. »Der Spätherbst mit den ganz nahe, sozusagen vor meinen Fenstern auf

Arbeitszimmer

den Wiesen weidenden und läutenden Kühen ist hier hübsch, die Lese nicht übel, aber daneben ist mein blaues Schieferdach ganz liederlich gebaut und ich werde mir Recht schaffen müssen.« Aber bei allem Jammern: Das Haus sei zwar teuer, doch sehe er es oft mit Vergnügen an. Er komme sich wie ein neuer Mensch vor. »Bei alledem wird mir mein Eigentum täglich lieber.«

Conrad Ferdinand Meyer baute nicht nur für sich und seine Frau. Für ihn stand außer Frage: Seine Schwester wird bei ihnen leben. An Betsy Meyer schrieb er: »Ich freue mich zum voraus auf unsere Schriftstellerei auf eigenem Grund und Boden. Später wird (ins Ohr gesagt) wahrscheinlich ein bißchen gebaut, und Du beziehst das alte Haus. Ich habe, das traust Du mir zu, Dich stets vor Augen gehabt.« Seine Schwester kam nicht, dafür war sie zu klug. Sie teilte ihm mit, daß sie Meilen verlassen werde. Conrad Ferdinand Meyer war zutiefst erschrocken. Er fürchtete bei einer Trennung die unerträgliche Lücke und Leere, die sie hinterlassen würde. Drei Jahre zögerte sie noch, arbeitete als seine Schreiberin bei ›Der Schuß von der Kanzel‹ und ›Der Heilige‹ mit, doch als 1879 seine Tochter Camilla geboren wurde, stellte sie ihre Mitarbeit fast ganz ein. Im Jahr darauf schloß sie sich der Zellerschen Gebets- und Heilanstalt in Männedorf an. Zwischen ihnen war ein Riß entstanden, und Louise Ziegler nutzte ihn aus. Sie war nach der Mutter, nach der Schwester die dritte entscheidende Frau im Leben des Conrad Ferdinand Meyer.

Die Jahre, die Conrad Ferdinand Meyer mit seiner Schwester gelebt hatte, die gemeinsame Arbeit an seinen Werken, gaben Louise Ziegler das Gefühl, ausgeschlossen zu sein. Wenn ihr euch alles seid, schrieb sie Conrad Ferdinand Meyer, wofür bin ich denn in deinem Leben? Sie hatte ihn geheiratet, sie hatte sein Kind getragen, sie führte den Haushalt, er aber verteidigte seine Schwester gegen ihren Argwohn. Spätestens 1885, als ›Die Richterin‹ herauskam, kochte der Streit langsam, aber stetig hoch. Der Umbau des Hauses, die ausufernde Schreibarbeit in den letzten Jahren, der Zank, rieben an seinen Nerven. Den wenig widerstandsfähigen, leicht aus dem Gleichgewicht zu bringenden Conrad Ferdinand Meyer verließ die Kraft. »Wenn ich sehe, welche Arbeitskraft mir noch zu Diensten steht, wenigstens an schönen trockenen Tagen und bei offenen Fenstern, könnte ich versucht sein, große Pläne zu entwerfen, doch ich fühle zugleich die Ungewißheit menschlichen Glückes.« Das Schreiben stockte, die Angst wuchs, ganz so wie am Anfang, zu versagen, wieder bedeutungslos zu werden. 1887 ein erster Zusammenbruch. Ein Jahr hielt sich eine hartnäckige Erkältung, Atembeschwerden, eine Augenentzündung, Erschöpfung, Schlaflosigkeit kamen hinzu. Die Halsschmerzen wurden so stark, daß er nur noch im Stehen essen konnte. Erstickungsängste, Würgeschmerzen wie bei einem Gehängten. »Ich habe Unvergeßliches

Ansicht von Kilchberg

durchmachen müssen«, schrieb er. »Durchgemacht in den letzten Jahren habe ich mehr als ich je eingestehen werde. Was mich hielt, war eigentlich ein Seelenwanderungsgedanke, ich sagte mir, du hast offenbar in einem frühern Dasein irgend etwas Frevles unternommen. Da sprach das Schicksal: dafür soll mir der Kerl auf die Erde und ein Meyer werden.« Conrad Ferdinand Meyer wurde mit Opium und Beruhigungsbädern behandelt, doch die so lange im Zaum gehaltene Schwermut brach wieder aus. Er verfiel dem Wahnsinn. »Die schwarze Tiefe, die den Tod verkündet.« Das Leben im Kilchberger Haus wurde zur Hölle. Er meinte, von wilden Tieren verfolgt zu werden, hatte Erscheinungen, verweigerte das Essen, weil er glaubte, den Leichengeruch daran wahrzunehmen, Fleisch und Rotwein rührte er nicht an, weil er annahm, es sei das Fleisch und das Blut seiner Frau und seines Kindes. Der Hausarzt: »Er kam vorgestern in eine ärgerliche Aufregung, in welcher er mit dem Stock nach der Frau Doktor und nach der Köchin schlug. Er wurde zwar nachher wieder ganz ruhig und bat die Frau Doktor um Verzeihung, doch da sich solche Auftritte, die durch seinen Wahn veranlaßt werden, es werde im Haushalt zu viel verschwendet, sich wiederholen dürften, so schlug ich die Unterbringung in eine Anstalt vor.« Am 7. Juli 1892 wurde Conrad Ferdinand Meyer ins Irrenhaus von Königsfelden gebracht. Conrad Ferdinand Meyer, ›Der geisteskranke Poet‹: »Er hat die buntesten Träume hinter seinen Gittern | Und die düstersten Räume | Lassen seine Seele nicht zittern. | Zeit und Raum sind ihm verwirrt | Und es wird ihm schreckliche Schuld gegeben, doch das ist nicht die Wahrheit und das Leben ist ihm zum Traume verwirrt. | Alles erscheint ihm doppelt und dreifach und verloren ging ihm die Wahrheit.«

Schon bevor er fortgebracht wurde, waren Betsy Meyers Besuche unerwünscht. Der endgültige Bruch kam mit seiner Einlieferung, über die eifrig berichtet worden war. Louise Ziegler bezichtigte seine Schwester, die Berichte nicht nur gewünscht, sondern gefördert und ihn bei ihrem letzten gemeinsamen Werk, ›Angela Borgia‹, ehrgeizig überfordert zu haben. Sie sei schuld an seinem Zustand. Eine Aussprache verbat sie sich. Als sich Conrad Ferdinand Meyers Gesundheit nach den ersten Wochen in Königsfelden besserte, gab Betsy Meyer Männedorf auf, um in seiner Nähe zu wohnen, aber um jeden ihrer seltenen Besuche in Königsfelden mußte sie mit Louise Ziegler ringen, bis sie ihr strikt verboten wurden. Seine Entlassung am 27. September 1893 änderte daran nichts. Louise Ziegler brachte ihn auf das abgelegene Gut Steinegg. Niemand durfte zu ihm. Sie schottete ihn ab. Ihre alles beherrschende Fürsorge glich der seiner Mutter. Er unterstand der Obhut Louise Zieglers, die sich seiner ganz bemächtigte. Zurück in Kilchberg, schloß sie ihn ein. Nicht einmal ein Barbier wurde eingelassen. Sie rasierte ihn selbst, überwachte seine Briefe, die sie ihm oft genug vorsagte. Das Haus in Kilchberg wurde, so Betsy Meyer, zu einem Liebeskerker. Abgeschottet war Conrad Ferdinand Meyer den Einflüsterungen seiner Frau ausgeliefert, bis er ihren Anschuldigungen glaubte. Auch er verbot schließlich seiner Schwester, ihn zu besuchen. Gedichte, die er für Betsy Meyer geschrieben hatte, widerrief er. Conrad Ferdinand Meyer taumelte seinem Ende zu. Er schrieb so gut wie nichts mehr. Wurde er ausgefahren, sah er stumm und teilnahmslos auf die Berge. Noch einmal erholte er sich, er wurde klarer, doch das Ende kam rasch und ohne Schmerzen. Er starb am 28. November 1898 in seinem Arbeitszimmer in Kilchberg an einem Herzschlag.

Lage der Dichterhäuser

Adressen

Thomas Bernhard

Das *Thomas-Berhard-Haus* in Obernathal 2, A-4964 Ohlsdorf, ist im April, Mai, September und Oktober nur nach Voranmeldung zu besichtigen. Im Juni, Juli, August ist das Haus Freitag bis Sonntag von 14 bis 18 Uhr geöffnet. Voranmeldungen, Auskünfte zu Öffnungszeiten und Führungen unter Tel. 00 43-76 12-4 70 13. Weitere Auskünfte unter *www.thomasbernhard.at*

Christoph Martin Wieland

Das *Wieland-Gartenhaus* in Biberach, Saudengasse 10/1, 88400 Biberach an der Riß, ist Mitte April bis Mitte Oktober jeweils am Mittwoch, Samstag und Sonntag von 14 bis 17 Uhr und Mitte April bis Mitte Oktober nach Vereinbarung geöffnet. Der *Wieland-Schauraum* in Biberach, Zeughausgasse 4, ist Mittwoch, Samstag und Sonntag von 10 bis 12 Uhr und von Oktober bis März von 14 bis 17 Uhr geöffnet. Das *Wieland-Museum* mit dem *Wieland-Archiv* in Biberach, Zeppelinring 56, ist unter Tel. 0 73 51-51-458, Fax: 0 73 51-5 14 59 und *wieland-museum@biberach-riss.de* zu erreichen. Weitere Auskünfte unter *www.wieland-museum.de*. Anmeldungen zu Führungen und aktuelle Informationen zum *Wielandgut Oßmannstedt* bei Weimar, 99510 Oßmannstedt, unter Tel. 0 36 43-54 54 01, Fax 0 36 43-41 98 16, *info@swkk.de* oder unter *www.weimar-klassik.de/de/gnm/gnm_wielandgut.html*. Das Wielandgut Oßmannstedt wird am 25. und 26. Juni 2005 feierlich wiedereröffnet. Es ist dann von April bis Oktober Dienstag bis Sonntag von 10 bis 18 Uhr geöffnet. Von November bis Ende März ist das Gut geschlossen, auf Anfrage sind aber Gruppenführungen möglich.

Novalis

Die *Forschungsstätte für Frühromantik und Novalis-Museum*, Internationale Novalis-Gesellschaft e.V., Novalis-Stiftung »Wege wagen mit Novalis« in Schloß Oberwiederstedt, Schäfergasse 6, 06333 Wiederstedt, ist Dienstag bis Sonntag von 10 bis 16 Uhr geöffnet. Weitere Auskünfte unter Tel. 0 34 76-85 27 20, Fax 0 34 76-85 27 27, *schloss-oberwiederstedt@t-online.de* und *www.schloss-oberwiederstedt.de*. Das *Novalis-Haus*, Klosterstraße 24, 06667 Weißenfels, ist Dienstag bis Sonntag von 10 bis 17 Uhr geöffnet. Die *Novalis-Gedenkstätte* in Weißenfels ist erreichbar unter Tel./Fax 0 34 43-23 45 31, *novalis-haus@web.de*. Weitere Auskünfte unter *www.novalis.autorenverzeichnis.de/weissenfels/index.html*. Das *Romantikerhaus Jena*, Unterm Markt 12a, 07743 Jena, ist Dienstag bis Sonntag von 10 bis 17 Uhr geöffnet. Auskünfte unter: Tel. 0 36 41-44 32 63, Fax 0 36 41-22 88 29, *romantikerhaus@msn.com*, *www.jena.de/kultur/romantik.html*. Das »*Totenhäuschen*« bei Schloß Batzdorf, 01665 Batzdorf, ist an Tagen des offenen Denkmals geöffnet. Auskünfte unter Tel. 0 35 21- 40 01 05 oder *www.batzdorfer-schloss.de*.

Karl May

Das *Karl-May-Museum Villa »Shatterhand«*, das *Indianermuseum Villa Bärenfett* sowie die *Karl-May-Stiftung*, Karl-May-Straße 5, 01445 Radebeul, sind zu erreichen unter Tel. 03 51-8 37 30 10, *info@karl-may-museum.de*. Die Museen sind von März bis Oktober Dienstag bis Sonntag von 9 bis 18 Uhr und November bis Februar Dienstag bis Sonntag von 10 bis 16 Uhr geöffnet. Montags, außer an Feiertagen, sowie am 1. Januar, am 24., 25. und 31. Dezember sind die Museen geschlossen. In der Villa Bärenfett ist die Ausstellung »Indianer Nordamerikas« zu sehen, in der Villa »Shatterhand« die Ausstellung »Karl May – Leben und Werk«. Weitere Informationen unter *www.karl-may-museum.de*. Das Karl-May-Haus in Hohenstein-Ernstthal, Karl-May-Str. 54, 09337 Hohenstein-Ernstthal, Tel. und Fax 0 37 23-4 21 59, ist Dienstag bis Sonntag von 10 bis 17 Uhr geöffnet. Auskünfte unter *www.karl-may-haus.de*. Die *Karl-May-Höhle* bei Hohenstein-Ernstthal ist begehbar. Auskünfte unter *www.karl-may-stiftung.de/ludwig*.

Erich Kästner

Das *Erich-Kästner-Museum*, Antonstraße 1, in 01097 Dresden, ist Sonntag, Montag, Dienstag von 10 bis 18 Uhr und Mittwoch von 10 bis 20 Uhr geöffnet. Der Donnerstag ist für Gruppen und Schulklassen nach telefonischer Voranmeldung reserviert. Tel. 03 51-8 04 50 86, Fax 03 51-8 04 50 87. Weitere Auskünfte unter *www.erich-kaestner-museum.de*.

Bettine von Arnim

Das Museum des *Künstlerhauses Schloß Wiepersdorf* der Stiftung Kulturfonds, 14913 Wiepersdorf, wird 2006 wiedereröffnet. Weitere Informationen unter *www.wiepersdorf.de*.

Hans Fallada

Das *Hans-Fallada-Haus* im Feldberger Ortsteil Carwitz, Zum Bohnenwerder 2, 17258 Feldberger Seenlandschaft, ist täglich außer montags geöffnet, und zwar von Mai bis Oktober von 10 bis 17 Uhr und von November bis April von 14 bis 16 Uhr. Führungen, Lesungen, literarische Veranstaltungen nach Vereinbarung unter Tel./Fax 03 98 31-2 03 59. Weitere Auskünfte unter *www.fallada.de* oder über die Hans-Fallada-Stiftung, c/o Brigitte-Reimann-Literaturhaus, Gartenstr. 6, 17033 Neubrandenburg, Tel. 03 95-5 71 91 80, Fax 03 95-5 71 91 88.

Arno Schmidt

Das *Arno-Schmidt-Haus* kann nur nach Voranmeldung besucht werden, Tel. 0 51 48-500. Das Haus befindet sich in Bargfeld auf dem Grundstück »Zum Kronsberg«. Auskünfte erteilt die Arno-Schmidt-Stiftung, Unter den Eichen 13, 29351 Eldingen, Tel. 0 51 48-9 20 40, Fax 0 51 48-9 20 41, *info@arno-schmidt-stiftung.de*. Weitere Informationen unter *www.arno-schmidt-stiftung.de*.

Wilhelm Busch

Das *Wilhelm-Busch-Geburtshaus*, Hauptstraße 68a, 31719 Wiedensahl, ist von April bis 30. Oktober von Dienstag bis Sonntag von 10 bis 12 Uhr und 14 bis 17 Uhr geöffnet, von November bis März Dienstag bis Sonntag von 10 bis 12 Uhr und von 14 bis 16 Uhr. Tel. 0 57 26-3 88, Fax 0 57 26-92 13 28, wilhelm-busch@wiedensahl.de. Das *alte Pfarrhaus*, Hauptstr. 89, ist von April bis September Samstag, Sonntag und an Feiertagen von 14 bis 17 Uhr zu besichtigen, im Oktober an Sonntagen von 14 bis 17 Uhr. Tel. 0 57 26-7 74, Fax 0 57 26-13 22. Gruppenführungen (ab 15 Personen) nach telefonischer Anmeldung. Weitere Informationen unter *www.wilhelm-busch-geburtshaus.de*, *www.wilhelm-busch.de* oder *www.wilhelm-busch-seiten.de*. Die *Wilhelm-Busch-Gedenkstätte* in Mechtshausen, Pastor-Nöldeke-Weg 7, 38723 Seesen-Mechtshausen, ist nach Absprache zu besuchen, Tel. 0 53 84-9 08 86. Die *Wilhelm-Busch-Mühle*, Mühlengasse 8, 37136 Ebergötzen, ist über Tel. 0 55 07-71 81 zu erreichen. Das *Wilhelm-Busch-Museum* in Hannover, Deutsches Museum für Karikatur und kritische Grafik, Georgengarten, 30167 Hannover, ist Dienstag bis Samstag von 11 bis 16 Uhr und an Sonn- und Feiertagen von 11 bis 18 Uhr sowie am 25. Dezember und 1. Januar von 12 bis 18 Uhr geöffnet. Tel. 05 11-16 99 99 11. Beim Pfarrhaus in 37586 Lüthorst steht ein *Wilhelm-Busch-Gedenkstein*.

Gotthold Ephraim Lessing

Das *Lessinghaus* Wolfenbüttel, Lessingplatz, 38304 Wolfenbüttel, ist Dienstag bis Sonntag von 11 bis 17 Uhr geöffnet. Tel. 0 53 31-80 82 14, Fax 80 82 48. Informationen unter *www.hab.de*. Das *Lessing-Geburtshaus* Kamenz, Lessingplatz 1–3, 01917 Kamenz, ist Dienstag bis Freitag von 9 bis 16 Uhr, Samstag, Sonntag und an Feiertagen von 13 bis 16 Uhr geöffnet (über Weihnachten und Neujahr ist das Haus geschlossen). Weitere Auskünfte unter Tel. 0 35 78-3 80 50 oder *www.lessingmuseum.de*.

Eduard Mörike

Das *Mörike-Museum*, im alten Schulhaus bei der Kirche, Turmhahnstraße, 74196 Neuenstadt-Cleversulzbach, ist sonn- und feiertags von 11 bis 16.30 Uhr geöffnet (außer Weihnachten, Neujahr, Karfreitag, Ostersonntag). Führungen nach Vereinbarung über das Städtische Kulturamt. Weitere Informationen unter *www.unterland.net/Museum/neuenstadt3.htm* oder über den Freundeskreis Mörike-Museum, Werner Uhlmann, Kernerstraße 3, 74196 Neuenstadt-

Cleversulzbach, Tel. 0 71 39-97 23, Fax. 0 71 39-97 66, *www.freundeskreis-moerike-museum.de*.

Conrad Ferdinand Meyer

Das *C.-F.-Meyer-Haus*, Gemeindeverwaltung Kilchberg, Ortsmuseum Kilchberg, Alte Landstrasse 170, CH-8802 Kilchberg, ist Dienstag, Samstag, Sonntag von 14 bis 16 Uhr geöffnet und während der Schulferien und an allgemeinen Feiertagen geschlossen. Tel. 00 41-44-7 15 31 40. Weitere Auskünfte über die Museumsleitung Tel. 00 41-44-7 10 51 66 oder unter *www.kilchberg.ch/freizeit/kultur/ortsmuseum.htm*.

Dank

Für wertvolle Hinweise und Hilfe danken Autor und Verlag besonders:

Dr. Peter Fabjan, Thomas-Bernhard-Nachlaßverwaltung, Gmunden.
Dr. Egon Freitag, Wielandgut Oßmanstedt.
Heiko Weißbach, Forschungsstätte für Frühromantik und Novalis-Museum, Schloß Oberwiederstedt.
André Köhler, Karl-May-Museum, Radebeul.
Peter Beisler, München, Nachlaßverwaltung Erich Kästner.
Doris Sossenheimer, Künstlerhaus Schloß Wiepersdorf.
Erika Becker, Literaturzentrum Neubrandenburg e.V., Hans-Fallada-Archiv, Carwitz.
Susanne Fischer, Arno-Schmidt-Stiftung, Bargfeld.
Gudrun-Sophie Frommhage-Davar, Wilhelm-Busch-Geburtshaus, Wiedensahl.
Christian Hogrefe, Herzog August Bibliothek, Wolfenbüttel.
Werner Uhlmann, Freundeskreis Mörike-Museum, Neuenstadt-Cleversulzbach.
Dr. Elisabeth Lott-Büttiker, Ortsmuseum Kilchberg.

Bildverzeichnis

78 *Erich Kästners Geburtshaus in Dresden, Königsbrücker Str. 66*, © Fotoarchiv Erich Kästner, RA Peter Beisler, München

79 *Erich Kästner* (1930), Atelierfoto Wien, © Fotoarchiv Erich Kästner, RA Peter Beisler, München

81 *Villa Augustin, Dresden*, © Erich-Kästner-Museum, Dresden; Foto: Ruairí O'Brien

85 *Doppelporträt Ida und Erich Kästner*, © Fotoarchiv Erich Kästner, RA Peter Beisler, München

96 *Schloß Wiepersdorf*

97 *Bettine von Arnim*, Pastellbild nach einer zeitgenössischen Miniatur von ihrem Enkel Achim von Arnim-Bärwalde, 1890

100 *Wiepersdorfer Museumsräume mit dem Sekretär von Bettine von Arnim*

106 *Schloß Wiepersdorf*, Supraporte von Achim von Arnim-Bärwalde

Alle Abbildungen: Mit freundlicher Genehmigung der Stiftung Kulturfonds, Schloß Wiepersdorf

114 *Hans Falladas Haus in Carwitz*, © Harald Wenzel-Orf, Weimar

115 *Hans Fallada* (um 1930), © Literaturzentrum Neubrandenburg e.V./Hans-Fallada-Archiv

117 *Garten und Haus Falladas*, © Manfred Kuhnke, Berlin

123 *Familienfrühstück am See* (1939), © Literaturzentrum Neubrandenburg e.V./Hans-Fallada-Archiv

125 *Ausfahrt ins Dorf mit Sohn Uli*, © Literaturzentrum Neubrandenburg e.V./Hans-Fallada-Archiv

129 *Falladas Arbeitszimmer*, © Manfred Kuhnke, Berlin

132 *Arno Schmidts Haus in Bargfeld*

133 *Arno Schmidt* (um 1950), Foto: Alice Schmidt

134, 140 *Arno Schmidt an seinem Schreibtisch* (um 1960 und um 1970), Fotos: Alice Schmidt

144 *Postkarte Bargfeld*

147 *Arno Schmidt auf der Terrasse seines Hauses in Bargfeld*, Foto: Alice Schmidt

Alle Abbildungen: Mit freundlicher Genehmigung der Arno-Schmidt-Stiftung, Bargfeld

148 *Wilhelm Buschs Elternhaus in Wiedensahl*, Foto von 1908

149 *Selbstporträt* (1894)

150 *Das Geburtszimmer von Wilhelm Busch*

155 *Dorfstraße in Wiedensahl*, Zeichnung von Wilhelm Busch

163 *Schild des Museums in Wiedensahl*

Alle Abbildungen: Mit freundlicher Genehmigung des Wilhelm-Busch-Museums Wiedensahl